高速公路服务区日常养护技术

董 辉 刘立明
张良武 陈大豹 等
编 著

内 容 简 介

本书在对河北省省内外高速公路服务区日常养护、运营管理等广泛调研的基础上，结合河北省高速公路服务区日常养护的案例，参考国家及河北省相关标准，对高速公路服务区日常养护的养护项目、技术要求、养护周期及费用测算进行了设计编写。本书共 16 章，内容共分三个部分：服务区房屋建筑养护、服务区室外工程养护及服务区设施设备养护，含 25 个一级指标，138 个二级指标。

本书是"高速公路服务区日常养护及测算管理研究"课题研究成果，可为我国高速公路服务区养护、测算、管理提供技术支持，也可作为高速公路服务区养护技术人员的培训用书，还可供高速公路服务区养护、管理及开发人员参考使用。

图书在版编目(CIP)数据

高速公路服务区日常养护技术/董辉等编著. —北京：北京大学出版社，2022.7
ISBN 978-7-301-33106-4

Ⅰ.①高…　Ⅱ.①董…　Ⅲ.①高速公路—服务设施—公路养护　Ⅳ.①U491.8

中国版本图书馆 CIP 数据核字（2022）第 107843 号

书　　　名	高速公路服务区日常养护技术 GAOSU GONGLU FUWUQU RICHANG YANGHU JISHU
著作责任者	董　辉　刘立明　张良武　陈大豹　等　编著
策 划 编 辑	刘健军
责 任 编 辑	伍大维
标 准 书 号	ISBN 978-7-301-33106-4
出 版 发 行	北京大学出版社
地　　　址	北京市海淀区成府路 205 号　100871
网　　　址	http://www.pup.cn　新浪微博：@北京大学出版社
电 子 信 箱	pup_6@163.com
电　　　话	邮购部 010-62752015　发行部 010-62750672　编辑部 010-62750667
印 刷 者	北京虎彩文化传播有限公司
经 销 者	新华书店
	720 毫米×1020 毫米　16 开本　20.25 印张　324 千字 2022 年 7 月第 1 版　2022 年 7 月第 1 次印刷
定　　　价	88.00 元

未经许可，不得以任何方式复制或抄袭本书之部分或全部内容。
版权所有，侵权必究
举报电话：010-62752024　电子信箱：fd@pup.pku.edu.cn
图书如有印装质量问题，请与出版部联系，电话：010-62756370

编写委员会

（按姓氏拼音排序）

编委会主任：董 辉

副 主 任：陈大豹 刘立明 祁翠琴

张良武 张云辉

编委会成员：冯之权 韩子程 李 峥

李嘉楠 路 瑜 屠念浔

魏琨岩 辛 博 徐 忠

杨胜利 于兵杰 张 彤

前　言

高速公路服务区是具有为驾乘人员和车辆提供符合有关标准的公共卫生间、餐厅、超市、客房、加油站、车旅维修、信息查询、应急服务等的场所。至 2020 年年底，我国高速公路总里程达到 16.1 万 km（中华人民共和国交通运输部数据）。按照《高速公路交通工程及沿线设施设计通用规范》（JTG D80—2006）要求的每 50km 设置一个服务区，我国高速公路服务区将达到 3200 个左右，为进一步规范高速公路服务区公共设施日常养护及管理工作，提高高速公路服务区服务品质、节能降耗、降低成本，河北高速燕赵驿行集团有限公司组织团队开发研究高速公路服务区日常养护标准并编写本书。河北高速燕赵驿行集团有限公司负责 104 对高速公路服务区（停车区）的经营管理，获评"2020 河北服务业企业 100 强"，对高速公路服务区的日常养护管理有着丰富的经验。

本书主要介绍高速公路服务区的日常养护及养护费用测算，对养护技术要求、养护方法、养护内容、养护周期及养护费用测算等进行了详细阐述。本书将高速公路服务区日常养护分为三大类，分别是房屋建筑类、室外工程类、设施设备类，共计 25 个一级指标，138 个二级指标。

本书在编写过程中，得到了河北高速公路集团有限公司刘爽，中钢石家庄工程设计研究院有限公司张云辉、池雪雷、王亚明，以及河北高速燕赵驿行集团有限公司其他领导和同志们的大力支持，主要有徐春松、徐全星、屠文立、温永好、李立飞、张德祥、陈华、王达、张倩、王芸、宁萌、张竞予、康文栋、康庆杰、郭婷婷、赵悦等人，他们为本书的编写提供了一线数据及技术资料，为课题研究提供了有力的帮助，河北工业职业技术大学祁翠琴、冯之权、路瑜对本书的审校做出了贡献，在此，对他们表示衷心的感谢！

我国高速公路的发展已有几十年的历程，随着高速公路服务区使用时间的增长，其日常养护工作量会逐渐增大；随着服务区品质的提升及智能化技术的运用，日常养护技术要求会越来越高、内容会越来越广泛、涉及的专业会越来越多。本书作为高速公路服务区日常养护的基本技术指导，但愿能起到抛砖引玉的作用，为高速公路服务区日常养护工作提供参考。

由于编著者水平有限，书中难免有不足之处，恳请业内人士和广大读者批评指正。

河北高速燕赵驿行集团有限公司
高速公路服务区日常养护技术及测算管理研究课题组
2022 年 4 月

目 录

绪论 1
 0.1 概述 1
 0.2 编写本书的目的与意义 3
 0.3 本书的适用范围与要求 4

第一部分 服务区房屋建筑养护

第1章 服务区房屋结构养护 9
 1.1 基础 9
 1.2 砖混结构 15
 1.3 钢筋混凝土结构 24
 1.4 钢结构 36
 1.5 房屋结构完好性检查与养护周期 37

第2章 服务区房屋室外装修养护 39
 2.1 外墙面 39
 2.2 屋面 43
 2.3 外门窗、纱窗 63
 2.4 室外亮化 69
 2.5 室外台阶、坡道、栏杆和扶手 71
 2.6 外墙悬挂物、支架 72
 2.7 散水、阳台、雨篷 75

第3章 服务区房屋室内装修养护 79
 3.1 室内墙面、饰面 79
 3.2 楼地面 89
 3.3 室内门窗 109
 3.4 楼梯、防护栏 117

3.5 顶棚及花饰 119
3.6 通风道 123

第4章 服务区房屋给排水设施养护 125
4.1 水泵 125
4.2 水管、阀门、水嘴 129
4.3 压力表、水表 131
4.4 卫生器具 133

第5章 服务区房屋供暖与通风设备养护 137
5.1 风机盘管 137
5.2 散热器 139
5.3 管道及阀门 143
5.4 室外采暖系统 146

第6章 服务区房屋电气与电信系统、变压器、接地避雷设施养护 149
6.1 电气与电信系统 149
6.2 变压器 153
6.3 接地避雷设施 156

第二部分　服务区室外工程养护

第7章 服务区绿化与景观养护 161
7.1 草坪、绿篱、竹类、地被植物 161
7.2 攀缘植物、球类植物、灌木、乔木 171
7.3 花坛、花境、景观、小品 185

第8章 服务区标志、标牌、标识与标线养护 193
8.1 标志 193
8.2 标牌 196
8.3 标识与标线 198

第9章 服务区广场与道路养护 204

 9.1 人行广场 204

 9.2 停车广场 207

 9.3 路障、挡车杆 209

 9.4 道路 212

 9.5 路缘石、围墙与边沟 219

 9.6 挡土墙 223

 9.7 树池、花池 225

第三部分 服务区设施设备养护

第10章 服务区供暖设备养护 231

 10.1 锅炉 231

 10.2 多联机中央空调 235

 10.3 空气源热泵系统 239

 10.4 地源热泵系统 241

第11章 服务区排水排污设施养护 243

 11.1 污水处理设备 243

 11.2 雨水收集系统 246

 11.3 排污设备 247

第12章 服务区消防设施设备养护 252

 12.1 消防给水设施 252

 12.2 自动喷水灭火系统 255

 12.3 消防报警及应急广播系统 257

第13章 服务区电气设备养护 260

 13.1 柴油发电机组 260

 13.2 动力配电柜 263

 13.3 供电电器 265

 13.4 电动汽车充电桩 270

13.5　电梯 272
　　13.6　垃圾处理设备 273

第14章　服务区太阳能设备养护 276
　　14.1　太阳能光伏发电系统 276
　　14.2　太阳能热水系统 280

第15章　服务区视频安防监控系统养护 286

第16章　服务区加油站和加气站设备养护 290
　　16.1　加油站设备养护 290
　　16.2　加气站设备养护 293

附录1　相关内容说明 296

附录2　绿化养护 300

绪　　论

0.1　概　　述

高速公路服务区（简称"服务区"）是指能够满足在高速公路上运行的驾乘人员的生理和心理需求，以及车辆安全运行要求而设置的服务设施。其作用是为在高速公路上行驶的车辆提供服务场所，满足车辆加油、维修保养的要求，为驾驶人及乘客购物、咨询、急救、医疗、就餐、通信等提供服务，并提供环境优美、舒适的休息场所，满足驾驶人及其他交通参与者缓解疲劳、紧张等心理和生理方面的基本要求。

服务区沿公路纵向的区域是指从进入服务区的减速车道与用地红线交点起至驶出服务区的加速车道与用地红线交点的范围；服务区垂直于公路的区域是指除主线行车道的用地宽度（或排水沟外沿）外，主体道路两侧用地红线范围内的区域。服务区停车场是指供车辆停放的全部区域，但不包括贯穿车道；停车位是指路面标线划出的停放一辆车的位置；停放场地是指由停车位排列而成的停放车辆的区域。服务区车道是指供车辆进入停车位或车辆转向而设在停放场地之间的道路。

服务区的服务设施有公共卫生间、免费休息场所、开水房等；服务区的营业设施有餐厅、加油站、维修保养站、超市、酒店等；服务区的附带设施有变配电所、水泵房、贮水槽等。服务区园地是指在服务区内进行造园处理的区域。服务区观景园地是指供观望风景、休息的园地，一般人可以进入；服务区绿化是指包围在休息设施外围的绿化地带、为了把主线与服务区分离开的绿化地带、为了维持舒适地使用休息设施而设置的绿化地带等，一般人不可以进入。服务区广场、通道是指将停车场、建筑物等不同功能的设施连接起来，供车辆行驶，人员行走、休闲的场所；贯穿车道是指车辆从服务区内穿过或把匝道与区域设施联系起来的车道，进入停车场内停车位或供转向的车道除外；联络道路是指往服务区运送物资或为通过主线以外的途径输送而设置的从外部直接通往服务区的服务性道路，或者供维修管理车辆使用的上下线联络的道路。维护管理和交通管理设施主要指垃圾处理设施、除冰雪设施、道路情报板等。除了以上组成要素，服务区还包括变速车道、匝道、主线坡面、匝道坡面、环形匝道所包围的空间等。

服务区一般远离城市，在其服务功能上承担着维护驾驶人及乘客的安全及安全行驶的重要作用，所以，其独特的服务功能对稳定社会、提升服务大众的品质具有重要意义。相应地，做好服务区的养护工作对提升服务区服务品质具有重要意义。

服务区日常养护项目是指服务区房屋建筑、服务区室外工程及服务区设施设备的养护维修及管理工作。服务区房屋建筑养护包括服务区房屋结构养护，服务区房屋室外装修养护，服务区房屋室内装修养护，服务区房屋给排水设施养护，服务区房屋供暖与通风设备养护，服务区房屋电气与电信系统、变压器、接地避雷设施养护；服务区室外工程养护包括服务区绿化与景观养护，服务区标志、标牌、标识与标线养护，服务区广场与道路养护；服务区设施设备养护包括服务区供暖设备养护，服务区排水排污设施养护，服务区消防设施设备养护，服务区电气设备养护，服务区太阳能设备养护，服务区视频安防监控系统养护及服务区加油站和加气站设备养护。

为了保证服务区建筑物正常发挥其使用功能，延长使用寿命，必须经常有计划地对服务区建筑物进行维修养护，以防止或减缓服务区建筑物的损耗。导致服务区建筑物损耗的主要影响因素有以下几个方面。

（1）自然因素。由于服务区所处的地区不同，大气条件会对其建筑物外部构件产生风化、侵蚀等影响，这些影响会随着大气温度与湿度的变化而有所区别。

（2）使用因素。主要是指服务区在使用时，其活动的频率、摩擦、撞击、使用的合理程度等行为对服务区建筑物产生损耗。

（3）生物因素。由于虫害（如白蚁）、菌类（细菌）等的作用对服务区建筑构件造成毁坏。

（4）地理因素。由于服务区地基不均匀沉降及地基盐碱化作用对服务区建筑物造成损坏。

（5）突发因素。由于突发的不可抗力（洪水、火灾、地震、滑坡、台风、战争等）对服务区建筑物造成损坏。

上述各项因素交互影响，加剧了服务区建筑物的破损。如果不加强服务区建筑物的管理和维修养护，任其日晒雨淋，不仅会影响建筑物的外观，而且会影响建筑物的安全使用。世界各国为维修房屋，每年都要花费大量的资金，维修工程在建筑行业中占重要地位。很多发达国家房屋维修管理费用（第二次投资）是新建房屋（第一次投资）的数倍。服务区建筑物的维修也是一项长期而复杂的工程。维修、养护、修复或改进建筑物及其设施设备，达到安全、美观、现代化的标准，方能保证服务区建筑物及其设施设备的效能与价值。

服务区建筑物日常养护的主要目的和任务是保证房屋的正常使用和延长房屋的使用年限，防止和消除房屋及其附属设施设备发生损坏；保障安全使用和正常使用，根据需要和可能性适当改善住用条件。服务区建筑物日常养护具有以下特点。

（1）复杂性。由于服务区建筑物的多样性、个体性，以及日常养护的广泛性、分散性，建筑物日常养护也呈现复杂性。

（2）计划性。服务区建筑物日常养护过程也存在着各阶段、各步骤之间一定的不可违反的工作程序，决定了建筑物日常养护也必须按程序有计划地组织实施。

（3）技术性。服务区建筑物本体结构的复杂性、建材的新颖性、设备的先进性决定了建筑物日常养护工作的技术性要求。

0.2 编写本书的目的与意义

服务区是高速公路的重要组成部分，具有举足轻重的作用。随着运营年限增加,服务区站区设施及设备等日渐陈旧,迫切需要及时并正确地进行养护,否则会造成更大的浪费。对于服务区管理人员来说,服务区日常养护要养护什么?怎么养护?什么时间养护?是他们所困惑的,也是本书要解决的问题。

服务区应提高日常养护效率,实施精细化管理,对服务标准实行统一测算,及时和有效地为公众提供安全便捷的出行服务,因此,编制服务区日常养护技术具有非常重要的意义。

0.3 本书的适用范围与要求

本书适用于河北省服务区,并为全国服务区的日常养护及养护费用测算提供参考。本书所涉及的服务区是指竣工交付使用 1 年以上并正常营业的服务区。本书实施要求如下。

1. 检查与评价

高速公路管理机构、运营管理单位及监管部门应定期对服务区养护管理工作、养护质量和安全等进行监督检查和考核评价,通过不断提高服务水平和服务质量,促进顾客满意度的提升。

2. 管理与养护

服务区管理人员应不定期对服务区室内外工程及设施设备进行巡查,组织开展对服务区的维护、检修、保养,保障服务区的服务质量。服务区工作人员应按照本书中的养护标准和要求,正确养护各类设施设备;在使用过程中,应按照操作规范正确操作,并采取有助于节能降耗的技术和手段。

3. 内容与目标

服务区日常养护范围包括房屋建筑养护、室外工程养护、设施设备养护。服务区日常养护应按照本书及养护标准及时进行养护和维修,保证提供高质量服务。

一般情况下,服务区房屋建筑及服务设施等,不应出现破损、使用功能受影响等现象。服务区室外工程及设施设备日常使用完好率应大于或等于 90%；服务区房屋建筑主体结构应安全，装修部分外观应完好；服务区消防设施设备应齐全，完好率应达到100%；服务区绿化区域内绿化覆盖率宜大于或等于 90%，绿化成活率宜大于或等于 95%。

第一部分

服务区房屋建筑养护

第 1 章
服务区房屋结构养护

1.1 基 础

1.1.1 基础的构造形式

基础的类型较多，按基础所采用的材料和受力特点分类，有刚性基础和非刚性基础；按基础的构造形式分类，有条形基础、独立基础、筏形基础、箱形基础等。

基础的构造形式随建筑物上部结构形式、荷载大小及地基土质情况而定。一般情况下，上部结构形式会直接影响基础构造形式，但当上部结构荷载增大，且地基承载力有变化时，基础构造形式也应随之变化。基础的 4 种构造形式的使用情况如下。

（1）条形基础。当建筑物上部结构采用砖墙或石墙承重时，基础沿墙身设置，多做成长条形，这种基础称为条形基础，条形基础是砖墙和石墙基础的基本形式。

（2）独立基础。当建筑物上部结构采用框架结构或单层排架及门架结构承重时，其基础常采用方形或矩形的单独基础，这种基础称为独立基础。独立基础是柱下基础的基本形式。当柱采用预制构件时，基础一般做成杯口形，然后将柱子插入并嵌固在杯口内，这种基础称为杯形基础。杯形基础也属于独立基础类型。

（3）筏形基础。当建筑物上部荷载较大、而所在地的地基又比较软弱时，如果采用简单的条形基础或独立基础，则不能适应地基变形的需要，这时常将墙或柱下基础连成一片，使整个建筑物的荷载承受在一块整板上，这种满堂式的板式基础称为筏形基础。筏形基础有平板式基础和梁板式基础之分。平板式基础是在天然地表上将场地平整并碾压密实后，在较好的持力层上浇筑钢筋混凝土（形成钢筋混凝土平板）而成的建筑物的基础。这种基础大大减少了土方工程量，适用于较软弱且均匀的地基情况，特别适用于 5~6 层整体刚度较好的居住建筑。

（4）箱形基础。箱形基础是由钢筋混凝土底板、顶板和若干纵横墙组成的空心箱体的整体结构。箱形基础的中空部分可用作地下室。箱形基础整体空间刚度大，有利于抵抗地基的不均匀沉降，适用于高层建筑或在软弱地基上建造的重型建筑。

1.1.2　基础养护

1. 避免大幅度超载和大量堆载

上部结构使用荷载大幅度超过设计荷载（即超载），或者在基础附近的地表面大量堆载，都会使地基的附加应力相应增大，从而产生附加沉降。由于大幅度超载和大量堆载的不均匀性，会造成基础不均匀沉降或基础向一侧倾斜的后果，因此房屋应避免出现大幅度超载和大量堆载现象。

2. 防止地基浸水

由于地基浸水会使地基基础产生不利的工作条件，因此应经常检查房屋四周的排水沟、散水，保持房屋四周及庭院排水良好，避免地基附近出现积水现象。

当地面排水有困难或排水沟、散水发生破损时，应随即进行养护。对外墙四周没有排水设施的，应根据条件采用黏土、灰土、毛石、砖或混凝土加做散水，散水基层应夯实，宽度不小于 0.5m，并做成 10% 的向外倾斜的流水坡。埋设在房屋下面或靠近基础的上下水及暖气管道，要加强养护，防止泄漏。

3. 防止基础受损削弱

若勒脚破损或严重腐蚀剥落，将会导致雨水沿墙面浸入基础。因此，勒脚破损部分应及时修复，对于风化、起壳、腐蚀、松酥的部分应进行清除；洗刷后，再加做或重做水泥砂浆抹面。勒脚上口宜用砂浆做成 20°～30°的斜坡，以利于泄水。要经常保持基础覆盖土的完整，防止在外墙四周挖坑；墙基处覆土散失的，应及时培土夯实，不使基础顶部外露，以防损伤、削弱基础。

4. 防止基础受冻损害

在寒冷地区的服务区，要注意基础的保温工作。按采暖设计的房屋，冬季使用时不宜间断供暖；要合理使用，保证各房间都有供暖。如不能保证供暖，应将内外墙基础做好保温。有地下室的房屋，寒冷季节地下室门窗应严密封闭，以防冷空气侵入引起基础受冻损害。

5. 膨胀土地区的防护要求

由于膨胀土具有遇水膨胀、失水收缩的特性，所以建在膨胀土地区的建筑物在使用期间要减少地基土中含水量的变化，以便减小地基的胀缩变形。

膨胀土地区具体应做好以下几方面的防护工作。

（1）合理种植树木。

建筑物附近不宜种植吸水量大和蒸发量大的树木（如一些落叶树和浅根的常绿树），因为这类树木有可能会使建筑物地基失水，导致地基下沉。一般灌木或浅根树在离建筑物 3m 以外种植为宜，乔木在离建筑物 5m 以外种植为宜，高大的常绿树在远离建筑物 20m 以外种植为宜。当建筑物周围为地面裸露的情况时，应尽量多种植些草皮、绿篱等，以减少太阳对土壤的辐射，从而减少地基土水分的蒸发。此外，对周围树木、草皮、绿篱等要定期修剪，以免其长得过高。

（2）在建筑物周围做好宽散水。

宽散水不仅其宽度（通常为 2～3m）要比一般散水大，且有保温隔热层及不透水的垫层。因此，它具有防水、保湿、保温、隔热的作用。

1.1.3 基础养护费用测算

1. 内外墙基础保温养护费用测算

内外墙基础保温养护的工作内容如下。

（1）粘贴挤塑板：找平后的基层表面清理、弹线、板材切割、打毛、涂界面剂、粘贴、打磨、找平、钉锚栓等全部工序。

（2）玻纤网格布和钢丝网：裁剪、铺设网格布和钢丝网，抹抗裂砂浆，找平等全部工序。

内外墙基础保温养护费用测算表见表1-1。

表1-1 内外墙基础保温养护费用测算表

项目名称					内外墙基础保温		
					粘贴挤塑板	玻纤网格布二层，抹面三遍	钢丝网一层，抹面二遍
计量单位					m^2	m^2	m^2
基价/元					81.64	43.38	66.68
其中	人工费/元				21.02	17.95	18.05
	材料费/元				60.62	25.43	48.63
	机械费/元						
	名称		单位	单价/元	消耗量		
人工	综合工日		工日	96.00	0.219	0.187	0.188
材料	挤塑板（厚60mm,容重≥30kg/m³）		m^2	35.00	1.100		
	聚合物黏结砂浆		kg	1.50	5.500		
	界面剂		kg	12.00	1.100		
	聚合物抗裂砂浆		kg	1.90		6.300	7.560
	耐碱涂塑玻纤网格布（5mm×5mm，160g/m²）		m^2	1.70		2.450	
	镀锌钢丝网（ϕ2mm,50mm×50mm）		m^2	24.00			1.030
	锚栓		个	2.00		4.500	4.500
	其他材料费		元	1.00	0.670	0.290	0.550

2. 混凝土散水维修费用测算

混凝土散水维修的工作内容：挖土并抛于槽边1m外、修理槽壁与槽底、拍底、铺设垫层、找平、夯实垫层、混凝土浇捣、养护、刷素水泥浆、调运砂浆、一次抹光、灌缝、基础回填等全部工序。

混凝土散水维修费用测算表见表1-2。

表1-2 混凝土散水维修费用测算表

项目名称				混凝土散水
计量单位				m²
基价/元				92.68
其中	人工费/元			49.34
	材料费/元			42.94
	机械费/元			0.40
	名称	单位	单价/元	消耗量
人工	综合工日	工日	96.00	0.514
材料	黏土	m³	—	0.189
	预拌混凝土（C20）	m³	240.00	0.073
	水泥（32.5级）	t	360.00	0.004
	中砂	t	30.00	0.014
	水	m³	5.00	0.034
	水泥砂浆[1:1（中砂）]	m³	—	0.005
	生石灰	t	290.00	0.040
	灰土（3:7）	m³	—	0.162
	石油沥青（30#）	t	4900.00	0.002
	滑石粉	kg	0.50	2.294
	普通沥青砂浆[1:2:7（中砂）]	m³	—	0.005
	烟煤	t	750.00	0.001
	其他材料费	元	1.00	0.090
机械	混凝土振捣器（平板式）	台班	18.65	0.004
	灰浆搅拌机（200L）	台班	103.45	0.001
	夯实机（电动）（夯击能力20~62N·m）	台班	31.33	0.007

3. 基础覆土回填、夯填费用测算

基础覆土回填、夯填的工作内容如下。

（1）回填土：运土、筛除砂石瓦砾、回填、找平、夯实等全部工序。

（2）回填灰土：闷筛灰、筛土、过斗洒水拌和、找平拍底、铺灰土夯实等全部工序。

基础覆土回填、夯填费用测算表见表1-3。

表1-3 基础覆土回填、夯填费用测算表

项目名称			基础覆土回填、夯填		
			土	2∶8灰土	3∶7灰土
计量单位			m³	m³	m³
基价/元			28.90	193.06	217.79
其中	人工费/元		28.90	144.19	144.19
	材料费/元			48.87	73.60
	机械费/元				
	名称	单位	单价/元	消耗量	
人工	综合工日	工日	96.00	0.301	1.502	1.502
材料	灰土（2∶8）	m³	—		1.020	
	灰土（3∶7）	m³	—			1.020
	生石灰	t	290.00		0.168	0.253
	其他材料费	元	1.00		0.150	0.230

4. 勒脚水泥砂浆抹面费用测算

勒脚水泥砂浆抹面的工作内容：去掉风化、起壳、腐蚀、松酥部分，以及清除洗刷、基层处理、调运砂浆、抹灰、找平、罩面、压光、抹护角、清扫落地灰、清理等工序。

勒脚水泥砂浆抹面费用测算表见表1-4。

表 1-4 勒脚水泥砂浆抹面费用测算表

项目名称			勒脚水泥砂浆抹面	
计量单位			m²	
基价/元			45.60	
其中	人工费/元		40.80	
	材料费/元		4.80	
	机械费/元			
	名称	单位	单价/元	消耗量
人工	综合工日	工日	96.00	0.425
材料	水泥砂浆［1:3（中砂）］	m³	—	0.019
	水泥砂浆［1:2.5（中砂）］	m³	—	0.005
	水泥（32.5级）	t	360.00	0.010
	中砂	t	30.00	0.039
	其他材料费	元	1.00	0.030

1.2 砖 混 结 构

1.2.1 砖混结构定义

砖混结构是指建筑物中竖向承重结构的墙采用砖或者砌块砌筑，构造柱及横向承重的梁、楼板、屋面板等采用钢筋混凝土制作的结构。也就是说，砖混结构是以小部分钢筋混凝土及大部分砖墙承重的结构。砖混结构的优点：施工的技术要求比较低，能砌成各种各样的墙体，施工方便；节约水泥钢材的用量，整个浇筑过程中不需要用到模板，造价低；隔声和保温性能好。

1.2.2 砖混结构破坏形式

1. 砌体裂缝

砌体裂缝是砖混结构中比较普遍存在的破坏形式之一。砌体上产生裂缝后，会影响建筑物的美观，有的还会造成建筑物的渗漏等病害，使建筑物的强度、刚度、稳定性和整体性也受到不同程度的削弱。

裂缝产生的原因很多，分析起来也很复杂，一般可根据裂缝产生的原因将裂缝分为以下几种。

（1）沉降裂缝。

地基的不均匀沉降改变了砌体下支承反力的分布，在砌体内产生新的附加应力。砌体抗压强度大，而抗拉及抗剪强度小，所以在拉应力或剪应力作用下易产生裂缝。

基础沉降产生的裂缝有斜裂缝、竖向裂缝和水平裂缝。斜裂缝一般出现在窗口的两对角处，在紧靠窗口处缝宽较大，向两边和上下缝宽逐渐缩小，其走向一般由沉降较小的一边向沉降较大的一边逐渐向上发展。竖向裂缝多产生在纵墙的顶部或底层窗台上。墙顶的竖向裂缝是由于墙的两端沉降大、中间沉降小导致的反向弯曲使墙体上端受拉而产生的，缝宽往往上端较大，向下逐渐缩小。水平裂缝常出现在窗间墙上，往往是在每个窗间墙的上下对角处成对出现，一般沉降大的一边裂缝在下，沉降小的一边裂缝在上，缝宽都是靠窗口处较大，向窗间墙的中部逐渐缩小。

（2）温度裂缝。

温度裂缝以正八字形斜裂缝和水平裂缝居多，常见的有墙顶两端1~2开间的斜裂缝和檐口下的水平裂缝，其主要原因是砖和混凝土两种材料的膨胀系数不同。高大空旷、中间用钢筋混凝土柱承重的半框架房屋，常会在外纵墙上出现水平裂缝，其裂缝内宽外窄，有可能连同壁柱一起横向断裂。其主要原因是屋面升温会产生伸缩变形，在墙顶形成水平推力，若非预应力屋架，由于下弦伸长，则会使砖墙柱受到水平推力，因而产生水平裂缝。

另外，墙角下的倒八字裂缝或檐口下的竖向裂缝，是由于在寒冷地区长墙无伸缩缝而产生的倒斜裂缝或竖向裂缝。

温度裂缝是极其普遍的现象，它和地基不均匀沉降引起的沉降缝最大的区别在于，前者出现在房屋顶部并向下延伸，而后者出现在房屋底部并向上伸展。

(3) 振动裂缝。

振动裂缝有机器振动裂缝和地震冲击振动裂缝之分。前者常出现在砌体的薄弱部位（如门窗洞口四角），并呈不规则开裂，这种裂缝是由于强烈的机器振动（包括房屋四周打桩和开挖）致使墙体砂浆酥散、砌块松动，承载力受到一定的影响而产生的。后者是由于地震波作用而产生的交叉裂缝和斜裂缝，一般出现在砖混结构的砌体墙和柱上，其破坏程度与地震烈度有关。

(4) 强度裂缝。

强度裂缝是指砌体强度不足或超负荷工作时形成的裂缝。这类裂缝常发生在砌体直接受力部位，而且其破坏形式与荷载作用引起的破坏形式相一致。砖混结构常见的强度裂缝主要有以下几种形式。

① 当砌体承受轴心受压、偏心受压时，会因强度不足而出现竖向裂缝和斜裂缝。

② 当砌体局部受压（如大梁底面下）时，由于砌体的不均匀受力，会在某一局部或应力比较集中的几层砖上出现压裂缝。

③ 当砌体轴心受拉时，会沿着砌体的灰缝产生竖向裂缝或斜裂缝（当首层的窗洞口较大又无地梁时，常在窗台中间出现竖向裂缝）。

④ 当砌体大偏心受压时，由于一部分截面受拉，另一部分截面受压，会出现竖向裂缝和水平裂缝。

⑤ 当砌体受弯矩作用或受水平剪力作用时，会出现水平裂缝。

强度裂缝的出现，说明荷载引起的构件内的应力已接近或达到砌体相应的破坏强度，应及时检查、鉴定，采取有效措施加以处理。

2. 墙面腐蚀

墙面腐蚀一般表现为墙面产生粉化、起皮、酥松和剥落等现象，这种破坏从表层逐渐向砌体深度发展，以致削弱墙体，降低结构强度，不仅会影响建筑物的美观，严重时还会导致坍塌事故。产生墙面腐蚀的原因主要有自然界的侵蚀、腐蚀介质的侵蚀和使用养护不当等。

墙体作围护结构时，长期受大自然风、霜、雨、雪的侵蚀，以及因高温、严寒产生的循环胀缩，特别是在长期受潮部分和墙体下部，经反复冻蚀后，墙面将形成粉状，并不断剥落。地下水中常含有溶解性盐类和酸类，对墙体也有侵蚀作用，会破坏砌体结构。大气、烟气对墙面也有不同程度的侵蚀作用。在使用和养护中，如对腐蚀介质的防护措施考虑不周，未考虑建筑物的檐口、水落管破损等引起的墙面潮湿，或对已出现的破坏现象未及时修复等，也会加速墙面的腐蚀。

1.2.3 砖混结构房屋养护

1. 修补砌体裂缝

砌体裂缝的修补，一般应在裂缝稳定以后进行；否则，即使进行了修补，裂缝仍将继续发展。裂缝是否需要修补及采用什么方法修补，应充分考虑裂缝对建筑物的美观、强度、耐久性、使用要求等方面的影响后确定。当裂缝细小且对建筑物的正常使用影响不大时，可暂不处理；有的窗台裂缝虽不大，但会造成墙面渗漏，影响建筑物的正常使用，需要进行适当修补；有的裂缝宽而深，不仅会影响建筑物的美观，而且会影响建筑物的强度、刚度和正常使用，这类裂缝就必须及时修补；有的更严重的裂缝还要采取加固措施，甚至将砌体拆除重砌。

一般的砌体裂缝可采用以下修补方法。

（1）水泥砂浆嵌缝法。

用水泥砂浆嵌补已趋稳定的砌体裂缝，是比较经济而又简单的修补方法。修补施工时，先用勾缝刀、刮刀等工具将缝隙清理干净，然后用1∶3水泥砂浆或比原砌体砂浆提高一个强度等级的水泥砂浆将缝隙嵌实，也可用107胶拌入水泥砂浆嵌抹。当缝宽较小时，可用两份水泥、一份苯乙烯乳液配成乳液水泥浆，刷进缝中。水泥砂浆嵌缝对砌体的美观、耐久性等方面可起到一定作用，但对加强砌体强度和提高砌体的整体性方面作用不大。

（2）块体嵌补法。

砖砌体上较宽的斜裂缝，可采用预制钢筋混凝土块嵌入裂缝处的砖墙内，其间距为400～600mm，然后在斜裂缝中嵌入拌有107胶的水泥砂浆并抹平。

（3）密封法。

温度裂缝宜采用密封法修补。密封法一般可分为简单密封法和弹性密封法。

① 简单密封法。将裂缝的裂口开槽，槽口宽度大于或等于6mm。清除槽口上的污物和碎屑。保持槽口干燥，嵌入聚氯乙烯胶泥、环氧胶泥或聚乙酸乙烯乳液砂浆等密封材料。

② 弹性密封法。用丙烯酸树脂、硅树脂、聚氨酯或合成橡胶等弹性材料嵌补裂缝。方法是沿裂缝裂口凿出一个矩形断面的槽口，槽两侧凿毛，以增加面层与弹性密封材料的黏结力。槽底设置隔离层，使密封材料不直接与底层墙体黏结，避免弹性密封材料撕裂。槽口宽度至少为裂缝预期张开量的4～6倍，以使弹性密封材料在裂缝开口时不致破坏。

（4）压力灌浆法。

压力灌浆法是将某种水泥浆液用压力灌入裂缝内，把砌体重新胶结成为整体，以达到恢复砌体的强度、整体性、耐久性、抗渗性等的目的。灌浆材料有水泥（32.5级普通硅酸盐水泥）、砂（细度模数为1.6～2.2的细砂）、107胶（固体含量12%，pH=7～8）、二元乳液（固体含量50%）、水玻璃（硅酸钠，相对密度1.36～1.52）。灌浆配合比见表1-5～表1-7。

表1-5　灌浆配合比（一）

浆别	水泥	107胶	水	砂
稀浆	1	0.2	0.9	
稠浆	1	0.2	0.6	
砂浆	1	0.2	0.6	1

表1-6　灌浆配合比（二）

浆别	水泥	二元乳液	水	砂
稀浆	1	0.2	0.9	
稠浆	1	0.14	0.6	
砂浆	1	0.14	0.6～0.7	1

表 1-7　灌浆配合比（三）

浆别	水泥	水玻璃	水	砂
稀浆	1	0.01~0.02	0.9	
稠浆	1	0.01~0.02	0.7	
砂浆	1	0.01	0.6	1

注：稀浆适用于灌宽度为 1cm 的裂缝，稠浆适用于灌宽度为 1~5mm 的裂缝，砂浆适用于灌宽度大于 5mm 的裂缝。

压力灌浆法的机具设备有空气压缩机（压力为 0.4~0.6MPa，容量为 0.6m³/min）、贮浆罐（耐压强度为 0.6MPa，容量约 0.6L）、灌注枪及配合使用的零件。

压力灌浆法的施工要点如下。

① 准备好必要的机具，并对裂缝情况进行检查。对于裂缝在建筑的边缘处，经受不住一定压力的墙体部分，应采取适当的临时加固措施。

② 确定灌浆口的位置。裂缝宽度在 1mm 以下的，灌浆口间距为 20~30cm；裂缝宽度为 1~5mm 的，灌浆口间距为 30~40cm；裂缝宽度在 5mm 以上的，灌浆口间距为 40~50cm。

③ 用气动或电动砖墙打眼机，在确定的灌浆口位置打眼，眼深 1~2cm，直径为 3~4cm。

④ 用具有 0.2MPa 以上压力的风管清除缝内碎块、粉末等杂物，尤其应注意清理刚打好眼的灌浆口，以保证缝内畅通无阻。但切不可用凿子将裂缝处凿开，以防加剧砌体的破坏。

⑤ 做灌浆口。用长约 4cm、直径为 12.7mm 的铁管做芯子，放在打好的洞上，然后用 1∶3 水泥砂浆封闭抹平。待砂浆初凝后，轻轻转动芯子，然后将其拔出，即做成灌浆口。

⑥ 封缝。内墙面如抹灰层仍完好、未脱皮，则只用麻刀灰或在麻刀灰中掺入少量石膏将缝隙封严即可；如抹灰层已脱落，则须将缝隙两侧各 5cm 宽的抹灰层铲除，再进行封缝。外观视裂缝宽度，可用水泥砂浆、纯水泥浆或准备灌用的浆液封缝。

⑦ 灌浆前先灌水。把水倒入贮浆罐中，用灌注枪对准灌浆口灌适量的水，以保证浆液畅通；也可将自来水直接对准灌浆口将水灌入。

⑧ 灌浆。将配好的浆液倒入贮浆罐中，启动空气压缩机，用灌注枪对准墙面上的灌浆口，自下而上逐步灌浆。当灌下面的灌浆口，浆液从上面的灌浆口流出时，应立即用橡皮塞将上面的灌浆口堵住，开始灌下面的灌浆口。全部浆液灌完后，过 30min 要进行补灌浆，补灌浆顺序为从上往下，必须全部灌严。

⑨ 抹平灌浆口。补灌浆完毕后，应用 1∶3 水泥砂浆将灌浆口抹平。

2. 修复墙面腐蚀

（1）清除墙面腐蚀层。将已腐蚀的墙面上呈酥松的粉状腐蚀层清除干净。墙面腐蚀层可人工凿除，再用钢丝刷清除浮灰、油污和尘土等，然后用压力水冲洗干净。

（2）对墙面进行修复。对腐蚀严重已影响砌体强度的墙体，应做局部更换或全部更换。对腐蚀一般的墙面，可根据防腐要求，加抹水泥砂浆、耐酸砂浆或耐碱砂浆面层，或改用沥青混凝土、沥青浸渍砖等进行修复。

（3）受腐蚀介质侵蚀的墙面应设置防护层。一般当墙面腐蚀较轻时，在墙面用水泥砂浆抹灰即可解决；当腐蚀较严重时，可在墙面增涂耐腐蚀油漆或涂料，如醇酸漆、过氯乙烯漆、环氧漆等。

（4）对于遭受液相腐蚀的砖砌墙面，并有冲洗要求时，应加设不低于 1m 的墙裙；墙裙面层材料可根据腐蚀介质的性质选用耐蚀材料。

3. 砖混结构日常养护

（1）每年至少进行一次定期检查，加强对砖混结构受潮和受腐蚀情况的观测和监视，查明原因并及时养护。

（2）每季度按时检查，房屋的给排水设施要保持完好、不渗不漏，发现问题应及时修复；对潮湿房间的防水面层及屋面防水面层的损坏也应及时养护。

（3）保持室外场地平整和一定的排水坡度，防止建筑物周围积水。

（4）禁止在墙上随意开洞直接排放污水或蒸汽等，避免使墙体结构受侵蚀，减弱其承载能力。

（5）每年雨季和冬季开展检查，当发现地基基础发生损坏，出现不均匀沉降时，要及时上报处理。

（6）屋面架空隔热层、保温层、屋面柔性分格缝发生损坏要及时修复，减少温度裂缝并稳定温度裂缝的发展。

1.2.4 砖混结构房屋养护费用测算

1. 修补防水层费用测算

修补防水层的工作内容如下。

（1）卷材防水：拆除并清理破损部位的防水层、清理基层、涂刷处理剂一遍、配料刷胶、铺贴卷材等全部工序。

（2）建筑油膏：拆除并清理破损部位的防水层、清理基层、嵌油膏等全部工序。

（3）聚氨酯涂膜：拆除并清理破损部位的防水层、清理基层、配制涂刷底胶、刷聚氨酯防水层两遍、撒细沙作保护层等全部工序。

修补防水层费用测算表见表 1-8。

表 1-8 修补防水层费用测算表

项目名称		修补防水层		
		卷材防水	建筑油膏	聚氨酯涂膜
计量单位		m²	m²	m²
基价/元		56.46	29.90	70.02
其中	人工费/元	21.41	9.02	28.13
	材料费/元	35.05	20.88	41.89
	机械费/元			

续表

项目名称			修补防水层		
			卷材防水	建筑油膏	聚氨酯涂膜
名称		单位	单价/元	消耗量	
人工	综合工日	工日	96.00	0.223	0.094	0.293
材料	SBS改性沥青防水卷材（3mm）	m²	24.00	1.237		
	SBS弹性沥青防水胶	kg	8.70	0.300		
	石油液化气	kg	7.84	0.300		
	二甲苯	kg	10.50			0.133
	聚氨酯甲料	kg	14.60			1.129
	聚氨酯乙料	kg	14.60			1.616
	防水油膏	kg	3.00		6.900	
	其他材料费	元	1.00	0.400	0.180	0.420

2. 清理墙面腐蚀层费用测算

清理墙面腐蚀层的工作内容：清除墙面腐蚀层、冲洗干净。
清理墙面腐蚀层费用测算表见表1-9。

表1-9 清理墙面腐蚀层费用测算表

项目名称			清理墙面腐蚀层	
计量单位			m²	
基价/元			15.46	
其中	人工费/元		15.46	
	材料费/元			
	机械费/元			
名称		单位	单价/元	消耗量
人工	综合工日	工日	96.00	0.161

3. 墙面修复费用测算

墙面修复的工作内容如下。
（1）水泥砂浆：基层处理、调运砂浆、抹灰、找平、罩面、压光、抹护角、清扫落地灰、清理等全部工序。

（2）耐酸砂浆：基层处理、调运砂浆、抹灰、找平、配调耐酸胶泥及砂浆、涂胶、罩面、压光、抹护角、清扫落地灰、清理等全部工序。

墙面修复费用测算表见表 1-10。

表 1-10　墙面修复费用测算表

项目名称				墙面修复	
				水泥砂浆	耐酸砂浆
计量单位				m²	m²
基价/元				32.93	57.74
其中	人工费/元			28.13	36.58
	材料费/元			4.80	21.16
	机械费/元				
	名称	单位	单价/元	消耗量	
人工	综合工日	工日	96.00	0.293	0.381
材料	水泥砂浆［1∶3（中砂）］	m³	—	(0.019)	(0.014)
	水泥砂浆［1∶2.5（中砂）］	m³	—	(0.005)	
	水泥（32.5级）	t	360.00	0.010	0.006
	中砂	t	30.00	0.039	0.043
	石油沥青（30#）	t	4900.00		0.003
	滑石粉	kg	0.50		5.710
	普通沥青砂浆［1∶2∶7（中砂）］	m³	—		(0.012)
	其他材料费	元	1.00	0.030	0.150

1.3　钢筋混凝土结构

1.3.1　钢筋混凝土结构定义

钢筋混凝土结构是指建筑物的主要承重构件均采用钢筋混凝土材料制作的结构。

1.3.2 钢筋混凝土结构缺陷

1. 混凝土常见缺陷

混凝土常见缺陷主要有蜂窝、麻面、空洞、露筋、掉角、酥松等。施工、使用和维护不当，是混凝土产生缺陷的主要原因。例如，施工时水质不良、水泥过期或强度等级不足、砂石含泥量大等，会造成混凝土酥松和强度等级的严重下降；混凝土浇捣不当或漏捣、水灰比选择不合适，会造成混凝土出现空洞、蜂窝、露筋、密实性差等缺陷；模板清理不干净、拆模不当，会造成混凝土表面出现麻面、破损等缺陷；使用不当，并且维护保养不好，使构件遭到碰撞、超载、高温及有害介质侵蚀，会造成混凝土出现掉角、露筋、酥松等缺陷。这些缺陷如不及早修补，而任其发展，则会影响钢筋混凝土结构的长久使用。

2. 钢筋锈蚀

钢筋锈蚀会使其断面逐渐减小，并造成和混凝土之间的黏着力降低，影响构件的强度和安全。同时钢筋由于锈蚀而体积膨胀，还会使混凝土保护层破裂甚至脱落，从而降低结构的受力性能和耐久性能。尤其是预应力钢筋混凝土梁、板内的高强度钢丝，由于其断面小、应力高，一旦发生锈蚀，危险性更大，严重时甚至会导致构件断裂。

钢筋产生锈蚀的原因是多方面的，在正常环境条件下，主要是由于混凝土不密实或有裂缝存在而造成钢筋锈蚀。

当水泥用量偏小、水灰比不当和振捣不良时，或者在混凝土浇筑中产生露筋、蜂窝、麻面等缺陷时，都给水（汽）、氧和其他侵蚀性介质的渗透创造了有利条件，从而加速了钢筋锈蚀。此外，由于混凝土内掺加对钢筋有腐蚀作用的外加剂（如为提高混凝土的早期强度，在混凝土内掺入一定量的氯盐），也会加速钢筋锈蚀。

3. 钢筋混凝土结构裂缝

钢筋混凝土结构裂缝，按其产生的原因和性质，主要可分为荷载裂缝、温度裂缝、收缩裂缝、腐蚀裂缝和其他等几种。

（1）荷载裂缝。

由于钢筋混凝土结构在荷载作用下的变形而产生的裂缝，称为荷载裂缝。荷载裂缝多出现在构件的受拉区、受剪区或振动严重部位等，并按照不同的受力性质和受力大小而具有不同的形状和规律。现列举两种钢筋混凝土受力构件的裂缝进行分析。

① 受弯构件的裂缝。受弯构件（如梁、板）裂缝常见的有垂直裂缝和斜裂缝两种。垂直裂缝一般出现在梁、板结构弯矩最大的横截面上，如简支梁裂缝在跨中由底部开始向上发展，其数量和宽度与荷载大小有关，当荷载增大时，裂缝也随之增多和扩大。斜裂缝一般发生在剪力最大的部位，如支座附近，由下部开始，多数沿 45°方向向跨中上方发展；斜裂缝是弯矩和剪力共同作用的结果，也是斜截面受力的标志。随着荷载的增加，受弯构件的裂缝数量将不断增多和逐渐发展。

对于没有特殊要求的受弯构件，使用中受拉区出现一些数量不多、宽度不大的裂缝是允许的，但为了防止钢筋锈蚀，裂缝应控制在一定限度内，否则钢筋将因混凝土裂缝而受到侵蚀、生锈，以致降低构件的承载能力。

② 轴心受压构件的裂缝。轴心受压构件（如柱）在正常情况下不应出现压裂的裂缝；裂缝的出现预示着钢筋混凝土结构破坏的开始，如发现这种情况，必须及时进行加固处理。

（2）温度裂缝。

钢筋混凝土结构的温度裂缝大多由于大气温度变化、周围环境高温、大体积混凝土施工时产生的大量水化热等造成。当周围温度和湿度出现剧烈变化时，钢筋混凝土梁、板的某些部位会产生裂缝。当裂缝出现在板上时，多为贯穿裂缝；当裂缝出现在梁上时，多为表面裂缝。当梁、板结构现场施工养护不当时，更易产生这类裂缝。一般温度裂缝产生时间为 1～3 个月内，以后则趋于稳定。温度裂缝对建筑结构承载力一般没有影响，但在屋面上产生的温度裂缝常会造成渗漏，影响使用。

（3）收缩裂缝。

混凝土在水化结硬过程中产生的体积收缩，称为凝缩。混凝土因内部水分不断蒸发而产生的体积收缩，称为干缩。混凝土在施工中若养护不当，表面干燥过快，而内部湿度变化小，表面收缩变形受到收缩慢的内部混凝土的约束，在混凝土表面将产生较大的拉应力，当拉应力超过混凝土的极限抗拉强度时，就会产生裂缝。上述这些因素产生的裂缝都称为收缩裂缝。

收缩裂缝的形状有两种：一种是表面的裂缝，形状如不规则的发丝，这种裂缝发生在终凝前，如发现得早，及时抹实养护，可以消除；另一种是中间宽两头细的裂缝，一般均匀分布在两根钢筋之间，并与钢筋平行，这种裂缝一般发生在终凝后。收缩裂缝对结构安全无影响，但有可能造成钢筋锈蚀，削弱结构的耐久性。

（4）腐蚀裂缝。

由于钢筋锈蚀而导致混凝土产生的裂缝，称为腐蚀裂缝。

（5）其他。

除了上述裂缝之外，还有因施工不当，如过早拆除支撑模板、模板变形、混凝土浇筑方法不当、施工缝处理不当等引起的施工裂缝，地基不均匀沉降引起的沉降裂缝，振动荷载产生的振动裂缝等。

1.3.3　钢筋混凝土结构房屋养护

1. 修补混凝土缺陷

（1）表面抹浆修补。

对数量不多的小蜂窝、麻面、露筋、露石的混凝土表面，为保护钢筋和混凝土不受侵蚀，可用 1：（2～2.5）的水泥砂浆抹面修补。在抹水泥砂浆前，须用钢丝刷或压力水清洗湿润，抹浆初凝后要加强养护工作。

（2）细石混凝土修补。

对混凝土中存在的较大的蜂窝、孔洞、破损、露筋或较深的腐蚀等，可采用比原混凝土高一个强度等级的细石混凝土嵌填，嵌填后使新旧混凝土密切结合。施工前，应先清除修补范围内软弱、松散的混凝土薄弱层和松动的石子，再将结合面凿毛，对缺陷区内的钢筋进行检查，做好钢筋的除锈、修整或补配。施工时先用压力水将结合面冲洗干净，在润湿状态下，先抹水泥浆一层，再分层填入细石混凝土并捣实。为了减少收缩变形，应尽量采用干硬性混凝土，水灰比控制在0.5以内。为了加强新旧混凝土的黏结，也可在细石混凝土内掺入万分之一水泥质量的铝粉。

（3）环氧树脂砂浆或环氧树脂混凝土修补。

缺陷部分也可根据需要采用环氧树脂砂浆或环氧树脂混凝土进行局部修补。其优点是强度高、干硬快、抗渗能力强。但由于环氧树脂材料价格较贵，且工艺操作要求高，通常只有在特别需要的情况下才使用。

（4）压力灌浆修补。

对于不易清理的较深、较大的蜂窝或孔洞，可采取不清除其薄弱层而用水泥压浆的方法进行补强。首先要检查出混凝土结构的蜂窝、孔洞及不密实的范围，对较薄的构件，用小铁锤仔细敲击，听其声音；对较厚的构件，可做灌水检查，或采用压力水做试验；对大体积混凝土，可采用钻孔检查。然后将易于脱离的混凝土清除，并用压力水或压缩空气冲洗缝隙，或用钢丝刷仔细刷洗，务必把粉屑、石渣清理干净，然后保持缝隙湿润。

施工时，先埋好压浆管，用1∶3.5水泥砂浆固定并养护。每一压浆处至少埋两根压浆管，管径为25mm，一根用于压浆，一根用于排气（水）。压浆所用浆液为水泥浆液，根据需要可在水泥浆液中掺入防水剂，或掺入占水泥质量1%~3%的水玻璃溶液作为促凝剂。用砂浆输送泵压浆，压力一般为0.6~0.8MPa。在第一次压浆初凝后，再用原埋入的管子进行第二次压浆。压浆完毕2~3d后割除管子，剩下的管子孔隙用水泥砂浆填补。

（5）喷浆修补。

喷浆修补是指将水泥、砂和水的混合料，采用喷浆法经高压通过喷嘴喷射到修补部位。喷浆修补主要适用于重要的混凝土结构物或大面积混凝土表面缺陷和破损的修补。喷浆法可以采用较小的水灰比、较多的水泥，从而获得较高的强度和密实度。喷浆层与受喷面之间具有较高的黏结强度，耐久性好，且工艺简单、工效较高，但材料消耗较多。当喷浆层较薄或不均匀时，干缩率大，容易产生裂缝。用于混凝土结构表层缺陷修补的喷浆法，一般是干料法。

2. 预防和修补钢筋锈蚀

（1）预防钢筋锈蚀。

① 预防钢筋锈蚀，要阻止腐蚀介质和水（汽）、氧等侵入混凝土内。因此，对养护工程的拆改部分要加以重视，做好混凝土的浇筑工作，保证其密实度，这是防止钢筋锈蚀的重要措施之一。施工时要严格按照规范要求进行混凝土的施工。

② 在有严重的侵蚀性介质的处所，应适当增加混凝土保护层的厚度。对现有的房屋建筑结构，当混凝土质量不良或现场侵蚀性介质比较严重时，可在构件外表面涂抹绝缘层（如沥青漆、过氯乙烯漆、环氧树脂涂料等）进行防护。

③ 当室内有侵蚀性气体、粉尘等介质或相对湿度较大时，应采取加强通风的措施。

④ 在所浇筑的混凝土内加入适量的缓蚀剂（如亚硝酸钠等），可以消除或延缓钢筋的锈蚀。

⑤ 防止杂散电流的腐蚀。首先，应杜绝和减少直流电泄漏到钢筋混凝土结构中和地下土壤中去，如改善载流设备的绝缘；其次，要提高混凝土构件和钢筋的绝缘性能，必要时，可对结构采取阴极保护措施，将被保护物体（钢筋等）通以直流电进行极化，以消除或减少钢筋表面腐蚀电池的作用。

（2）修补钢筋锈蚀。

① 当钢筋锈蚀尚不严重，混凝土表面仅有细小裂缝，个别破损较小时，可仅对混凝土裂缝或破损处进行封闭或修补。

② 当钢筋锈蚀严重，混凝土裂缝破裂，保护层剥离较多时，应对结构做认真检查，必要时可先采取临时支撑加固，再凿除混凝土腐蚀松散部分，并彻底清除钢筋上的铁锈，将需做修补的旧混凝土衔接面凿毛，对有油污处用丙酮清洗。

③ 当钢筋锈蚀严重，有效面积减小时，应焊接相应面积的钢筋补强，然后用高一等级的细石混凝土修补，必要时可加钢筋网补强。

④ 当钢筋锈蚀很严重，混凝土破碎范围较大时，在对锈蚀钢筋除锈补强和清除混凝土松碎部分后，可采用压力喷浆的方法修补。

3. 修补钢筋混凝土结构裂缝

（1）水泥砂浆修补。

先将裂缝附近的混凝土表面凿毛，用压缩空气吹去或用压力水洗净表面尘土和杂物后用水润湿，然后用1：（1~2）的水泥砂浆涂抹其上。

（2）环氧树脂配合剂修补。

对各种大小的稳定裂缝或不规则龟裂，可根据情况用环氧树脂的各种配合剂进行修补。用于混凝土修补的环氧树脂配合剂有环氧浆液、环氧黏结剂、环氧胶泥、环氧砂浆、环氧混凝土等。

在涂刷环氧树脂配合剂前，应先将修补部分的混凝土表面处理干净，去掉油污，并在裂缝部位用丙酮或酒精擦洗；必要时也可用水清洗，但一定要待混凝土表面干燥后，才能涂刷环氧树脂配合剂。各种环氧树脂配合剂的配合比见表1-11。

表1-11 各种环氧树脂配合剂的配合比

配合剂名称	用途	质量比								
		主剂	增塑剂		稀释剂		固化剂	粉料（填料）	细骨料	粗骨料
		环氧树脂6101号（E-44）	邻苯二甲酸二丁酯	煤焦油	环氧氯丙烷	二甲苯或丙酮	乙二胺	石英粉或滑石粉	水泥	砂	石子
环氧浆液	压浆用浆液	100	10			30~40	8~12				
环氧黏结剂	封闭裂缝	100	25（10）			40~60	8~10				
	用作修补的黏结层	100				14	10				

续表

配合剂名称	用途	质量比									
		主剂	增塑剂			稀释剂	固化剂	粉料（填料）		细骨料	粗骨料
		环氧树脂6101号(E-44)	邻苯二甲酸二丁酯	煤焦油	环氧氯丙烷	二甲苯或丙酮	乙二胺	石英粉或滑石粉	水泥	砂	石子
环氧胶泥	固定灌浆嘴及封闭裂缝	100	10~25				8~12	100~250(0)	100~250		
	涂面及粘贴玻璃布	100	10			30~40	10~12	25~45			
	修补裂缝、麻面、露筋、小块脱落	100	30~50				8	300~400(0)	250~450		
环氧砂浆	修补表面裂缝	100	10~30				10		200~400	300~400	
	修补蜂窝	WQ	20				8		140	650	
	修补大蜂窝、大块脱落	100		50			8~10		200	400	
环氧混凝土	修补大蜂窝	100	30		20		10		100	300	700

注：表中括号内数字为也可选用的配合比数据。

① 对于宽度在0.1mm以下的发丝裂缝或不规则龟裂，可用环氧黏结剂涂抹封闭，防止渗水或潮气侵入。

② 对于0.1~0.2mm宽的裂缝可用环氧胶泥修补。

③ 对于宽度在0.2mm以上的裂缝可用环氧胶泥或环氧砂浆修补。

（3）化学压浆修补。

化学压浆修补是指将化学浆液以一定的动力压灌入裂缝。常用的化学浆液有甲凝（主剂为甲基丙烯酸甲酯）浆液、环氧树脂浆液等。甲凝的可灌性好，可灌入 0.05mm 宽细微的缝隙中，但其有怕水、怕氧的缺点。环氧树脂浆液可用于宽度在 0.1mm 以上的裂缝中。在房屋建筑构件裂缝的修补上，目前普遍采用环氧树脂浆液。

（4）表面喷浆修补。

表面喷浆修补是在经凿毛处理的裂缝表面，喷射一层密实而且强度较高的水泥砂浆保护层来封闭裂缝的一种修补方法。

（5）表面粘贴修补。

表面粘贴修补是用胶黏剂把玻璃布或钢板等材料粘贴在裂缝部位的混凝土表面上来封闭裂缝的一种修补方法。

4. 加固钢筋混凝土构件

当钢筋混凝土构件成为危险构件时，应当对其进行加固。钢筋混凝土的加固，应在对构件或结构的变形、裂缝进行检查和观测，对其使用状态和周围环境进行调查，对有关资料进行验算、分析，以及查找问题关键的基础上进行。加固方法应力求经济合理、简易可靠。加固的目的是使加固后的构件或结构恢复正常使用功能。

（1）梁的加固。

由于混凝土缺陷或钢筋锈蚀而使抗弯、抗剪强度减弱或刚度不足的梁，可以采用增焊钢筋、加大梁高或梁宽、包套等加固方法，以恢复梁的承载能力。对抗弯或抗剪强度减弱不大的梁，一般只需去掉保护层，在纵向主筋下面增焊一定数量的附加钢筋，然后重做保护层即可。对抗弯或抗剪强度减弱幅度较大的梁，则需加大梁高或同时加大梁宽与梁高，并相应地增加附加钢筋。对缺陷严重、质量差的梁，可采用三面或四面包套新的钢筋混凝土套层的方法进行加固，加固后大部分或全部荷载由新的套层承担。

（2）板的加固。

板的加固可采用增加板厚或增设支点、减小板跨等方法。增加板厚，可提高板的抗弯强度、增大板的刚度；增设支点、减小板跨，可改变板的支承方式，减小板中的弯矩，提高板的承载力。

（3）柱的加固。

柱的加固常采用围套加固或型钢加固的方法。

① 柱的围套加固。

柱的围套加固是在钢筋混凝土柱的三面或四面加设钢筋混凝土围套层，围套层内需设置纵向钢筋并固定，纵向钢筋的直径需经计算确定。

柱的四周采用围套加固时，新旧钢筋结合应牢靠，才能取得可靠的补强效果（柱的四周围套加固适用于柱损坏严重的情况）；如果只能在柱的三面进行围套加固，除应保证新旧混凝土的良好结合外，还应将补加的箍筋焊接固定在原有的钢筋上。围套壁的新混凝土厚度不应小于 50mm，围套内箍筋的间距不得超过纵向钢筋直径的 10 倍，柱的上下端围套与楼板或基础连接处的 50cm 范围内，箍筋应加密，其间距为纵向钢筋的 5 倍。柱子可沿全高加固，也可在受力过大或局部损坏的部位进行局部加固，其加固截面单侧或双侧增厚一般不小于 100mm，局部加固时围套层两端要伸过破坏区段不小于 50cm。

② 柱的型钢加固。

柱的型钢加固是用型钢沿柱的四周套箍加固。用型钢套箍加固，可以提高柱的刚度和承载力，同时也可以防止裂缝继续扩大。柱进行型钢加固时，一般采用等边或不等边角钢并用扁钢或小角钢做连接，焊成钢套箍紧密包围在柱外面，与柱共同工作。柱的型钢加固的优点是加固快、柱截面增大不多、工作安全可靠、补强效果好。

5. 钢筋混凝土结构日常养护

（1）每年定期检查变形缝、预埋件、给排水设施等的使用情况，发现腐蚀、渗漏、开裂等情况要及时处理。

（2）禁止在混凝土结构上任意开凿孔洞，对易受碰损的混凝土部位，应增设必要的防护措施。

（3）发现钢筋的混凝土保护层损坏要及时修补，以防钢筋锈蚀。若房屋室内外环境中存在侵蚀性介质，可在构件表面涂抹耐腐蚀层（如沥青漆、过氯乙烯漆、环氧树脂涂料等）进行防护。

（4）每年夏季和冬季前对屋面隔热层、保温层等进行养护检查，发现问题及时处理，避免和减少由此产生的对结构的不利影响。

（5）房屋使用应满足设计要求，不得随意改变用途、超载甚至对结构进行改造。

1.3.4 钢筋混凝土结构房屋养护费用测算

1. 钢筋混凝土结构养护工程费用测算

钢筋混凝土结构养护工程的工作内容：基层处理、批刮腻子、刷底漆、油漆成活等全部工序。

钢筋混凝土结构养护工程费用测算表见表1-12。

表1-12 钢筋混凝土结构养护工程费用测算表

项目名称		钢筋混凝土结构养护工程	
计量单位		m^2	
基价/元		32.91	
其中	人工费/元	16.90	
	材料费/元	16.01	
	机械费/元		
	名称	单位	单价/元	消耗量
人工	综合工日	工日	96.00	0.176
材料	沥青漆	kg	8.30	0.456
	过氯乙烯底漆	kg	15.20	0.201
	过氯乙烯腻子	kg	8.70	0.414
	过氯乙烯漆稀释剂	kg	13.60	0.303
	油漆溶剂油	kg	7.00	0.053
	砂纸	张	0.50	0.310
	水泥	kg	0.45	0.414
	TG胶	kg	2.50	0.084
	洗衣粉	kg	9.00	0.044
	其他材料费	元	1.00	0.130

2. 修补混凝土保护层费用测算

修补混凝土保护层的工作内容：人工凿除损坏部分的混凝土、地面凿毛成阶梯状或者榫槽、清理混凝土表面、修补、养护等全部工序。

修补混凝土保护层费用测算表见表1-13。

表1-13　修补混凝土保护层费用测算表

项目名称				修补混凝土保护层		
				现浇混凝土	速凝混凝土	高强环氧砂浆
计量单位				m³	m³	m³
基价/元				717.85	8223.50	13912.50
其中	人工费/元			411.84	334.46	324.38
	材料费/元			306.01	7889.04	13588.12
	机械费/元					
	名称	单位	单价/元	消耗量		
人工	综合工日	工日	96.00	4.290	3.484	3.379
材料	水泥（42.5级）	t	390.00	0.404		
	中砂	t	30.00	0.656		
	碎石	t	42.00	1.339		
	现浇混凝土[C15~C30（中砂碎石）]	m³	—	1.030		
	速凝混凝土	m³	7680.00		1.020	
	高强环氧砂浆	m³	13125.00			1.030
	木模板	m³	2300.00	0.013	0.013	0.013
	圆钉	kg	8.00	0.060	0.060	0.060
	铁件	kg	6.04	1.430	1.430	1.430
	凿子	根	12.90	1.680	0.500	1.680
	塑料薄膜	kg	13.00	0.550	0.390	0.390
	水	m³	5.00	0.238	0.280	0.022
	其他材料费	元	1.00	3.500	3.500	3.500

1.4 钢 结 构

1.4.1 钢结构定义

钢结构是指建筑物的主要承重构件采用钢材制作的结构。

1.4.2 钢结构房屋养护

对于维护人员来说，对钢结构房屋的养护首先应该是对构件表面涂层的维护。对涂层维护的好坏，会直接影响钢结构的使用寿命。因此，要做好日常维护，应该从以下几点入手。

（1）对钢结构容易积尘的地方（如钢柱脚、节点板处），每年应定期清理，必须保持钢结构房屋表面的清洁和干燥。

（2）每年定期检查钢结构保护涂层的完好状况，凡出现以下情况应及时维护。

① 涂层表面失去光泽的面积达到90%。

② 涂层表面粗糙、风化、干裂的面积达到25%以上。

③ 涂层发生漆膜凸起且构件有轻微锈蚀的面积达到40%。

（3）受高温影响的钢结构部位，应加设防护板，以保护涂层免受高温破坏。

（4）尽量避免构件与有侵蚀作用的物质接触，已接触的应及时清理。

1.4.3 钢结构房屋养护费用测算

清理钢结构表面的工作内容如下。

（1）清理钢结构表面：清理灰尘、侵蚀物质。

（2）加设防护板：安装防护板。

清理钢结构表面费用测算表见表1-14。

表 1-14　清理钢结构表面费用测算表

项目名称			清理钢结构表面	加设防护板
计量单位			m²	m²
基价/元			3.90	18.18
其中	人工费/元		2.40	8.83
	材料费/元		1.50	9.35
	机械费/元			
	名称	单位	单价/元	消耗量	
人工	综合工日	工日	96.00	0.025	0.092
材料	棉纱头	kg	5.40	0.008	
	清洗剂（500mL）	瓶	18.38	0.055	
	水	m³	5.00	0.082	
	破布	kg	4.20	0.008	
	防护板	m²	7.73		1.100
	其他材料费	元	1.00	0.004	0.850

1.5　房屋结构完好性检查与养护周期

房屋结构完好性检查的主要部位及内容见表 1-15。房屋养护周期见表 1-16。

表 1-15　房屋结构完好性检查的主要部位及内容

项目	分项名称	检查主要部位及内容
地基与基础	室内地坪	地坪的塌陷、变形、开裂，预制构件间的开裂等
	室外地坪	地坪、明沟、散水、台阶等的开裂、塌陷、脱开等
	基础	基础本体的开裂、沉陷、变形等
承重结构	上部结构	房屋的沉降、倾斜、开裂等
	砖混结构	砌体的弓凸、开裂、风化等，灰缝质量等
	钢筋混凝土结构	构件的变形、开裂等，节点的外观质量等

续表

项目	分项名称	检查主要部位及内容
承重结构	钢结构	构件的锈蚀、变形、破损，焊缝质量，连接件的破损、锚固质量等

表1-16　房屋养护周期

养护项目	养护周期/年	
	房屋已使用年限≥25	房屋已使用年限<25
屋面养护	10	12
外立面养护	7	8
承重构件养护	按房屋安全使用检查或检测结论	

第 2 章
服务区房屋室外装修养护

2.1 外 墙 面

外墙面是指建筑跟外部空间可以直接接触的界面。服务区为了建筑的外表美观，要求外墙面装饰完好、整洁，无破损或污迹；贴面的墙砖无起鼓、无脱落，玻璃幕墙无破损，涂料无脱落；空调架、广告架、置物架、宣传架等安装有序、整洁统一、美观，无安全隐患。外墙面养护要求如下。

（1）每年4月、10月，对房屋的外墙、外墙装饰、外墙保温、外墙附着物进行检查。

（2）外墙贴面的墙砖、抹灰（涂装）在养护时，应尽可能保持与原色一致。

外墙面根据墙的材料一般可分为抹灰（涂装）类外墙面、清水外墙面和饰面类外墙面。

2.1.1 抹灰（涂装）类外墙面养护

抹灰（涂装）类外墙面饰面是一种薄层饰面，在长期的风吹雨淋和日光暴晒下，饰面颜色会逐渐暗淡，因此须定期或不定期地进行养护，一般5年为一个周期，高档涂料可延长到7～10年。

外墙面施工一般采用吊椅，其缺点是操作面太窄，操作人员挪动困难；若在 6 层以下可采用升降的桥架或单体升降平台人工喷涂。不宜在冬期或低温阶段进行外墙面施工。水泥砂浆中不应掺入会析出污染面层的附加剂，此外还要适当增加涂料层的厚度（即多刷 1~2 遍），宜在涂料表面再刷一道使色彩保持鲜艳的涂层（尽管费用高一些，但是从长远综合效益来考虑是值得的）。

（1）基层和面层老化剥落，应先适当扩创后再进行养护。

（2）养护应按基层、面层、涂层的表里关系，由里及表地进行。

（3）新旧抹灰层之间、面层与基层之间必须黏结牢固。

（4）有保温要求的抹灰（涂装）养护应按现行国家相关规范要求进行。

抹灰（涂装）类外墙面养护内容见表 2-1。

表 2-1 抹灰（涂装）类外墙面养护内容

养护部位	抹灰（涂装）破损状况		养护措施
基层	起壳面积	≤0.1m² 且无裂缝	可适当处理
		>0.1m²	铲粉处理
		>0.2m² 或 30%抹灰面积	局部扩创铲除后重抹
		>0.5m² 或 50%抹灰面积	全部铲除后重抹
	裂缝宽度	≤0.3mm 且无起壳	嵌缝处理
		>0.3mm	拓缝后嵌缝处理
面层	起壳面积	≤0.1m²	铲粉处理
		>0.1m² 或 10%抹灰面积	局部扩创铲除后重抹
		>0.3m² 或 30%抹灰面积	全部铲除后重抹
	裂缝宽度	≤0.3mm	嵌缝处理
		>0.3mm	铲粉处理
涂装层	损坏面积	≤30%涂装面积	铲除嵌缝后局部涂装
		>30%涂装面积	铲除嵌缝后全部涂装

注：① 表中的"裂缝"是指由于材料本身原因及自然和人为因素而产生的抹灰（涂装）裂缝；若是由于墙体开裂而引起的裂缝，则应先对墙体采取养护措施。

② 面层和涂装层有明显的粉刷分缝、凹槽的，起壳面积按这些分缝、凹槽限定的面积计算。

③ 表中养护措施可根据实际损坏和安全情况做调整。

2.1.2 清水外墙面养护

（1）当墙面风化面积大于或等于50%时，墙面养护应进行全补全嵌。

（2）当砖墙面存在起壳、灰缝松动、断裂和漏嵌、接头不和顺等情况时，应修补完整。

（3）无勒脚抹灰的，可按实际情况新做。

（4）宜涂刷无色透明的保护性涂料。

2.1.3 饰面类外墙面养护

饰面类外墙面材料一般有外墙面砖、马赛克、各类石材等。

（1）当墙面材料出现起壳且有坠落危险时，应及时抢修；如应急抢修不能满足养护质量标准，则应在抢修后再组织养护。

（2）饰面层出现松动、起壳面积大于 $0.2m^2$ 或开裂比较严重的，应局部凿除后重铺。

（3）当基层起壳无裂缝，起壳面积大于 $0.1m^2$ 时，宜局部凿除后重铺。

2.1.4 外墙面养护工程费用测算

1. 清理外墙起鼓费用测算

清理外墙起鼓的工作内容：底层、面层全部铲、砍，墙面清扫干净。

清理外墙起鼓费用测算表见表 2-2。

2. 外墙面修复费用测算

外墙面修复的工作内容如下。

（1）外墙涂料：基层处理、调运砂浆、抹灰、找平、罩面、压光、抹护角、清扫落地灰、清理等全部工序。

（2）外墙面砖：基层处理、抹垫层、打底、选砖、磨砖、套规格、浸水、打眼穿丝、镶贴面层、擦缝、上蜡等全部工序。

外墙面修复费用测算表见表 2-3。

表 2-2 清理外墙起鼓费用测算表

项目名称			清理外墙起鼓
计量单位			m²
基价/元			70.46
其中	人工费/元		70.46
	材料费/元		
	机械费/元		
	名称	单位	单价/元	消耗量
人工	综合工日	工日	96.00	0.734

表 2-3 外墙面修复费用测算表

项目名称			外墙面修复	
			外墙涂料	外墙面砖
计量单位			m²	m²
基价/元			13.57	137.54
其中	人工费/元		7.01	95.71
	材料费/元		6.56	41.83
	机械费/元			
	名称	单位	单价/元	消耗量	
人工	综合工日	工日	96.00	0.073	0.997
材料	107胶	kg	2.70	0.346	
	外墙涂料	kg	5.40	1.000	
	色粉	kg	4.50	0.034	
	水泥（32.5级）	t	360.00		0.012
	中砂	t	30.00		0.031
	生石灰	t	290.00		0.001
	素水泥浆	m³	—		0.001
	水泥砂浆［1∶3（中砂）］	m³	—		0.008
	水泥石灰砂浆［1∶0.2∶2（中砂）］	m³	—		0.012
	水泥砂浆［1∶1（中砂）］	m³	—		0.002
	面砖（150mm×75mm）	m²	35.00		1.025
	其他材料费	元	1.00	0.070	0.410

2.2 屋 面

屋面经常出现的问题是渗水、漏雨，雨水浸入后，会使屋面潮湿，长时间将导致结构病害，甚至发生危险。因此，在屋面的养护中，主要是防止和处理屋面渗水、漏雨问题。

屋面的种类很多，依据屋面防水层所选用材料的不同，屋面一般包括柔性防水屋面、刚性防水屋面及盖材坡屋面。

柔性防水屋面包括卷材防水屋面和涂膜防水屋面。卷材防水屋面是采用沥青油毡、再生橡胶、合成橡胶或合成树脂类等防水卷材，粘贴成一整片能防水的屋面覆盖层。涂膜防水屋面是采用水乳型橡胶沥青防水涂料、聚氨酯防水涂料涂刷在屋面基层上形成防水面层。

刚性防水屋面是采用钢筋混凝土、黏土砖等刚性材料做防水层的屋面，主要有钢筋混凝土刚性防水屋面、预应力钢筋混凝土刚性防水屋面、微膨胀混凝土刚性防水屋面、自防水屋面、预应力钢筋混凝土双防水屋面、砖砌刚性防水屋面等。

盖材坡屋面包括平瓦屋面、波形瓦屋面及其他屋面。

2.2.1 屋面检查及养护

1. 屋面检查

屋面不仅受到紫外线、放射线、大气污染物及雨雪和温度变化等自然因素的影响，而且在屋面上还有管道及机械配套设施，致使屋面防水处理变得非常复杂，再加上屋面防水的现场施工条件受限制，所以很难保证屋面防水的稳定性。因此，做好屋面防水的定期检查和养护是保证服务区建筑物正常使用的关键环节之一。屋面检查的主要部位和内容如下。

（1）防水层部分。

① 沥青防水、卷材防水和涂膜防水的防水层。主要检查是否有下列问题：防水层是否发生老化；防水层是否发生龟裂，造成屋面防水层断裂，引起屋面漏水；在防水层的接缝处是否发生剥离等。

② 砂浆防水层。主要检查是否有下列问题：基底混凝土是否发生龟裂，造成砂浆防水层龟裂，从而引起屋面漏水；屋面砂浆防水层是否发生龟裂，造成局部防水层剥离等现象。

③ 可上人屋面的混凝土保护层。主要检查是否有由于防水层、保温材料老化及混凝土收缩而产生的龟裂现象。

④ 伸缩缝。主要检查是否有屋面防水层凹凸不平或隆起，致使接缝材料产生老化变形的现象。

⑤ 露天防水层的保护涂层。主要检查露天防水层是否有褪色、剥离现象。

⑥ 防水层金属固定件。主要检查金属固定件是否有生锈、腐蚀、老化等现象。

（2）女儿墙压顶和墙体挡雨板。

① 金属压顶盖板和挡雨板。主要检查是否有下列问题：铝制压顶盖板是否发生腐蚀；黏附上铁粉或灰尘的不锈钢压顶盖板是否生锈；接缝处密封胶是否产生剥离、断裂等现象。

② 砂浆抹面压顶和挡雨板。主要检查砂浆层是否存在裂缝并剥离脱落。

③ 混凝土压顶和挡雨板。主要检查混凝土压顶是否有裂缝，致使雨水浸入防水层中，造成漏雨现象。

（3）屋顶的建筑五金扶手、护栏和扶梯。

主要检查是否有下列问题：屋顶的建筑五金是否由于表面喷涂层的老化而发生锈蚀，是否使混凝土层遭到损害；扶手、护栏和扶梯等固定件的固定部位的混凝土是否产生裂缝，导致雨水渗入，从而造成冻害；固定部位的密封胶是否老化等。

（4）屋顶排水口。

主要检查是否有下列问题：灰尘、泥土等是否堵塞排水口，导致排水口处溢流。

（5）落水管。

主要检查是否有下列问题：灰尘、泥土等是否堵塞落水管；落水管材料是否老化变质；积雪、强风、冰柱是否造成落水管的金属支撑件损坏；落水管和金属支撑件是否发生老化等现象。

(6) 屋面渗漏检查。

屋面渗漏检查的一般方法见表 2-4。

表 2-4 屋面渗漏检查的一般方法

检查内容	检查方法	说明
初步检查	首先了解屋面渗漏的大致部位、范围和程度，何时开始渗漏，以及平时对屋面的使用和养护情况	
室内检查	先检查室内顶棚、屋面、墙面的渗漏痕迹，根据水向低处流的特点，由下向上沿着渗漏的痕迹查找屋面渗漏的部位、范围和程度，并做好记录	检查时机以下雨（或雨刚停）和化雪天为好
室外检查	根据室内检查结果，再到室外屋面上相对应的范围内进一步确诊（因有些渗漏情况较复杂，室内外渗漏点往往不在同一位置），必要时须拆除屋面面层覆盖物进行检查	检查时机以下雨（或雨刚停）和化雪天为好
室外试验检查	对平屋面或砖拱屋面的裂缝或渗漏点，可在屋面上喷水或浇水进行试验，因渗漏处吸水多、干燥慢，可留下较明显的湿痕迹，此痕迹处即为裂缝或渗漏点	必须在晴天进行

屋面检查的时机及注意事项如下。

① 对屋面应每季度进行一次全面检查。

② 每年开春解冻后、雨季来临前、第一次大雨后、入冬结冰前，均须进行屋面防水状况的检查。

③ 每次检查应按不同的屋面制定详细的检查内容，检查的情况均需按各个屋面分别记载存档。

④ 检查中发现问题，应当即分析原因，及时研究采取相应的技术措施进行养护，避免继续发展而造成更大的渗漏。

2. 屋面养护

屋面养护包括对屋面的保养、检查及维修等多项内容。做好屋面养护工作，不但可延长屋面防水层的使用寿命，而且可在营造良好的生活、工作环境的同时，节省房屋维修费用。

(1) 屋面养护技术要求。

屋顶表面平整、无积水、无破损；屋面瓦牢固、无裂纹，避雷设施完整；屋面有组织排水系统管道通畅、无渗漏、无堵塞，管道接口完整、无倾斜，管卡牢固；建筑屋面附着物（雨水管、无动力排烟机、空调机等）安装牢固，加固件无缺失。

（2）房屋养护管理。

房屋养护管理主要应做好以下几方面工作。

① 清理屋面：屋面及泛水部位的杂物、垃圾、尘土、杂草等应及时清除，使排水设施排水通畅；一般非上人屋面每季度要清扫一次，尤其雨季前必须进行一次清扫；上人屋面除要经常打扫外，每月还要进行一次大扫除，重点清扫排水沟和落水口，以使屋面排水通畅。

② 维护屋面设施：非上人屋面上的检查口及爬梯应设有标志，标明非工作人员禁止上屋面；不得随意在屋面上设置电视天线等设施；不得将缆风绳直接绑在卷材防水层上，以防止因接触面小而扯坏卷材；不允许在屋面上堆放杂物、盖小房屋等。

根据前述检查结果，结合屋面原防水做法及发生变化的情况，按照经济有效的原则，预定补漏材料。根据屋面漏雨部位、面积大小和严重程度的不同，确定工作方法，并编制施工操作技术方案。局部修补时，对屋面其余部位应采取保护性措施，防止任意堆物、堆料，以免损伤完好部位。屋面防水维修的专业性和技术性都很强，必须由专业维修施工队伍来进行维修施工。

（3）屋面养护工作。

屋面养护工作主要有以下几方面。

① 每年4月、10月，对房屋屋面结构、屋面防水、屋面保温进行检查、维护和清理。每半年疏通一次屋面雨水口。

② 检查房屋屋面附着物（雨水管、无动力排烟机、空调机等），每半年对房屋屋面附着物的安装稳定性进行检查。

③ 每年开春解冻后、雨季来临前、第一次大雨后、入冬结冰前，均须进行屋面防水状况的检查，对屋面和雨水檐沟进行一次清扫。

④ 避雷网每年刷漆一次，防止锈蚀。

⑤ 每2年全面修补一次屋面隔热层板。

2.2.2 卷材防水屋面养护

卷材防水屋面使用的防水卷材有石油沥青防水卷材、高聚物改性沥青防水卷材、合成高分子防水卷材三大类，其中以石油沥青防水卷材（即油毡）应用最为普遍，约占90%。

由于油毡具有良好的韧性、不透水性、黏结性及能满足一般防水要求的其他性能，且材料来源广泛、价格较低、技术性能较稳定，因此是一种主要的屋面防水材料。从使用效果来看，油毡还存在渗漏率较高的不足。随着油毡质量的改善和提高，以及加强施工管理和对屋面防水设计的规范化，可以较好地解决渗漏问题。

1. 卷材防水屋面渗漏及原因

（1）卷材防水屋面易产生渗漏的部位。

卷材防水屋面渗漏的外观现象表现为卷材防水层有开裂、起鼓、沥青流淌和油毡老化等。从渗漏部位来看，主要有下列部位易产生渗漏。

① 屋面与纵横墙、山墙、女儿墙的连接处。

② 屋面与凸出屋面的构件（如管道、烟囱、水池等）的连接处。

③ 屋面与檐口、雨水口的连接处。

④ 伸缩缝、沉降缝、防水层分格缝等处。

⑤ 屋面板之间、板与墙之间。

（2）引起防水层渗漏的原因。

引起防水层渗漏的原因是多方面的，归纳起来，主要有以下几个方面。

① 施工方面。施工质量差是造成屋面渗漏的主要原因。例如，因卷材搭接不当，导致卷材粘贴不牢，形成空隙，在外力作用下引起渗漏；熬煮及铺涂工艺不当，导致沥青胶流淌或铺涂不足而使卷材粘贴不严；屋面基层没有整理平整，基层潮湿，造成油毡不平整，贴不牢靠，在天气炎热的情况下，被卷材封闭的水蒸气会受热膨胀，将防水层顶起而起鼓。

② 材料方面。如施工材料质量不好，所用的沥青胶含蜡量高，其黏结力低、耐热度不稳定，容易发生流淌及过早老化，导致油毡

移位产生渗漏；油毡纸胎质量差，脆性大，抗渗、抗裂性较差，导致油毡过早脆裂和老化，大大削弱其防水效果。

③ 设计考虑不周，局部构造不合理，未考虑结构变形对房屋渗漏的影响。

④ 管理不善，使用不合理。如养护不及时，使损坏愈加严重；对屋面管理薄弱，没有建立对屋面的日常管理、养护和使用制度；在屋面上任意堆放杂物、乱搭乱盖，或随意安装天线，破坏屋面的完整性等均容易导致渗漏。

2. 卷材防水屋面渗漏养护

（1）防水层开裂养护。

屋面防水层出现的裂缝，可分为有规则裂缝和无规则裂缝两种。有规则裂缝一般呈直线状，少数呈断续弯曲状；无规则裂缝的位置、形状和长度则都不确定。这两种裂缝产生的原因不同，其养护方法也不尽相同。

① 有规则裂缝的养护方法。有规则裂缝多发生在装配式结构的屋面上，开裂的位置往往在正对屋面板支座的上部。有规则裂缝是屋面板受温度变化而变形及面板本身的干缩所引起的，常用的养护方法有以下三种。

a. 干铺油毡贴缝法。在把裂缝及其附近的面层铲除并清理干净后，刷一道冷底子油，在裂缝中嵌上防水油膏或聚氯乙烯胶泥，然后沿缝单边点粘宽度不小于100mm的油毡作隔离层，最后用宽度大于300mm的油毡粘贴覆盖作保护层。此法是利用干铺油毡作为隔离层，当屋面基层变形时起隔离作用，使面层油毡在基层开裂时有足够的变形能力而不会被拉裂。

b. 半圆弧形贴缝法。此法与干铺油毡贴缝法的不同之处在于空铺层中间凸起呈半圆弧形，并在两端用热沥青胶结材料贴牢压实。此法有较大的适应基层变形的能力，但半圆弧形空洞较易破裂。

c. 油膏或胶泥补缝法。此法要先把裂缝两边各宽35～50mm的卷材切除，露出找平层，若裂缝宽度和深度不足30mm，则应凿大；清理基层后，满涂冷底子油，再将油膏或胶泥嵌入缝中，要把油膏或胶泥与两侧被割断的油毡黏结牢固，油膏或胶泥要高出油毡面并覆盖两侧（宽 20～30mm），然后压牢贴实。如使用抗老化性能差的油膏或胶泥作嵌补材料，可在油膏或胶泥表面加贴一层玻璃布，作为加强覆盖层。

② 无规则裂缝的养护方法。无规则裂缝的产生，主要是卷材搭接太短，卷材收缩后使接头开裂、翘起，卷材老化、龟裂，找平层收缩引起卷材拉裂等原因所致。

对于卷材局部出现裂缝，但卷材尚未老化的修补，可在稍大于裂缝的范围内，将保护层铲除并清理干净，刷冷底子油一道，再沿裂缝铺贴宽度不小于 250mm 的卷材，用一毡二油或二毡三油的做法，照原样做好保护层。

若原油毡已老化或因损伤不能使用，应将此部分防水层铲除并清理干净，待板面干燥后，刷上冷底子油，粘贴新的二毡三油防水层，要求每边与四周旧防水层的搭接宽度为 50～100mm。搭接方式为：左、右、下三边的新防水层的第一、第二层分别贴到相应的旧防水层的上面，而上边的新防水层的第一、第二层则分别贴到旧防水层的第一、第二层下面。以上所用二毡三油也可用一布二油代替。

（2）防水层起鼓养护。

造成防水层起鼓的主要原因是卷材粘贴不实的部位存有水分或气体，受热时因水蒸气或气体膨胀而起鼓，起鼓处会形成鼓包。防水层起鼓不一定会造成渗漏，但却是个隐患，主要是因为鼓包受外力作用易开裂，以及鼓包有可能由小至大甚至串连成片。对较大面积的防水层起鼓，应及时修复。根据鼓包的大小及严重程度，可采取不同的养护方法。

① 对直径在 100mm 以下的鼓包，可采取抽气灌油法来修补。即在鼓包中插入两支注射器，其中一支注射器内装有热沥青稀液，另一支为空注射器。一边用空注射器把鼓包内的气体抽出，一边用装有热沥青稀液的注射器往鼓包内注入热沥青稀液，待注满后抽出针管，并将油毡压平贴牢，然后用沥青把针眼封闭，用砖块压上数天。

② 对直径为 100～300mm 的鼓包，可将其周围的砂粒、沥青胶刮掉，割破鼓包或在鼓包上钻眼排出鼓包内的气体，使卷材平整，在鼓包范围面层上部铺贴一层卷材，外露边缘应封严，最后做保护层。

③ 对直径在 300mm 以上的鼓包，可按斜十字形将鼓包切割开，并翻开晾干，清除原有的沥青胶，将切割翻开部分的油毡重新分片，按屋面流水方向用沥青胶粘贴，并在面层上部增加铺贴一层油毡（其边长应比切开范围大 100mm），将切割翻开部分油毡的上片压贴、粘牢封严，最后做保护层。

（3）防水层沥青流淌养护。

屋面防水层发生沥青流淌，一般出现在表层油毡上，并在屋面完工后第一个高温季节出现，其原因主要是沥青耐热度偏低或胶结层过厚。

对于防水层沥青轻微流淌，可不进行处理；如流淌严重，则应视其损坏程度，局部或全部重铺进行养护。

① 切割法。主要用于屋面坡端和泛水处油毡因沥青流淌而耸肩、脱空部位的修缮。做法是先铲除要切割处的保护层，将脱空的油毡切开，刮去油毡下积存的沥青胶，待干燥后，将下部油毡用沥青胶黏结贴平，再补贴上一层新的油毡，并将上部油毡盖贴上，最后做保护层。

② 局部铲除重铺法。多用在天沟已发生沥青流淌而皱褶成团的部位。把皱褶成团的部位的表面油毡铲除，其范围以保留平整部位为准。对留下的油毡的边缘，将其揭开约 140mm，清除原有胶黏材料及污物，在铲除部位重新铺贴新油毡，再把揭开的旧油毡盖贴上，新旧油毡搭接应不小于 140mm，搭接处应压实封严。

③ 全部铲除重铺法。当表层油毡沥青流淌导致多处严重皱褶，且皱褶隆起 50mm 以上、接头脱开 140mm 以上，局部修补有困难时，应将表层油毡整张揭去，重新铺贴。

（4）油毡老化养护。

油毡老化是不可避免的，防水层因老化而出现龟裂、收缩、发脆、腐烂等现象时，应及时养护。对局部轻度老化的油毡，可进行局部修补或局部铲除重铺，然后在整个屋面上涂刷一层沥青，并铺撒砂子形成保护层。严重老化的油毡则需要全部铲除重铺。

（5）节点处防水构造失效养护。

屋面因节点构造处理不当而造成的渗漏比较普遍，主要表现在铺贴于凸出屋面的结构（如女儿墙、山墙等）立面的卷材端部封口马虎或泛水高度不足造成渗漏，或变形缝防水不严密及排水设施排水断面不足造成渗漏。

① 女儿墙、山墙泛水部位卷材端部张口脱开的养护。应清除原有胶结材料及密封材料，重新贴实卷材，卷材收头应压入凹槽内固定，然后上部再覆盖一层卷材并将卷材收头压入凹槽内固定密封。

② 女儿墙、山墙等高出屋面的结构与屋面基层连接处卷材开裂的养护。在把裂缝清理干净以后，在缝内嵌填密封材料，上面铺贴新卷材，并压入立面卷材下面，封严搭接缝。

③ 天沟、檐沟泛水部位卷材开裂的养护。先清除破损卷材及胶结材料，在缝内嵌填密封材料，缝上面铺设附加卷材，面层贴盖一层卷材，并贴实封严。

④ 落水口上部墙体卷材收头处张口、脱落的养护。先将落水口上部墙体卷材及胶结材料清除干净，在落水口处铺设卷材，并贴实封严。

⑤ 伸出屋面管道根部渗漏的养护。先把管道根部周围的卷材、胶结材料及密封材料清除干净，在管道与找平层之间剔出凹槽，槽内嵌填密封材料，增设一卷材附加层，再用面层卷材覆盖。卷材收头用金属箍箍紧或缠麻封牢，并用密封材料封严。

3. 卷材防水屋面养护技术要求

（1）屋面防水层养护完成后应平整，不允许有翘边、接口不严等缺陷，不得积水、渗漏。

（2）卷材的铺贴应顺屋面流水方向；卷材与找平层之间、卷材与卷材之间均应粘接牢固；卷材的搭接顺序和搭接长度应符合规范要求。

（3）卷材与屋面构筑物的连接处和转角处，应铺贴牢固、封闭严密。

（4）铺设保护层应与原屋面保护层一致，覆盖要均匀，粘接要牢固，多余的保护材料应清除。

（5）检查时，可按屋顶面积每 $50m^2$ 抽查一处，但每个屋顶的检查点不得少于 5 处。

2.2.3 涂料防水屋面养护

涂料防水屋面，是用防水涂料配以合成纤维毡或玻璃布（胎体增强材料）涂布在结构物表面，涂料干燥固结后便形成坚韧的防水膜，故又称涂膜防水层。涂膜防水层具有防水性能好、温度适应性强、施工操作简便等特点。

防水涂料主要有三大类：沥青防水涂料，如石灰乳化沥青涂料、膨润土乳化沥青涂料等；高聚物改性沥青防水涂料，如水乳型再生橡胶沥青涂料、SBS 改性沥青涂料等；合成高分子涂料，如丙烯酸酯防水涂料、有机硅防水涂料等。

涂料防水屋面的施工是冷施工。施工前，应按要求把屋面板的板缝用细石混凝土嵌密实，并做好找平层。施工时，在找平层上均匀涂刷一层冷底子油或底胶，待干燥后于其上涂刷防水涂料，铺贴合成纤维毡或玻璃布等胎体增强材料，再在上面均匀地涂刷防水涂料，使纤维不露白，并用胶辊滚压密实，将毡（布）下的空气排尽。此层涂料涂刷完后，一般需 4~24h 后才能干燥，待其干燥后，再在其上涂刷一层防水涂料。在涂刷最后一层防水涂料后，应立即均匀撒上保护材料（如蛭石粉、云母粉、铝粉等），并用胶辊滚压，做成保护层。

以上的做法称为一毡（布）三胶，即在毡（布）下面涂一道涂料，毡（布）上面涂两道涂料。按设计要求还有二毡四胶和一布一毡四胶等做法。毡（布）的搭接尺寸与沥青油毡的搭接尺寸相同。

1. 涂料防水屋面渗漏养护

涂料防水屋面的渗漏部位与卷材防水屋面大致相同，但其损坏原因及修复方法不尽相同，以下主要介绍涂料防水层的开裂、破损、起鼓和黏结不牢等损坏的养护。

（1）涂料防水层开裂养护。

涂料防水层的裂缝多见于板端接缝部位，此外还有屋面与山墙交接部位，檐口与檐沟交接部位，天沟、女儿墙压顶部位的横向裂缝等。

裂缝出现的原因与卷材屋面出现裂缝的原因大致相同，但因涂料防水层厚度较薄，若所选涂料的延伸率和抗裂性较差，则容易使涂料防水层开裂。

① 防水层有规则裂缝养护。清除裂缝部位的防水涂膜，把裂缝剔凿扩宽，清理干净，用密封油膏嵌填。干燥后，在缝上干铺或单边点粘宽度为200～300mm的卷材条做隔离层，再铺设带有胎体增强材料的涂料防水层，该防水层宽度约为400mm，且其与原防水层有效黏结宽度不应小于100mm，防水层的构造层次可用一布三胶或二布四胶，并做好保护层。

② 防水层无规则裂缝养护。应铲除损坏的涂膜防水层，清除裂缝周围的附灰及杂物，沿裂缝涂刷基层处理剂，待干燥后，铺设涂料防水层。防水涂膜应由两层以上涂层组成。新铺设的防水层应与原防水层黏结牢固并封严。

（2）涂料防水层破损养护。

涂料防水层涂膜的最小厚度很小，按规定沥青基层防水涂膜的厚度不小于8mm，高聚物改性沥青防水涂膜的厚度不小于3mm，合成高分子防水涂膜的厚度不小于2mm。这也导致涂料防水层很容易被扎穿或踩裂。

涂料防水层局部破损部位的修补方法：将破损部位及周围清理干净后，裁剪两块比破损部位周边宽100mm的玻璃布，用与屋面相同的防水涂料仔细粘贴于破损部位，然后在表面涂刷两遍以上的涂料，并做好保护层。

（3）涂料防水层起鼓养护。

涂料防水层起鼓是因基层水分过多，在温度升高时水分蒸发膨胀而造成的。有些鼓包可能随气温降低而消失。但鼓包的产生会使涂膜被拉伸，从而使涂膜易于老化，并使其破裂而出现屋面渗漏。

① 对直径较小的鼓包，可将鼓包刺穿一个小孔，排净空气后，由小孔注入相关防水涂料，然后用力滚压使其与基层粘牢，孔眼处用密闭材料封口。

② 对较大直径的鼓包，可将起鼓部位的防水层用刀呈斜十字形切割，排除鼓包内气体，翻开切割的防水层，清理干净并晾干；然后把翻开部分重新粘贴，在其上铺设带有胎体增强材料的涂料防水层，周边应大于原防水层切割部位，搭接宽度不应小于100mm，外

露边缘用防水涂料多遍涂刷并封严。新旧涂膜搭接处应仔细处理。

（4）涂料防水层黏结不牢养护。

涂料防水层与基层因黏结不牢脱开，尤其是边缘部分，在风吹日晒下张口、开缝，会成为渗水通道，造成渗漏。

造成黏结不牢的原因：基层不平整或含水率高、防水涂料黏结性能差等。根据黏结不牢的涂料防水层面积的大小，可采取不同的养护方法进行修补。

① 如屋面涂料防水层大部分黏结牢固，只是个别部位出现脱空、翘边等现象，则可进行局部修补。先将翘起的涂膜掀开，处理好基层后，再用防水涂料把掀开的防水层铺贴好，最后在掀开部位上面加做一毡（布）二胶防水层，表面加保护层。

② 如黏结不牢的涂料防水层面积较大，或脱空、翘边较多，可采取全部翻修的做法。当全部翻修时，应先将原防水层全部铲除，修整或重做找平层，水泥砂浆找平层应顺坡抹平压光，使面层牢固；然后铺设涂料防水层，施工应符合《屋面工程技术规范》（GB 50345—2012）的规定。

（5）天沟、泛水等节点部位养护。

首先应把损坏部分的涂料防水层清理干净，基层面应干燥、洁净，然后铺设带有胎体增强材料的附加层，最后做涂料防水层。涂料防水层泛水高度不应小于 250mm，新旧防水层搭接宽度不应小于 100mm，外露边缘应用防水涂料多遍涂刷并封严。

2. 涂料防水屋面养护技术要求

（1）养护完成以后，屋面应平整、无积水、无渗漏。

（2）天沟、檐沟、落水口等防水层构造应合理，封固严密，无脱空、翘边、褶皱，排水通畅。

（3）防水层涂膜厚度应符合规范要求。涂料应浸透胎体，完全覆盖防水层；涂料表层应平整，无流淌、堆积、皱褶、鼓包、露筋等现象。防水层收口应贴牢封严。

（4）铺设保护层应与原保护层一致，且覆盖均匀、黏结牢固，多余保护层材料应清除。

（5）养护工程竣工后，须经蓄水检验，检验不渗漏方为合格。

2.2.4 刚性防水屋面养护

刚性防水屋面是用刚性材料做防水层的屋面，主要有防水砂浆屋面和细石混凝土防水屋面两种。刚性防水层是依靠混凝土自身的密实性和防水性，即自防水能力来达到防水的目的的。

1. 刚性防水屋面渗漏部位及原因

由于混凝土凝固时会有收缩现象，因此不可避免地会出现细微裂缝。为了减少这些细微裂缝及抑制细微裂缝的发展，通常要在防水混凝土及砂浆中掺入各种外加剂（如减水剂、加气剂、防水剂等）、高聚物乳液、微纤维等，以提高砂浆和混凝土的抗渗、抗裂等防水性能。

聚丙烯微纤维混凝土是常用的一种刚性防水材料，它是在普通混凝土中添加适量微纤维（每 $1m^3$ 混凝土或砂浆加入微纤维 $0.45\sim0.9kg$）拌制而成的。微纤维能抑制混凝土细微裂缝的发展，通过抗裂使混凝土更密实从而达到防水的目的。

（1）刚性防水屋面渗漏的主要部位。

① 屋面的预制板接缝处，纵横分格缝交叉处。

② 屋面板端部接头处，天沟、檐口与屋面板接缝处。

③ 防水层与女儿墙、檐沟、排水系统等构造节点连接处。

④ 伸缩缝、沉降缝处。

⑤ 整浇基层、刚性防水层因建材质量低劣或施工不当造成病害，使防水层不密实、不平整而导致的较疏松或裂缝处。

（2）刚性防水屋面产生渗漏的原因。

① 因产生裂缝导致渗漏。产生裂缝的原因及种类大致有因温度变化而热胀冷缩引起的温度裂缝，因在荷载作用下变形引起的荷载裂缝，因水泥硬化干缩而产生的干缩裂缝，以及因地基变形而产生的沉降裂缝等。具体表现如下。

a. 刚性防水层因变形能力不足，当防水层分格过大时，易在基层变形时被拉裂。

b. 刚性基层在温度变化下产生热胀冷缩，在受到梁和墙的约束下会产生较大的内应力，使基层被拉裂。对现浇钢筋混凝土屋面来说，若抗温差应力的钢筋铺设不足，也容易产生裂缝而渗漏。

c. 预制板屋面基层由于板件在支座边有反挠翘起，易使该处防水层受拉开裂。

d. 嵌缝材料不良、操作不当或材料老化失效，导致雨水从分格缝直接渗入。

e. 因房屋变形，尤其是地基不均匀沉降，使屋面基层、防水层变形开裂。

② 因构造节点处理不当而产生泛水渗漏。泛水渗漏是指女儿墙等墙体与屋面防水层相交部位的渗漏。若垂直面防水层与屋面防水层没有很好地分层搭接，则容易在防水层收口处开裂，从而使水沿开裂处进入，造成漏水。

2. 刚性防水屋面渗漏养护

（1）防水层裂缝养护。

防水层裂缝的养护，要针对不同部位的裂缝变异状况，采取相应的治理措施。对防水层裂缝及节点部位渗漏养护宜采用密封材料、防水卷材或防水涂料等柔性防水材料养护。刚性材料板块的表面风化、起砂等损坏可采用聚合物水泥砂浆、高强度等级细石混凝土等刚性材料进行养护。防水层表面一般裂缝的修补方法有以下几种。

① 贴盖法。该法是用防水材料贴盖在裂缝上，将裂缝密封。贴盖层应能适应缝口的变形，不致被拉脱、拉断；所用材料应具有柔韧性、延伸性和抗基层开裂的能力。贴盖法所用主要材料有油膏、胶泥、石灰乳化沥青，以及油毡、纤维布等，用以构成一布二涂或二布三涂等防水贴盖层。贴缝卷材宽度不应小于 300mm，周边与刚性防水层有效黏结宽度应大于 100mm，卷材搭接长度不应小于 100mm。

② 嵌缝法。该法主要用于裂缝较宽的情况。为保证嵌缝质量，沿缝剔槽时要拓宽缝口使其呈 V 形或 U 形槽缝。嵌缝时，应清除缝

内浮土并干燥缝壁，采用防水油膏或胶泥嵌缝。防水油膏或胶泥的覆盖宽度应超出板缝两边不小于30mm，并隆起呈龟背形。

③ 干铺油毡纸法。该法是在嵌缝后，在缝口上铺设一条干油毡纸，宽60~100mm，然后在其上贴盖一布二涂防水层。防水层在缝口处被干油毡纸隔离，当基层缝口变形时，防水层则不易被拉裂。

（2）分格缝渗漏养护。

分格缝中的油膏如嵌填不实或老化失效，应将旧油膏剔除干净，重新嵌入新油膏。如旧油膏难以清除干净，为保证防水质量，可在新油膏嵌入后，在缝上加做一布二涂（或一毡二油）防水层。

（3）刚性防水层表面大面积风化、龟裂养护。

对刚性防水层表面大面积的风化、龟裂现象，轻度的可以全面涂石灰乳化沥青、再生橡胶沥青或其他防水涂料，使刚性防水层表面全部覆盖一定厚度的防水涂膜；表面风化、龟裂严重的应把整块防水层铲除重做。

（4）屋面泛水养护。

凸出屋面的墙体与屋面交接处都要做泛水处理。刚性防水层的泛水构造与卷材防水屋面基本相同。泛水渗漏的养护方法如下。

① 刚性防水层上翻泛水断裂渗漏，可用二布三涂从缝口女儿墙开始，外包整个泛水，一直包贴到水平防水层上搭盖100mm。所用二布三涂是用两层玻璃布相间涂三层防水涂料成为涂膜防水层，其上端外露边缘应用涂料多遍涂刷封固。

② 泛水构造的嵌缝油膏老化或脱落而产生的渗漏，应把老化、脱落的油膏挖除，按油膏嵌缝的施工要求重新嵌缝。

③ 女儿墙外粉刷层破裂，可将缝内粉刷层清理干净，一直清理到防水层底面的找平层处，然后用柔性材料嵌缝。缝口25mm以下用沥青麻刀填充，缝口用防水胶泥或油膏嵌实，防水胶泥或油膏要求凸出缝口呈龟背形。

（5）带天沟檐口渗漏养护。

① 防水层在檐口处沿外纵墙内侧，在屋面板与外纵墙接触处产生裂缝，是刚性屋面常见的裂缝之一。对不上人屋面，此裂缝可用贴盖法修复；如裂缝较宽，则可采取嵌缝法与贴盖法相结合的方法修复。对上人屋面，若防水层贯穿女儿墙伸入沟槽，可采用嵌缝法

与贴盖法相结合的方法修复；但贴盖材料不能粘贴在墙上，而应铲除粉刷层用水泥砂浆抹平，然后做一布二涂贴盖层，并宜用木条压口。若防水层不出女儿墙，其渗漏部位常在出水口处，由于范围较小，可选用冷施工高弹性涂料按上述方法处理。

② 当檐口"滴水"被破坏（或无"滴水"），雨水沿防水层边缘进水产生严重渗漏时，由于滴水线难于修补，用嵌缝法密闭缝口的效果往往不好，可用包檐沟的办法来处理。施工时可适当铲平板口，用二布三涂贴盖；如果檐沟沟口较深，也可贴至沟底阴角处。若檐口局部渗漏，则可用防水胶泥堆铺封口，并补抹滴水线。

（6）女儿墙裂缝渗漏养护。

① 当女儿墙风化严重、酥裂很多时，应拆除重做。

② 对于一般的裂缝，应铲除裂缝处的粉刷层，将裂缝及其周围的砖缝清理干净，用防水砂浆深嵌裂缝。

③ 女儿墙压顶裂缝，可用嵌缝法密封。压顶未按要求设置伸缩缝时，可利用已生成的裂缝或新开凿必要的伸缩缝。伸缩缝要将压顶全部断开，缝宽不小于20mm，缝用柔性材料填充，周边用防水油膏嵌缝口。

3. 刚性防水屋面养护技术要求

（1）防水砂浆防水层的原材料、配合比和分层的做法，应符合设计和施工规范的要求。细石混凝土防水层的原材料、混凝土的防水性能和强度，钢筋的品种、规格、位置和保护层厚度，应符合设计和施工规范的要求。

（2）防水砂浆防水层各层应结合牢固、无空鼓。

（3）屋面坡度应符合要求，无积水、无渗漏。

（4）防水砂浆防水层表面应平整且无裂纹、无起砂，阴阳角要呈圆弧形或钝角。细石混凝土防水层厚度应均匀一致，表面应平整、压实抹光，无裂缝、起壳、起砂等缺陷。

（5）对刚性防水层局部范围做拆除重铺防水层时，新旧防水层交接处的水泥砂浆和混凝土应结合牢固、密实、平顺，无裂缝。

（6）刚性防水屋面的允许偏差：对于表面平整度，用2m靠尺和楔形塞尺检查，允许偏差为5mm；泛水高度应不小于120mm。

2.2.5 盖材坡屋面养护

盖材坡屋面养护的重点是渗漏养护。盖材坡屋面渗漏养护，首先应找出渗漏的部位及原因。一般可先由室内开始，从渗漏的水痕可大致判断渗漏部位，了解渗漏情况并加以记录，然后到屋面相应部位仔细察看，确定渗漏原因，并制定出合理的整治方案。

（1）盖材坡屋面渗漏的一般养护方法。

① 当瓦屋面的实际坡度小于30%，又经常有大面积渗漏时，应将屋面全部拆除，调整屋面坡度后重铺屋面。

② 因房屋承重结构或屋面基层结构有缺陷造成屋面局部下陷时，应彻底翻修。首先要养护有缺陷的结构构件，使坡度顺直，待屋面平整后再翻铺瓦屋面。

③ 因天沟、檐沟、落水管断面不足造成排水不畅，或因破损、变形造成渗漏时，应将其排水断面加大，对破损、变形的应予更换。

④ 屋面与凸出屋面的墙体或烟囱连接处的泛水开裂，应及时修复。

⑤ 因瓦片破损造成渗漏时，应更换新的瓦片。

⑥ 对脊瓦搭接过小造成的渗漏，应揭下脊瓦，按规定尺寸搭接，重新铺挂。

⑦ 对平瓦屋面，若因瓦片下滑，造成上下脱节，可将下滑瓦片向上推移，使瓦片底面的后爪钩住挂瓦条。若挂瓦条因刚度不足弯曲严重或高度偏差较大，致使平瓦下滑，则应更换挂瓦条。

（2）盖材坡屋面用石棉瓦、金属波形瓦重铺应注意的事项。

① 瓦片铺钉在檩条上时，檩条间距应视瓦长而定，每张瓦至少有3个支点。对石棉瓦的钉孔直径，要考虑温度变化而引起的变形，钉孔直径应比螺栓直径大2～3mm，且均应加防水垫圈，钉孔设在波峰上。

② 瓦片上下搭接不小于100mm。大波瓦和中波瓦至少搭接半个波，小波瓦至少搭接一个波，左右两张瓦之间的搭接只能靠搭压，不宜一钉两瓦。

③ 对石棉瓦的下列部位，要用油灰或麻刀灰填塞严密：脊瓦与两面波形瓦之间，波形瓦与泛水之间，波形瓦与天沟、斜沟、檐沟的铁皮之间。

2.2.6　屋面养护费用测算

1. 屋面养护工程费用测算

屋面养护工程的工作内容如下。

（1）雨水管疏通：清扫冲洗屋面下的水箅子、水斗、水落管，清运渣土等全部工序。

（2）清扫屋面及檐沟：清扫冲洗屋面及檐沟、清运渣土等全部工序。

（3）避雷网防锈：清除灰尘、油污，铲除、打磨毛刺，涂刷或补刷防锈漆至油漆成活等全部工序。

屋面养护工程费用测算表见表2-5。

表2-5　屋面养护工程费用测算表

项目名称				雨水管疏通	清扫屋面及檐沟	避雷网防锈
计量单位				m	m²	m²
基价/元				1.15	1.15	36.09
其中	人工费/元			1.15	1.15	28.13
	材料费/元					7.96
	机械费/元					
	名称	单位	单价/元	消耗量		
人工	综合工日	工日	96.00	0.012	0.012	0.293
材料	醇酸磁漆	kg	16.00			0.220
	醇酸漆稀释剂	kg	7.60			0.020
	油漆溶剂油	kg	7.00			0.042
	防锈漆	kg	13.70			0.171
	催干剂	kg	35.00			0.006
	石膏粉	kg	0.80			0.017
	砂布	张	0.80			0.160

续表

项目名称			雨水管疏通	清扫屋面及檐沟	避雷网防锈
材料	棉纱头	kg	5.83		0.004
	醇酸腻子	kg	8.70		0.009
	洗衣粉	kg	9.00		0.117
	光油	kg	12.00		0.006
	其他材料费	元	1.00		0.070

2. 屋面保温层修补费用测算

屋面保温层修补的工作内容如下。

（1）挤塑板、岩棉板：拆除旧保温层、基层处理、拌制黏结砂浆、粘贴保温板等全部工序。

（2）硬泡聚氨酯：拆除旧保温层、基层处理、聚氨酯保温材料配制、分层喷涂、修整、养护等全部工序。

屋面保温层修补费用测算表见表 2-6。

表 2-6 屋面保温层修补费用测算表

项目名称				屋面保温层修补			
				挤塑板	岩棉板	硬泡聚氨酯	
						50mm	每增减 5mm
计量单位				m²	m²	m²	m²
基价/元				73.25	109.87	94.07	5.47
其中	人工费/元			31.49	46.94	28.61	0.38
	材料费/元			41.76	62.93	56.92	4.24
	机械费/元					8.54	0.85
	名称	单位	单价/元	消耗量			
人工	综合工日	工日	96.00	0.328	0.489	0.298	0.004
材料	挤塑板厚（60mm，容重 30kg/m³）	m²	35.00	1.040			
	聚合物黏结砂浆	kg	1.50	3.300	4.600		
	岩棉板（δ=100mm）	m²	53.00		1.050		
	聚氨酯底漆	t	18.80			0.589	

续表

项目名称			屋面保温层修补			
			挤塑板	岩棉板	硬泡聚氨酯	
					50mm	每增减 5mm
材料	聚氨酯泡沫塑料	t	31.40		1.350	0.135
	聚氨酯界面剂	t	5.00		0.686	
	其他材料费	元	1.00	0.405	0.375	0.024
机械	聚氨酯发泡机	台班	282.78		0.020	0.002
	电动空气压缩机（0.6m³/min）	台班	144.03		0.020	0.002

3. 修补屋面费用测算

修补屋面的工作内容：屋面、屋脊、檐头、边梢垄等部位整修，更换破碎瓦件、找补抹灰、赶光扎实等全部工序。

修补屋面费用测算表见表2-7。

表2-7 修补屋面费用测算表

项目名称				修补屋面			
				水泥瓦	石棉瓦	陶土瓦	陶瓷瓦
计量单位				m²	m²	m²	m²
基价/元				3.06	41.65	27.52	31.74
其中	人工费/元			2.21	22.56	22.56	22.56
	材料费/元			0.85	19.09	4.96	9.18
	机械费/元						
	名称	单位	单价/元	消耗量			
人工	综合工日	工日	96.00	0.023	0.235	0.235	0.235
材料	水泥瓦（385mm×235mm×14mm）	块	0.80	1.050			
	小波石棉瓦	张	15.00		1.040		
	陶土瓦（315mm×315mm）	块	4.60			1.040	
	陶瓷瓦（260mm×260mm）	块	5.50				1.040
	瓦钩钉带垫	个	0.80		4.100	4.100	4.100
	其他材料费	元	1.00	0.010	0.210	0.180	0.180

2.3 外门窗、纱窗

2.3.1 外门窗、纱窗养护

当外门窗或附件出现关启不便及有变形、松动、锈蚀等影响正常使用的现象时，应进行养护，损坏严重者应予拆换或调换；外门窗玻璃厚度和安装牢靠度有不符合现行规范要求的，应调换或重新安装；外门窗养护后应开关灵活、风缝整齐、门窗光滑清洁，颜色、款式保持一致；外门窗配套件应与门窗形式相协调；五金附件宜按原样配齐；纱窗应与门窗形式相协调。

1. 外门窗、纱窗养护技术要求

（1）门窗开关灵活、无松动、无破损，门窗锁安全可靠。

（2）门窗附件齐全、无损坏，胶条完整，安装牢固。

（3）门窗玻璃完整，密封条完整，压条牢靠。

（4）纱窗无漏洞、滑动灵活或开启灵活。

（5）木门窗无倾斜、下垂、弯曲或翘曲、走扇、腐朽劈裂等现象。

（6）钢门窗无翘曲变形、开关不灵或关闭不严密、锈蚀、配件残缺不全、破损、露缝透风、断裂损坏等现象。

（7）铝合金门窗框和门窗扇无变形，铝材表面无污染且未被腐蚀，密封材料未老化，紧固件无松动、脱落及过度磨损等现象。

2. 外门窗、纱窗的日常养护

（1）定时擦窗养护，经常清除门角和窗轨道中的杂物，对门窗合页和窗轨道注油。一般每年至少擦 2 次玻璃，尤其一楼接待厅的玻璃要及时擦。

（2）检查门窗锁是否可正常使用，当无法正常使用时，可通知维修单位进行修理或更换新锁。

（3）门窗开启应灵活，无倒翘、阻滞及反弹现象。

（4）纱窗的纱网若有漏洞应及时更换，一般每年入夏前应检查更换纱窗的纱网。

（5）对钢木门窗定期进行油漆。保护门窗不受潮湿水汽和雨水的侵蚀，防止腐蚀。当门窗漆膜局部脱落时，应及时补刷油漆，补刷油漆应尽量和原油漆保持一致，以免妨碍美观。

（6）对钢木门窗，当门窗油漆达到油漆老化期限时，应全部重新油漆。一般期限为：木门窗5~7年油漆一次，钢门窗8~10年油漆一次。对处于恶劣环境的门窗，应缩短重新油漆的间隔期限。

（7）铝合金门窗易变形和被酸、碱等化学物质侵蚀，要加强对铝合金门窗的保护，使其免受外力的破坏、碰撞，禁止让带有腐蚀性的化学物质与其接触，发现变形应及时修复。

2.3.2　外门窗、纱窗养护费用测算

1. 门窗清理、木门窗补刷油漆费用测算

门窗清理、木门窗补刷油漆的工作内容如下。

（1）门窗清理：擦玻璃、清除门角和窗轨道中的杂物、门窗合页和窗轨道注油、清理现场等全部工序。

（2）木门窗补刷油漆：原漆膜局部铲除、清洗污迹至油漆成活等全部工序。

门窗清理、木门窗补刷油漆费用测算表见表2-8。

表2-8　门窗清理、木门窗补刷油漆费用测算表

项目名称		门窗清理	木门窗补刷油漆
计量单位		m^2	m^2
基价/元		15.36	44.80
其中	人工费/元	15.36	36.29
	材料费/元		8.51
	机械费/元		

续表

项目名称			门窗清理	木门窗补刷油漆
	名称	单位	单价/元	消耗量
人工	综合工日	工日	96.00	0.160	0.378
材料	清油（Y00-1）	kg	17.00		0.018
	油漆溶剂油	kg	7.00		0.074
	色粉	kg	4.50		0.008
	石膏粉	kg	0.80		0.076
	调和漆	kg	10.50		0.036
	醇酸清漆	kg	12.89		0.309
	醇酸漆稀释剂	kg	7.60		0.061
	漆片	kg	33.00		0.022
	乙醇	kg	8.50		0.091
	催干剂	kg	35.00		0.006
	砂纸	张	0.50		0.675
	光油	kg	12.00		0.052
	其他材料费	元	1.00		0.090

2. 钢门窗补刷油漆费用测算

钢门窗补刷油漆的工作内容：原漆膜局部铲除、清洗污迹至油漆成活等全部工序。

钢门窗补刷油漆费用测算表见表2-9。

表2-9 钢门窗补刷油漆费用测算表

项目名称		钢门窗补刷油漆
计量单位		m²
基价/元		94.61
其中	人工费/元	45.79
	材料费/元	48.82
	机械费/元	

续表

项目名称			钢门窗补刷油漆	
	名称	单位	单价/元	消耗量
人工	综合工日	工日	96.00	0.477
材料	过氯乙烯底漆	kg	15.20	0.198
	过氯乙烯磁漆	kg	25.20	0.840
	过氯乙烯清漆	kg	18.70	0.562
	过氯乙烯腻子	kg	8.70	0.496
	过氯乙烯漆稀释剂	kg	13.60	0.326
	汽油	kg	9.52	0.072
	砂布	张	0.80	0.176
	水砂纸	张	2.00	0.176
	洗衣粉	kg	9.00	0.094
	脱漆剂	kg	16.00	0.178
	钢丝棉	卷	0.90	0.066
	其他材料费	元	1.00	0.448

3. 更换锁、更换窗纱网费用测算

更换锁、更换窗纱网的工作内容如下。
（1）更换锁：拆除旧锁、安装新锁等全部工序。
（2）更换窗纱网：拆除旧纱、清理槽口、安装新纱等全部工序。
（3）定位、安装挂件、安装板材、密封等全部工序。
更换锁、更换窗纱网费用测算表见表2-10。

表2-10　更换锁、更换窗纱网费用测算表

项目名称		更换锁	更换窗纱网
计量单位		把	m²
基价/元		53.39	41.84
其中	人工费/元	28.13	39.46
	材料费/元	25.26	2.38
	机械费/元		

续表

项目名称			更换锁	更换窗纱网
	名称	单位	单价/元	消耗量
人工	综合工日	工日	96.00	0.293	0.411
材料	执手锁	把	25.00	1.000	
	塑料纱	m²	2.00		1.180
	其他材料费	元	1.00	0.260	0.020

4. 木门窗油漆费用测算

木门窗油漆的工作内容：原旧漆膜清除至油漆成活的全部工序。木门窗油漆费用测算表见表 2-11。

表 2-11 木门窗油漆费用测算表

项目名称			木门窗油漆
计量单位			m²
基价/元			66.79
其中	人工费/元		45.50
	材料费/元		21.29
	机械费/元		
	名称	单位	单价/元	消耗量
人工	综合工日	工日	96.00	0.474
材料	清油（Y00-1）	kg	17.00	0.024
	油漆溶剂油	kg	7.00	0.137
	大白粉	kg	0.22	0.212
	色粉	kg	4.50	0.004
	石膏粉	kg	0.80	0.097
	酚醛清漆	kg	8.50	0.009
	醇酸清漆	kg	12.89	0.377
	醇酸漆稀释剂	kg	7.60	0.056
	催干剂	kg	35.00	0.006
	砂纸	张	0.50	0.067
	汽油	kg	9.52	0.105
	酚醛调和漆	kg	19.00	0.038

续表

	项目名称			木门窗油漆
材料	光油	kg	12.00	0.114
	脱漆剂	kg	16.00	0.674
	钢丝棉	卷	0.90	0.106
	其他材料费	元	1.00	0.210

5. 钢门窗油漆费用测算

钢门窗油漆的工作内容：原旧漆膜清除至油漆成活的全部工序。钢门窗油漆费用测算表见表 2-12。

表 2-12 钢门窗油漆费用测算表

	项目名称			钢门窗油漆
	计量单位			m²
	基价/元			118.41
其中	人工费/元			57.41
	材料费/元			61.00
	机械费/元			
	名称	单位	单价/元	消耗量
人工	综合工日	工日	96.00	0.598
材料	过氯乙烯底漆	kg	15.20	0.248
	过氯乙烯磁漆	kg	25.20	1.050
	过氯乙烯清漆	kg	18.70	0.702
	过氯乙烯腻子	kg	8.70	0.620
	过氯乙烯漆稀释剂	kg	13.60	0.407
	汽油	kg	9.52	0.090
	砂布	张	0.80	0.220
	水砂纸	张	2.00	0.220
	洗衣粉	kg	9.00	0.117
	脱漆剂	kg	16.00	0.222
	钢丝棉	卷	0.90	0.083
	其他材料费	元	1.00	0.560

2.4 室外亮化

2.4.1 室外亮化养护

服务区的室外亮化有霓虹灯、投光灯、亮化配电箱等。霓虹灯要求外观无破损，固定牢固，发光正常，电源接头无锈蚀、无线路短路，具有漏电保护功能；投光灯要求灯体及表面完好，正常照明，电源接头无锈蚀、无线路短路，具有漏电保护功能；亮化配电箱要求电源连线牢固，无灰尘，远离易燃易爆、潮湿和具有腐蚀元器件的气体和液体的位置。室外亮化的养护要求如下。

（1）灯管破损、不能正常发光的霓虹灯及投光灯，应进行更换。

（2）日常应进行线路的维护检查，查出故障应立即排除，及时恢复正常照明。

2.4.2 室外亮化养护费用测算

1. 线路养护检查费用测算

线路养护检查的工作内容：设置安全作业区、查找并修复照明线路、更换电气元件、复明、清理现场。

线路养护检查费用测算表见表2-13。

表 2-13 线路养护检查费用测算表

	项目名称	线路养护检查
	计算单位	回路
	基价/元	593.54
其中	人工费/元	162.05
	材料费/元	37.01
	机械费/元	394.48

续表

项目名称			线路养护检查
名称	单位	单价/元	消耗量
人工 综合工日	工日	96.00	1.688
材料 其他材料费	元	1.00	37.010
机械 升降车	台班	788.95	0.500

2. 霓虹灯、投光灯更换

霓虹灯、投光灯更换的工作内容：设置安全作业区、拆除旧灯具、安装新灯具、复明、清理现场。

霓虹灯、投光灯更换费用测算表见表 2-14。

表 2-14 霓虹灯、投光灯更换费用测算表

项目名称			霓虹灯更换	投光灯更换
计量单位			套	套
基价/元			539.00	868.42
其中	人工费/元		92.16	81.60
	材料费/元		52.36	786.82
	机械费/元		394.48	
	名称	单位	单价/元	消耗量
人工	综合工日	工日	96.00	0.96	0.850
材料	投光灯	套	750.00		1.010
	不锈钢板（δ<8mm）	t	21000.00		0.001
	电焊条	kg	4.65		0.100
	精制六角带帽螺栓（M10×75）	套	0.35		4.080
	塑料绝缘导线（BV-4.0mm^2）	m	3.11	2.040	2.040
	霓虹灯管	m	45.20	1.010	
	其他材料费	元	1.00	0.360	0.080
机械	升降车	台班	788.95	0.500	

2.5 室外台阶、坡道、栏杆和扶手

2.5.1 室外台阶、坡道、栏杆和扶手养护

1. 室外台阶、坡道、栏杆和扶手养护技术要求

（1）室外台阶、坡道养护技术要求：牢固、安全、平整、拼缝严密不闪动，不空鼓开裂，地坪无倒泛水的现象。

（2）室外栏杆养护技术要求：表面油漆平滑、无锈蚀、无破损；边角整齐，无划伤行人的安全隐患。

（3）室外扶手养护技术要求：表面光滑，无松动、无掉漆、无损坏、无裂缝。

2. 无障碍设施养护的验收要求

（1）坡道的坡度、宽度等应符合养护设计及规范要求。

（2）栏杆、扶手等设置应符合养护设计及规范要求，养护后的栏杆、扶手不得出现松动。

（3）盲道设置应符合养护设计和规范要求，盲道修复后应连贯。

3. 室外台阶、坡道、栏杆和扶手的日常养护

（1）室外台阶、坡道出现裂缝、坑槽、错台、破碎、表面剥落、翻浆等破损应及时维修，并做到密实平整、接槎平顺。

（2）日常应进行室外栏杆、扶手的维护检查，对破损的、存在利边利角的部位进行维修，以免划伤行人。

（3）对松动、开裂的栏杆和扶手应进行加固。

（4）门厅、扶手及通道栏杆每年养护一次。

2.5.2 室外台阶、坡道、栏杆和扶手养护费用测算

室外台阶、坡道、栏杆和扶手养护的工作内容如下。

（1）裂缝修补：处理损坏表面、基层清理、修补裂缝等全部工序。

（2）栏杆扶手维护：校正、平直、紧固螺栓、局部修补焊接、加固、焊口部位油漆等全部工序。

室外台阶、坡道、栏杆和扶手养护费用测算表见表2-15。

表2-15 室外台阶、坡道、栏杆和扶手养护费用测算表

项目名称			室外台阶、坡道、栏杆和扶手养护	
			裂缝修补	栏杆扶手维护
计量单位			m	m
基价/元			60.21	68.73
其中	人工费/元		59.71	48.38
	材料费/元		0.50	20.07
	机械费/元			0.28
	名称	单位	单价/元	消耗量
人工	综合工日	工日	96.00	0.622	0.504
材料	玻璃布	m²	1.96	0.107	
	二丁酯	kg	17.50	0.001	
	乙二胺	kg	17.40	0.001	
	二甲苯	kg	10.50	0.004	
	环氧树脂（各种规格）	kg	15.80	0.012	
	其他材料费	元	1.00	0.020	20.070
机械	其他机械费	元	1.00		0.280

2.6 外墙悬挂物、支架

2.6.1 外墙悬挂物、支架养护

外墙悬挂物包括各类附墙管道、各类架设、招牌、雨篷等。

要求外墙悬挂物、支架油漆完整，螺钉无松动、无开焊；提示标识清晰，没有利角利边，没有部件脱落、断裂、倒塌隐患，无安全隐患。外墙悬挂物、支架的养护要求如下。

（1）外墙悬挂物有松动、严重锈蚀、缺损等现象而导致自身强度不足，或与墙体连接不牢固时，应进行养护或更换。

（2）金属空调机架应与主体结构有可靠的连接。主体结构为非混凝土墙体时，金属空调机架宜采用对穿螺栓连接固定。

（3）空调混凝土承台板有影响安全的起壳、裂缝、积水等现象时，应进行养护。

（4）雨水管和冷凝水管出现坡度不适、有逆水接头，接头处漏水、积水，吊托卡与管道连接松动、设置间距不适宜等现象时，应进行养护。

（5）轻质雨篷、披水与墙接触处漏水时，应进行养护。

（6）外露铁件锈蚀或未满涂防锈漆时，应先除锈，再满涂防锈漆及罩面漆。

（7）外挑构件上的安全玻璃有破损或未选用安全玻璃时，应使用安全玻璃进行养护。

（8）日常应进行室外栏杆、广告牌、置物架、空调架的维护检查，对松动、开焊部位进行加固，每半年检查修补一次；栏杆、支架等锈蚀应及时补漆，每半年检查修补一次。

2.6.2 外墙悬挂物、支架养护费用测算

1. 金属构件除锈、刷漆养护费用测算

金属构件除锈、刷漆的工作内容如下。

（1）金属构件除锈：清除缝隙、敲打锈皮、除锈、打磨清理、除尘、清理现场等全部工序。

（2）金属构件刷漆：砂纸打磨清理、调配油漆、刷漆一遍等全部工序。

金属构件除锈、刷漆费用测算表见表2-16。

表2-16 金属构件除锈、刷漆费用测算表

项目名称		金属构件除锈	金属构件刷漆		
			防锈漆	调和漆	防火涂料
计量单位		m²	m²	m²	m²
基价/元		45.41	17.81	17.30	78.19
其中	人工费/元	42.72	15.55	15.55	30.34
	材料费/元	2.69	2.26	1.75	44.97
	机械费/元				2.88

续表

项目名称			金属构件除锈	金属构件刷漆		
				防锈漆	调和漆	防火涂料
	名称	单位	单价/元	消耗量		
人工	综合工日	工日	96.00	0.445	0.162	0.162	0.316
材料	钢丝刷子	把	5.00	0.050			
	砂轮片（ϕ200）	片	16.00	0.050			
	电	kW·h	1.00	0.800			
	棉布	kg	4.20	0.200			
	醇酸防锈漆	kg	13.50		0.117		
	调和漆	kg	10.50			0.113	
	溶剂油	kg	10.36		0.014	0.002	
	铁砂布（0#~2#）	张	0.90		0.600	0.600	
	金属防火涂料	kg	4.50				9.724
	其他材料费	元	1.00				1.213
机械	电动空气压缩机（1m³/min）	台班	133.07				0.017
	多用喷枪	台班	36.35				0.017

2. 外墙干挂、更换玻璃费用测算

外墙干挂、更换玻璃的工作内容如下。

（1）外墙干挂：定位、安装挂件、安装板材、密封等全部工序。

（2）更换玻璃：拆除破损玻璃、清理槽口、安装新玻璃、清扫现场等全部工序。

外墙干挂、更换玻璃费用测算表见表2-17。

表2-17 外墙干挂、更换玻璃费用测算表

项目名称		外墙干挂	更换玻璃
计量单位		m²	m²
基价/元		423.01	135.76
其中	人工费/元	96.00	34.75
	材料费/元	327.01	101.01
	机械费/元		

续表

项目名称			外墙干挂	更换玻璃
名称	单位	单价/元	消耗量	
人工	综合工日	工日	96.00	1.000	0.362
材料	干挂板材	m²	260.00	1.060	
	专用金属挂件（S-1、S-3）	个	3.00	7.000	
	板缝连接件	m	8.00	1.000	
	密封胶（300mL/支）	支	32.00	0.500	
	安全玻璃（6mm）	m²	50.00		1.180
	橡胶密封条	m	3.60		10.930
	橡胶条	m	6.10		0.375
	其他材料费	元	1.00	6.412	0.370

2.7 散水、阳台、雨篷

2.7.1 散水、阳台、雨篷养护

1. 散水养护

散水设置在建筑物周围，用以防止落水直接渗入或冲刷基础。散水大都暴露在室外，日晒雨淋、夏曝冬寒、热胀冷缩，很容易损坏。因此，散水在日常使用和养护方面，要认真做好以下几个方面的工作。

（1）使用中要注意珍惜爱护，避免重车碾压及随便刨、凿、磕碰，以免造成人为的不必要的破坏。

（2）散水一般都建造在房屋的回填土上，要特别注意检查房屋四周回填土有无夯填不实、坍塌现象，检查散水有无空鼓、断裂，发现问题应及时修复，以免损坏扩大，影响正常使用，危害建筑物。

（3）散水与建筑物外墙间都留有沉降缝，缝内用沥青砂浆嵌填，但时间一长，由于沉降不同及沥青老化，很多散水会与外墙脱离开缝，造成渗水，加剧散水的损坏。因此，发现开缝后应及时用沥青砂浆重新填补嵌缝。散水表面开裂应及时修补，通常可根据开裂损

坏程度的不同，用素水泥浆灌缝，或用1∶1水泥砂浆或钢筋混凝土填补等多种办法修补。

（4）当基底土壤沉降、坍塌，造成散水空鼓或开裂时，应及时加固基底，填补空洞，可用素混凝土或级配砂石捣固。

2. 阳台养护

阳台主要是为了给人们提供一个户外活动的空间，使人们在楼上也能接触到新鲜空气和阳光，其设置有利于人们的身心健康。阳台形式多为悬挑结构，对承受的荷载有严格限制，否则容易出现倾覆断裂的危险。阳台对整个建筑物的美观也有很大的影响。因此，有必要加强对阳台使用和养护的管理。

阳台要定期进行安全检查，每年至少检查一次。检查时应认真做好记录，对其完好程度及技术状况加以说明，发现不符合使用要求，存在安全隐患和损坏的现象，要及时纠正、养护和加固。阳台的检查包括以下内容。

（1）阳台的板、梁是否有裂缝，阳台的栏板、栏杆是否有损坏。

（2）阳台的泄水孔是否通畅。

（3）阳台的抹灰面层是否有损坏。

3. 雨篷养护

雨篷的主要作用是挡雨，一般用于大门上面和顶层阳台上面。雨篷的构造和结构形式与阳台基本一样，除了建筑大门的门廊雨篷外，一般用悬挑结构。雨篷经常发生的问题是泄水孔被灰土、树叶等杂物堵塞而积水。因此，对雨篷要定期检修和清扫。雨篷的其他养护管理与阳台基本相同。

2.7.2 散水、阳台、雨篷养护费用测算

1. 修补散水及散水裂缝养护费用测算

修补散水及散水裂缝的工作内容如下。

（1）修补散水：铲除空鼓、酥裂部分，补垫砂浆，清理现场等全部工序。

（2）修补散水裂缝：清理基层、确认注入口、封闭裂缝、灌浆、堵头、清理表面等全部工序。

修补散水及散水裂缝费用测算表见表2-18。

表2-18 修补散水及散水裂缝费用测算表

项目名称			修补散水	修补散水裂缝		
				素水泥浆	1:1水泥砂浆	钢筋混凝土
计量单位			m²	m³	m³	m³
基价/元			22.04	991.63	738.79	687.62
其中	人工费/元		15.94	411.74	411.74	411.74
	材料费/元		6.10	579.89	327.05	275.88
	机械费/元					
	名称	单位	单价/元	消耗量		
人工	综合工日	工日	96.00	0.166	4.289	4.289	4.289
材料	水泥（32.5级）	t	360.00	0.014	1.589	0.802	
	中砂	t	30.00	0.034		1.060	
	水泥砂浆[1:2（中砂）]	m³	—	0.023			
	素水泥浆	m³	—	0.001	1.058		
	水泥砂浆[1:1（中砂）]	m³	—			1.058	
	预拌混凝土（C30）	m³	260.00				1.020
	塑料薄膜	m²	0.80				7.672
	水	m³	5.00		0.582	0.317	0.617
	其他材料费	元	1.00	0.040	4.940	4.940	1.460

2. 加固基底费用测算

加固基底的工作内容：设置安全工作区、勘察、填筑料填补空洞、找平压实、养护、清扫现场等全部工序。

加固基底费用测算表见表2-19。

表 2-19　加固基底费用测算表

项目名称				加固基底	
				素混凝土	级配砂石
计量单位				m^3	m^3
基价/元				455.22	175.98
其中	人工费/元			125.86	84.48
	材料费/元			249.60	91.50
	机械费/元			79.76	
	名称	单位	单价/元	消耗量	
人工	综合工日	工日	96.00	1.311	0.88
材料	素混凝土	m^3	240.00	1.040	
	粗砂	t	25.00		0.804
	砾石	t	45.50		1.555
	其他材料费	元	1.00	1.330	0.650
机械	平板式振捣器	台班	18.65	0.089	
	{调价}柴油发电机组（30kW）	台班	673.24	0.116	

第 3 章
服务区房屋室内装修养护

3.1 室内墙面、饰面

3.1.1 室内墙面养护

若室内墙面出现明显裂缝、空鼓、渗水甚至脱落等破损,应及时维修,做到平整密实、接槎平顺,尽可能与原墙面一致。若室内墙面上的木构件、金属构件出现松动、脱落等破损,应及时维修加固,损坏严重的应更换,无保留价值的应拆除。若室内墙面上的装饰构件出现松动、脱落等破损,应及时维修,做到牢固、平整、美观、接缝严密,尽量做到原样修复。

室内墙面养护要求如下。

(1) 当墙面及平顶内粉刷因起壳而有坠落可能时,应全部铲除后重做;当墙面内粉刷起壳面积大于 $0.2m^2$、平顶内粉刷起壳面积大于 $0.1m^2$ 时,应进行斩粉处理;当涂料饰面掉粉、起壳、脱落等受损面积超过 $0.3m^2$ 时,应局部凿除,批嵌后再涂装;当受损面积超过50%的粉刷面积时,应全部凿除,批嵌后全部涂装。

(2) 当墙面及平顶裂缝宽度小于 0.5mm 且无起壳时,可嵌缝处理;当裂缝宽度大于 0.5mm 时,应拓缝后嵌缝处理;若裂缝源自结构构件,则应先对结构构件进行养护,并可采取外包钢板网的方式进行加固或养护。

（3）当墙面及平顶的各类装饰线脚、线条与墙面接缝宽度超过 1.0mm 或起壳长度超过 0.5m 时，应进行养护；对安装松动、严重开裂、大面积受潮腐蚀的装饰线脚和线条应进行拆换。

3.1.2 墙面抹灰养护

1. 墙面抹灰损坏形式

墙面抹灰常见的损坏形式有开裂、空鼓、脱落和爆灰等。开裂是指灰皮局部裂缝或灰皮与基体同时裂缝；空鼓是指各抹灰层之间或抹灰层与基体之间因脱离而鼓起，敲击可听到空洞声；脱落是指灰皮大部分或部分从基体上掉落，有的分层从墙面剥落；爆灰是指抹灰砂浆中有未经熟化的生石灰粒，抹到墙面上吸收潮气继续熟化而产生爆裂。造成墙面抹灰损坏的原因是多方面的，主要有以下几个方面。

（1）结构变形。建筑物因各种原因而出现的不均匀下沉使抹灰层产生裂缝。

（2）胀缩。因温度变化而产生热胀冷缩，抹灰层与基层材料胀缩率不同而产生裂缝。

（3）透水及冻融。粉刷产生裂缝后受雨水侵入或基层渗水，如再遇冰冻，抹灰层会因结冰膨胀而空鼓或脱落。

（4）潮湿。由于风雨的侵蚀，以及防潮层和排水管道的损坏，使墙面经常受潮，因此抹灰层表面极易风化，严重的会自表层逐步向内酥松脱落。

（5）人为的碰撞、任意钻孔、敲打、悬挂重物等造成抹灰层破坏。

（6）楼面渗水造成顶棚抹灰层受潮而空鼓或脱落。

2. 墙面抹灰养护技术要求

墙面各抹灰层之间及抹灰层与基体之间必须黏结牢固，无脱层、无空鼓，面层无爆灰、无裂缝等缺陷。墙面抹灰养护技术要求具体如下。

（1）抹灰表面应光滑、接槎平整、线角直顺。

（2）孔洞、槽、盒和管道后面的抹灰表面应尺寸正确，边缘整齐、平顺。

（3）护角材料和高度应符合设计要求，门窗框与墙体之间缝隙应填塞密实。

（4）抹灰的分格宽度和深度应基本均匀，棱角整齐，横平竖直。

（5）拉条灰应拉条顺直、深浅一致、表面光滑、上下端灰口齐平。

（6）拉毛灰和洒毛灰的花纹、斑点、颜色应均匀。

（7）喷砂表面应平整，砂粒黏结牢固，颜色均匀。

（8）喷涂、滚涂、弹涂的颜色、花纹和色点大小应均匀、无漏涂。

（9）仿石和彩色抹灰表面应密实，线条、纹理清晰。

3. 墙面抹灰养护要点

（1）及时修漏、补漏。防止因屋面、楼面渗漏或檐口、雨篷、阳台、窗台等渗水而造成顶棚、保温层、墙壁潮湿，应保持内外墙抹灰面层的完好。

（2）预防抹灰面受潮。及时修复失效的墙壁防潮层、防水层，以及勒角、散水的破损部位，防止因基础渗水受潮而使潮气自墙体上升，影响抹灰的使用寿命。另外，室内要经常保持良好的通风条件，避免湿度过大。

（3）保持上下水管道不漏、不堵。防止管道漏水侵入墙壁、顶棚，破坏内外墙抹灰面层。

（4）定期检查内外墙抹灰面层有无损坏处。发现开裂空鼓、脱落和爆灰等现象，应及时修补，以防扩大损坏范围。外墙、顶棚抹灰的个别空鼓部位，如不及时修补，有可能坠落伤人，因此应重点检查并及时修补。

3.1.3 墙面饰面砖养护

墙面饰面砖是用块（片）状的天然或人造块材镶嵌在墙体表面形成的装饰层。常用的墙面饰面砖材料有釉面砖、陶瓷锦砖、大理石、花岗岩等。

1. 饰面砖损坏形式

饰面砖不仅美观、艺术效果好,其耐久性、防水性等也比一般抹灰优良。饰面砖在施工和使用过程中,若措施不当也会出现损坏,损坏的主要形式有空鼓、脱落及裂缝等。

(1)空鼓。表现在找平层(底子灰)与基层之间,或饰面砖与找平层(底子灰)之间黏结不牢。产生空鼓的主要原因:基层清理不干净;抹底子灰时基层没有保持湿润;铺贴时底子灰没有保持湿润;粘贴材料不均匀、不饱满或未压实;铺贴前需浸泡的饰面砖未先浸泡;等等。

(2)脱落。表现在饰面砖掉落或底子灰从基层剥落。主要原因与空鼓一样,若空鼓面积过大,或空鼓后受外力敲击,饰面砖或底子灰就会脱落;此外,粘贴材料、底子灰材料质量不合格,配合比不当也会引起脱落。

(3)裂缝。表现在饰面砖出现裂缝。由于墙体开裂而延续至饰面砖,导致饰面砖开裂。

2. 饰面砖养护技术要求

(1)饰面砖的品种、规格、颜色和图案应符合设计要求。

(2)饰面砖安装(镶贴)应牢固,以水泥为主要黏结材料时,严禁空鼓。

(3)饰面砖表面应平整、洁净、色泽一致,无裂痕和缺损。

(4)接缝应嵌填密实、平直、宽窄一致,阴阳角处的饰面砖搭接方向应正确,非整砖的使用部位要适宜。

(5)凸出周围的饰面砖应整砖套割吻合,边缘应整齐。墙裙等凸出墙面的厚度应一致。

(6)滴水线应顺直,流水坡向应正确。

(7)饰面砖安装(镶贴)应在允许的偏差范围内。

(8)饰面砖养护时,对开裂、起壳及已影响美观的受损部位,可进行局部凿除重铺;养护应采用与原材料相同材质和颜色的饰面砖,留缝、嵌缝等观感应一致。具体要求如下。

① 当各种饰面砖因起壳(裂缝)而有坠落可能时,应全部铲除后重做。

② 当各种饰面砖起壳面积大于 $0.2m^2$ 时，应局部凿除重铺。

③ 当各种饰面砖裂缝宽度大于 0.3mm 且受损范围超过 20% 时，应局部凿除重铺。

④ 当没有上述情况严重时，可采取局部修补等养护措施。

3. 饰面砖养护要点

饰面砖的养护要点如下。

（1）对饰面砖要定期检查，可用观察检查法和小锤检查法进行检查。每年至少要全面检查两次。

（2）要着重检查饰面砖上部收头部位，如发现有裂缝，应及时修补，以免灌水而导致冬季受冻损坏饰面砖。

（3）使用过程中，不要在饰面砖上钉钉子。需要在饰面砖上打洞时应由专业人员操作，以免损坏饰面砖。严禁硬物碰撞饰面砖，搬抬重物和家具经过饰面砖时，要对饰面砖进行保护。

（4）对室内釉面砖进行擦洗时，不应用强酸、强碱，而应用淡肥皂水或清水擦洗，以免损坏釉面和灰缝。

（5）大理石面砖易吸收有色液体，且不易擦掉，在使用过程中注意不要把有色液体弄到大理石面砖上，以防污染。

（6）小便池墙面贴白瓷砖时，冲洗水管不要用铁管，以免水锈污染白瓷砖。

4. 饰面砖损坏的修补方法

（1）釉面砖、陶瓷锦砖饰面损坏的修补方法。

① 基层处理。将损坏的饰面铲除，露出基层，要求基层干净、平整、方正、垂直。

② 做底灰。用水湿润基层，刷一道水泥浆，用水泥砂浆或水泥石灰砂浆做底灰。

③ 配制贴釉面砖的黏结灰浆。其黏结灰浆宜用掺入 107 胶的 1∶1 水泥砂浆，且厚度不小于 10mm。

④ 配制贴陶瓷锦砖的黏结灰浆。其黏结灰浆宜用纸筋∶石灰膏∶水泥=1∶1∶8 的水泥浆，其厚度为 1～2mm。

⑤ 贴饰面砖。贴饰面砖前，应先将饰面砖表面清洗干净，放入水中浸泡 2h 以上，再晾干或擦干。贴饰面砖一般在抹完底灰后的次日进行，随抹黏结灰浆随粘贴；饰面砖背面要挂满砂浆，逐块粘贴

在黏结层上，并用木锤轻敲，使灰浆挤满。待黏结层水泥初凝后，揭去护面纸，再用毛刷刷净，然后检查砖缝的平直情况，拨正调直，清除砖缝间多余的灰浆，擦干净砖面，次日洒水养护。

（2）大理石、花岗岩饰面损坏的修补方法。

当出现空鼓，但空鼓面积不大，饰面砖未损坏时，可用灌浆法将环氧树脂灌入空鼓的缝隙之中，使饰面砖和底子灰重新粘贴牢固。

若饰面砖大面积起鼓或脱落，就要将损坏的饰面铲除，凿去原水泥砂浆黏结层，换上新的饰面砖镶贴上。

重新安装铺贴饰面砖可采用环氧树脂螺栓锚固法。此法施工简便，而且用此法修补后的饰面砖粘贴牢固，立面不易破坏。

① 钻孔。对需要修补的饰面砖，应先确定钻孔位置和数量，然后用电钻钻孔，孔径 10mm，深入墙体 30mm；再在饰面砖面上把钻孔扩大为孔径 12mm，钻入深度 5mm。钻孔时应向下呈 14° 倾角，以防止注入的浆液太多而外流。钻孔后应将孔洞内的灰尘全部清理干净。

② 配制浆液。环氧树脂水泥浆的配合比为环氧树脂：邻苯二甲酸二丁酯：590 号固化剂：水泥=100：20：20：（100～200）。配制时先把环氧树脂和邻苯二甲酸二丁酯搅拌均匀，依次加入 590 号固化剂、水泥，搅匀后待用。该浆液在 40min 左右便会凝固，因此配制好后应立即灌注。

③ 灌浆。宜用树脂枪灌浆，灌浆时将树脂枪的枪头深入孔底，边灌注边向外退出。把 Q235 钢螺栓（该螺栓是全螺纹型，在一端拧上六角螺母）经化学除油处理后，涂一层环氧树脂胶（配合比为环氧树脂：590 号固化剂：邻苯二甲酸二丁酯=100：20：20），然后慢慢旋入孔内。为避免浆液外流弄脏砖面，可用石灰膏堵塞洞口，待浆液固化后再清理。若有浆液流出砖面，应立即用丙酮或二甲苯及时抹净，否则待浆液固化后会很难清理。

④ 封口。用环氧树脂水泥浆灌注 2～3d 后，孔洞可用 107 胶白水泥浆掺色封口，色浆的颜色应尽可能与所修补的饰面砖表面颜色接近。

（3）饰面砖饰面裂缝的修补方法。

① 若饰面砖饰面出现大面积开裂，应将损坏部分的饰面铲除，重新镶嵌新饰面砖。

② 饰面砖局部开裂脱落，可用环氧树脂粘贴；仅有小缺损的饰面砖，可用配色环氧树脂胶泥嵌补缺损处，然后打磨平整。

③ 若因墙体自身裂缝延伸到饰面，使饰面层开裂，则应将饰面层铲除，先修复墙体裂缝，再做新的饰面。

3.1.4 墙纸饰面养护

墙纸是装饰性壁纸、墙布的俗称，属裱糊类墙面装饰。由于墙纸的材料和花色品种繁多，装饰效果甚佳，加之施工简便，因此，其在现代室内墙面装饰中应用较广。

壁纸一般有两种，即普通壁纸和塑料壁纸。普通壁纸是以木浆原纸作基层，采用聚氯乙烯-乙酸乙烯共聚乳胶为主配成色浆，在纸表面印花而成。塑料壁纸由面层和衬底层组成，其面层一般为聚氯乙烯塑料薄膜或发泡塑料（面上先喷花形成各种图案），面层经热压与衬底层（纸基或布基）复合即制成塑料壁纸。

墙布是由纤维编织而成的织物面料复合于纸基衬底上制成的。其中较普及的一种玻璃纤维墙布，是以玻璃纤维织物为基材，经加色、印花而成的一种装饰性墙布，其具有加工简单、耐火、防水、抗拉、可擦洗等优点，缺点是日久易变黄、泛色。

1. 墙纸饰面缺损及养护

墙纸饰面常见的缺损有翘边、空鼓、发霉、有污迹等。

（1）翘边。产生的原因是基层不洁，有灰尘、油污或因受潮使胶黏剂黏结力锐减，墙纸在气候变化时收缩。养护时可把翘边的墙纸翻起，清除原胶黏层，重新涂布胶黏剂，再把墙纸贴实压平。

（2）空鼓。造成墙纸空鼓的原因包括环境潮湿、涂胶不足或胶黏剂陈旧失效、水汽膨胀等。对较大面积的空鼓，修复时可将该处的墙纸割开呈十字形，再翻开墙纸重新涂布胶黏剂，然后贴实压平，并及时将挤压出去的胶黏剂擦干净。

（3）发霉、有污迹。塑料壁纸发霉、有污迹可用稀释的洗洁精水轻轻擦去。

对大面积的缺损，若修补后不太美观，则可除去旧墙纸，重新裱贴新墙纸。

2. 翻新裱贴墙纸的步骤

（1）基层处理。先除去旧墙纸，然后设法刷净原残留胶黏剂。若基层不平整，如有必要，可用石膏腻子补平。

（2）配制胶黏剂。粘贴纸基墙纸是用聚乙烯醇缩甲醛和等量水混合而成。玻璃纤维墙布可用聚乙酸乙烯乳胶：2.5%的纤维素水溶液=4∶6配成的胶黏剂来黏结，也可用专用胶黏剂黏结。胶黏剂的稠度要合适。

（3）涂胶。涂胶时，要求基层不能潮湿（基层含水率不能大于5%）。涂胶时，在基层面上涂布胶黏剂，胶黏剂不要涂得太厚。裱糊普通壁纸，应将壁纸背面用水湿润；裱糊塑料壁纸，可将整张壁纸浸水润湿；基层和壁纸背面均要涂胶黏剂。裱糊玻璃纤维墙布，只在基层涂布胶黏剂即可。基层涂布胶黏剂的宽度，宜比墙纸宽若干厘米。

（4）裱贴墙纸。操作按由上而下的顺序进行，贴好一幅后，立即贴实压平，压挤赶出的胶黏剂应及时用湿布擦干净。采用自粘型墙纸时，不用涂刷胶黏剂，只要把墙纸背面的保护膜撕下便可裱贴。

3. 墙纸饰面养护技术要求

（1）基层面应平整，无飞刺、砂粒、凸包，阴阳角要垂直、方正。

（2）基层须干燥，其含水率不大于5%，以防止基层干缩将墙纸拉裂。

（3）墙纸饰面修补、翻新后，要求做到颜色均匀一致，无空鼓、气泡，不得有翘边、皱褶；无斑点、污渍，正视及斜视无胶痕；拼接的各幅墙纸之间不露缝，拼接处图案、花纹吻合。

（4）墙纸饰面与挂镜线、贴脸板、踢脚线、电器槽盒等交接时，应交接紧密，无漏贴，且不应覆盖需拆卸的活动件。

4. 墙纸饰面养护要点

（1）对墙纸饰面应定期检查。发现墙纸饰面损坏现象应及时修补，以免损坏扩大。墙纸饰面要保持清洁、干燥，平时要经常扫除上边的浮土、灰尘；塑料壁纸在擦洗时，应用淡肥皂水或清水；壁纸上不要钉钉子、乱涂、乱画，搬运家具等物品时要注意保护壁纸，以免碰坏壁纸。

（2）对接缝起皮、受潮发霉、老化开裂面积超过20%的墙纸，可进行局部更换；对接缝起皮、受潮发霉、老化开裂面积超过50%的墙纸，宜全部进行更换。

3.1.5 室内墙面、饰面养护费用测算

1. 饰面裂缝修补、饰面清洗费用测算

饰面裂缝修补、饰面清洗的工作内容如下。

（1）饰面裂缝修补：基层处理、调运砂浆、抹灰、找平、罩面、压光、抹护角、清扫落地灰、清理等全部工序。

（2）饰面清洗：表面清理等。

饰面裂缝修补、饰面清洗费用测算表见表3-1。

表3-1 饰面裂缝修补、饰面清洗费用测算表

项目名称				饰面裂缝修补	饰面清洗
计量单位				m²	m²
基价/元				81.61	3.62
其中	人工费/元			76.03	3.36
	材料费/元			5.58	0.26
	机械费/元				
	名称	单位	单价/元	消耗量	
人工	综合工日	工日	96.00	0.792	0.035
材料	水泥（32.5级）	t	360.00	0.012	
	中砂	t	30.00	0.041	
	水泥砂浆［1∶2（中砂）］	m³	—	0.010	
	水泥砂浆［1∶3（中砂）］	m³	—	0.017	
	草酸	kg	6.00		0.031
	棉纱头	kg	5.83		0.011
	其他材料费	元	1.00	0.030	0.006

2. 重新粉刷费用测算

重新粉刷的工作内容：清除旧油漆层、基层处理、批刮腻子、刷底漆、油漆成活、表面清理等全部工序。

重新粉刷费用测算表见表3-2。

表3-2 重新粉刷费用测算表

项目名称				重新粉刷	
				铲除装饰层	粉刷乳胶漆
计量单位				m²	m²
基价/元				15.46	18.10
其中	人工费/元			15.46	13.54
	材料费/元				4.56
	机械费/元				
	名称	单位	单价/元	消耗量	
人工	综合工日	工日	96.00	0.161	0.141
材料	乳胶漆	kg	7.60		0.466
	石膏粉	kg	0.80		0.064
	滑石粉	kg	0.50		0.829
	羧甲基纤维素	kg	16.80		0.015
	砂纸	张	0.50		0.490
	其他材料费	元	1.00		0.060

3. 更换线脚、线条费用测算

更换线脚、线条的工作内容：拆除旧踢脚线、更换新踢脚线、表面清理等全部工序。

更换线脚、线条费用测算表见表3-3。

表3-3 更换线脚、线条费用测算表

项目名称			更换线脚、线条			
			拆除线脚、线条	水泥砂浆踢脚	面砖踢脚	石材踢脚
计量单位			m	m²	m²	m²
基价/元			2.11	43.64	73.40	175.93
其中	人工费/元		2.11	37.54	43.58	45.79
	材料费/元			6.10	29.82	130.14
	机械费/元					
	名称	单位	单价/元	消耗量		
人工	综合工日	工日	96.00	0.022	0.391	0.454	0.477
材料	水泥（32.5级）	t	360.00		0.013	0.006	0.006
	中砂	t	30.00		0.046	0.019	0.019
	水泥砂浆[1∶3（中砂）]	m³	—		0.017	0.012	0.012
	水泥砂浆[1∶2.5（中砂）]	m³	—		0.011		
	素水泥浆	m³	—			0.001	0.001
	白水泥	kg	0.66			0.200	0.200
	石料切割锯片	片	18.89			0.003	0.003
	锯屑	m³	14.50			0.006	0.006
	棉纱头	kg	5.83			0.010	0.010
	陶瓷地砖	m²	25.00			1.056	
	石材踢脚	m²	120.00				1.056
	其他材料费	元	1.00		0.040	0.360	0.360

3.2 楼 地 面

最常用的楼地面按材料样式和施工方式可分为水泥砂浆楼地面、水磨石楼地面、板块楼地面、木地板楼地面等。

3.2.1 水泥砂浆楼地面养护

1. 水泥砂浆楼地面损坏形式

水泥砂浆楼地面常见的损坏形式有起砂、空鼓和开裂。产生损坏的原因有施工方面的因素,也有使用过程中人为的因素。

(1) 楼地面起砂的现象为楼地面表面粗糙、光洁度差、颜色发白、不结实,表面先有松散的水泥灰,随着走动增多,砂粒逐步松动,直至成片水泥硬壳剥落。造成起砂的原因主要有:水泥强度等级不足或使用了过期结块的水泥,或用细砂作骨料,或砂中含泥量大,造成砂浆强度降低,砂子与水泥胶结差;水灰比过大,砂浆过稀,细砂浮在表面,造成表面强度降低;水泥砂浆搅拌不均匀;面层压光遍数不够,以及压光过早或过迟;采用不适当的收光做法,在表面撒干水泥粉,使表面水泥浆不能与下层黏结成一个整体,且厚度不一、收缩不一,导致开裂脱皮;采用不适当的洒水提浆法,收光太迟,洒水硬性压光,使表层结构破坏;养护不当,使水泥砂浆迅速干燥,强度降低或骤然收缩;底层的找平层砂浆强度太低,致使面层和底层黏结不良。此外,在使用过程中拖拉重物、冲击地面等,也都会损坏楼地面面层,造成起砂现象。

(2) 楼地面空鼓的现象多发生在面层与基层之间。空鼓处用小锤敲击有空鼓声,受力时容易开裂,严重时会大片剥落,破坏楼地面的使用功能。造成空鼓的主要原因有:原材料质量差,配合比不正确,达不到规定强度,如砂子颗粒过大、水灰比过大等;做楼地面的面层前,基层清理不干净,有浮灰、油污等,导致结合层黏结不牢;楼地面的楼板表面或地面垫层平整度较差且未处理好,基层不够湿润或表面有积水;违反施工操作规定,未按要求做好保护层,如未做到素水泥浆随涂抹随做面层砂浆等。此外,在使用过程中,用户自行改造房屋,地面复原不好;有的用户在室内楼地面上砸物体,冲击地面,也会引起楼地面的空鼓。

（3）楼地面开裂的现象多发生在楼板支座和板缝处。造成开裂的主要原因有：地基基础不均匀沉降，使楼板支座产生负弯矩；楼板的板缝处理粗糙，降低了楼板的整体性；大面积的水泥砂浆抹面，没有设置分格缝；原材料质量低劣，如水泥强度等级低或失效等；使用不当，如在楼地面上锤打、堆放重物等。

2. 水泥砂浆楼地面养护技术要求

（1）面层和基层结合牢固。用小锤轻击检查，在一个检查范围内出现空鼓不应多于两处，每处空鼓的面积不应大于 $40cm^2$。

（2）水泥砂浆面层表面洁净，无裂纹、麻面、起砂等现象。

（3）做局部修补时，新旧水泥砂浆面层交接处应密实、牢固、平顺。

（4）地漏及泛水处养护后，坡度符合设计要求，不倒泛水，无渗漏，无积水，与地漏和管道结合处严密、平顺。

3. 水泥砂浆楼地面日常养护

水泥砂浆楼地面若出现起砂、空鼓和开裂，会影响房屋的美观和正常使用，如服务区的水泵房、汽修间可能会出现积水、渗漏等问题，因此要及时进行养护。

（1）楼地面起砂养护。

① 当面层起砂的面积较小时，可先将起砂部分铲除，清理出坚硬的表面，重做水泥砂浆面层。

② 当面层起砂的面积较大时，可做一层107胶水泥浆面层，其具体做法如下。

a. 将面层浮砂清除干净，并用水湿润。

b. 底层刮一遍胶浆，胶浆的配合比为水泥：107胶=1：0.25，加水适当调至胶状，用刮板刮平。

c. 待底层胶浆初凝后刷面层胶浆，面层胶浆的配合比与底层胶浆的配合比相同，加水适量；面层胶浆一般刷2～3遍，每刷一遍面层胶浆之前，须将面层打磨平整光滑。

d. 等面层胶浆终凝后进行养护。

③ 当起砂情况较轻时，可用107胶水泥浆涂抹，按107胶：水泥=1∶2的配合比拌和，厚度为0.5mm左右。第一天涂刷一遍，第二天再涂刷一遍，然后覆盖锯末并洒水养护。

④ 当起砂情况较重时，可用钢丝刷将起砂部位的面层清刷干净，并用水充分湿润后抹107胶水泥砂浆，其配合比可选107胶：水泥：中砂=1∶5∶2.5，厚度以3～4mm为宜。抹好待107胶水泥砂浆终凝以后，覆盖锯末并洒水养护。

（2）楼地面空鼓养护。

① 对局部空鼓现象，修补时应将损坏部位的灰皮用锋利的錾子剔除掉，并将四周凿进结合良好处30～50mm，剔成坡槎，用水冲洗干净，然后补抹1∶2.5水泥砂浆。

② 当修补厚度超过14mm时，应分层补抹，并留出3～4mm的深度，待水泥砂浆终凝后，再抹3～4mm厚的107胶水泥砂浆面层，用铁抹子压光，待面层终凝后覆盖锯末并洒水养护。

③ 当整个楼地面普遍空鼓时，应铲除整个楼地面面层，将基层面凿毛，按水泥砂浆楼地面的施工要求重做。

（3）楼地面开裂养护。

① 对伴随空鼓出现的开裂，可按空鼓的养护方法进行养护。

② 对由于地基基础不均匀沉降引起的开裂，应先整治地基基础，再修补裂缝。

③ 对预制板板缝处出现的裂缝，可将板缝凿开，适当凿毛并清理干净，先在板缝内刷纯水泥浆，然后浇灌细石混凝土，最后在面层抹水泥砂浆并压平、压光。

④ 对一般的裂缝，可将裂缝凿成V形，用水冲洗干净后，用1∶（1～1.2）的水泥砂浆嵌缝，然后抹平、压光即可。

⑤ 对大面积且影响使用的裂缝，面层应铲除重做。具体做法如下：

a. 铲除有裂缝的面层，清扫干净，并用水湿润。

b. 在找平层或垫层上刷1∶1的水泥砂浆一道，然后用1∶3的水泥砂浆找平并挤压密实，使新旧面层接缝严密。

c. 待找平后，撒干水泥砂子，随撒随压光，一次成活。

d. 待面层做好后，当用指甲在面层上刻划不起痕时，即可浇水养护。

3.2.2 水磨石楼地面养护

1. 水磨石楼地面损坏形式

水磨石楼地面的损坏形式主要有裂缝，表面光泽度差，分格条及其周围石子显露不清、不均等。

（1）水磨石楼地面产生裂缝的原因。

① 地面回填土没有夯实，基层受冻融作用使楼地面产生裂缝。

② 基础的大放脚顶面离室内地面较近，造成垫层厚薄不均，楼地面受荷载作用或温度变化较大而产生裂缝。

③ 楼地面的基层清理不干净，预制混凝土楼板的板缝和端头板缝浇灌不密实，楼板的整体性和刚度较差，当楼地面承受过于集中的荷载时而产生裂缝。

④ 楼地面的暗敷电缆管线过高，管线周围的砂浆固定不好，造成楼地面的水磨石面层产生裂缝。

（2）水磨石楼地面表面光泽度差的原因。

① 铺设水磨石楼地面时使用刮尺刮平。由于水泥石子浆中石子成分较多，如果用刮尺刮平，会将高出部分的石子刮走，出现水泥浆和石子分布不均匀的现象，从而影响楼地面表面的光泽度。

② 磨光时磨石规格不齐，使用不当。水磨石楼地面的磨光遍数一般不应少于三遍（俗称"二浆三磨"），但是在施工中，金刚石砂轮的规格往往不齐，对第二遍、第三遍的磨石要求重视不够，只要求石子、分格条显露清晰，而忽视了对楼地面表面光泽度的要求。

③ 打蜡前未涂刷草酸溶液除去楼地面表面的杂物，或将粉状草酸撒于楼地面表面干擦，未能使草酸涂擦均匀，导致面层洁净度不一致，使楼地面表面光泽度差。

④ 磨光过程中出现面层洞眼空隙时，未能采取有效的补浆措施，从而影响楼地面的表面光泽度。

⑤ 在使用过程中，由于堆垛物品过多、搬运物品的方法不当等原因，损坏了楼地面的面层，从而影响楼地面的表面光泽度。

（3）水磨石楼地面分格条及其周围石子显露不清、不均的原因。

① 面层水泥石子浆铺设厚度过大，超过分格条较多，使分格条难以磨出而显露不清。

② 铺好面层后，磨石不及时，水泥石子面层强度过高，使分格条难以磨出而显露不清。

③ 第一遍磨光时，所用的磨石号数过大或磨光时用水量过大，使磨损量过小，导致分格条不易磨出而显露不清。

④ 分格条粘贴操作方法不正确。由于用来粘贴分格条的砂浆过高、过多，当其达到一定强度后再铺设面层的水泥石子浆时，会导致石子不能靠近分格条，因此磨光后，分格条周围就没有石子，从而出现局部的纯水泥浆面层。

⑤ 滚筒的滚压方法不当，仅在一个方向来回碾压，与滚筒碾压方向平行的分格条两边不易压实，容易造成浆多石子少的现象。

2. 水磨石楼地面养护技术要求

（1）面层与基层结合牢固，无空鼓。

（2）表面光滑，无裂纹、砂眼、磨纹，石粒密实、显露均匀；颜色图案一致，不混色；分格条牢固、顺直、清晰。

（3）做局部修补时，新旧面层交接处应牢固，结合密实、平顺，图案、花纹吻合。

（4）地漏和泛水坡度符合设计要求，不倒泛水，无积水，与地漏和管道结合处严密、牢固，无渗漏。

3. 水磨石楼地面日常养护

（1）水磨石楼地面缺陷养护。

水磨石楼地面由于是带水作业的，对周围环境会有一定影响，养护起来比较麻烦，因此要尽量避免由于施工原因造成的损坏。在施工时，要严格按水磨石楼地面的施工要求进行，施工中造成的损坏应尽量在投入使用前修补好。在使用过程中，当发现地面损坏而影响正常使用，必须进行修补时，可以参照前述水泥砂浆楼地面的养护方法，局部或全部铲除楼地面重做，但材料的选择应与原楼地面相同，特别是彩色楼地面尤其要注意，水磨石面层的修补施工也要严格按照水磨石楼地面的施工要求进行。

（2）水磨石楼地面裂缝养护。

当水磨石楼地面产生较小的裂缝但不影响使用时，可不养护。当裂缝较宽且影响使用时，应先分析产生裂缝的原因并做好方案，再铲除损坏的面层，最后按照以下方法进行养护。

① 清扫干净垫层，并洒水湿润。

② 在垫层上镶嵌玻璃或铜质分格条。

③ 刷素水泥浆一道作结合层。

④ 铺摊水泥石子浆[水泥：石子=1：（2～3）]，厚10～14mm；在分格条两旁及交角处须铺平拍实，铺摊高度应超过分格条1～2mm。

⑤ 在水泥石子浆上均匀地撒一层较粗的纯石子，将其拍平作为水磨石的面层。

⑥ 当面层干硬1～3d后即可磨光。磨光的具体步骤：先用40～60号粗砂轮磨石磨第一遍，边浇水边磨，磨到露出的石子均匀为止；再用80～100号细砂轮磨石磨第二遍，并用清水冲净；最后抹一层水泥浆把砂眼堵严，把掉落的石子补平，24h后浇水养护；5d以后，用140～170号砂轮磨石磨第三遍，磨完后再用220～280号油石磨光，最后用清水冲净。

3.2.3 板块楼地面养护

板块楼地面是指利用板材或块材铺贴而成的楼地面。板块楼地面按楼地面材料不同有大理石、花岗岩、预制水磨石等石板楼地面，釉面砖和陶瓷锦砖等陶瓷板块楼地面，塑料地板砖楼地面等。

1. 板块楼地面损坏形式

板块楼地面损坏形式主要表现为面层与基层出现空鼓、面砖（板）松动，开裂，以及相邻两板高低不平、缝宽不均匀和错缝等。

（1）板块楼地面面层与基层出现空鼓、面砖（板）松动的主要原因有以下几个方面。

① 基层处理不当。如基层残留泥浆、浮灰或积水造成隔离，或基层湿润不充分，或水泥浆涂刷不均匀。

② 预制水磨石板块背面原有的隔离剂（层）没有完全刷除；应湿润的釉面砖等铺贴前没有浸水湿润，或没有充分湿润，或砖浸水后砖上明水未干就进行铺贴。

③ 水泥砂浆配合比不当，砂浆或干或稀。

④ 陶瓷锦砖铺贴前没有用毛刷蘸水刷去表面灰尘。

⑤ 大理石、花岗岩、预制水磨石板块铺贴时结合层砂浆过薄或不饱满。

⑥ 塑料地板砖未做除蜡处理，涂胶不匀或有漏涂之处。

（2）板块楼地面开裂的主要原因是空鼓，另一个原因是所使用的面砖（板）本身质量低劣。

（3）板块楼地面相邻两板高低不平、缝宽不均匀和错缝的主要原因有以下几个方面。

① 面砖（板）本身质量不合格，有翘曲或规格尺寸不一。

② 铺贴操作不当。如铺贴面砖（板）时未严格按挂线标准对缝，没有控制好平整度。

③ 黏结层砂浆拌和不均匀使局部不密实，受力后产生沉降差。

④ 铺贴后过早上人行走踩踏或堆放物品。

2. 板块楼地面养护技术要求

（1）养护用面砖（板）的品种及质量应符合设计要求。

（2）面层与基层应结合牢固，无空鼓。

（3）表面洁净，图案清晰，色泽一致，接缝均匀，周边顺直，板块无裂纹、掉角、缺棱等缺陷。

（4）局部面砖（板）拆换时，新面砖（板）的品种、规格应尽量与原面砖（板）的一致。

（5）地漏和泛水的坡度应符合设计要求，不倒泛水，无积水，与地漏和管道结合处严密、牢固，无渗漏。

3. 板块楼地面日常养护

板块楼地面出现以上损坏形式，会影响楼地面的美观和正常使用。板块楼地面日常养护主要包括以下几个方面。

（1）对于空鼓、松动的面砖（板），一般养护的方法是将其全部拆除重铺或更换新的面砖（板）。

（2）对于楼地面出现的大面积或较大面积的各种开裂，一般采用重铺新的面砖（板）来处理；对于楼地面出现的小面积的开裂，则可用掺107胶的白水泥浆或高分子密封材料嵌补裂缝。若是基层的问题，则应铲除面砖（板）对基层重新处理。

（3）养护时应根据不同面砖（板）严格按施工要求进行。应当注意的是更换面砖（板）时，应与原面砖（板）的质量、规格、色彩、图案相一致，否则会影响美观，最好在施工时能保留一部分面砖（板）以备日后养护时使用。

（4）当接缝高低差过大或缝宽不均匀时，应检查是施工操作不当，还是面砖（板）不合格，针对具体原因进行修复。修复方法是，先掀起要返修的面砖（板），凿除原黏结层，刷洗干净后，用水泥砂浆或专用黏结剂（如陶瓷砖黏结剂），铺贴与原面砖（板）规格相同的新面砖（板）。

3.2.4　木地板楼地面养护

1. 木地板楼地面损坏形式

木地板楼地面经长期使用常有损坏，主要表现形式为面板松动或起拱、木龙骨腐朽、黏结的木地板面板剥离等。

（1）面板松动或起拱的主要原因有以下几个方面。

① 木龙骨含水率高（大于17%），木材容易产生干缩，造成面

板松动或起拱。

② 面板本身材质不高，在受潮膨胀时产生松动或起拱。

③ 木龙骨和面板未经防潮、防腐处理。

④ 钉面板的钉子钉得不牢固（钉子斜钉比较牢固）。

⑤ 用黏结剂黏结的木地板，因黏结剂老化失效而造成面板松动。

（2）木龙骨腐朽的主要原因有潮湿腐烂、白蚁蛀蚀及人为破坏。

（3）黏结的木地板面板剥离的主要原因是黏结剂受潮或老化脱胶，使面板剥离；此外，木地板因变形拉脱黏结层，也会造成面板剥离，影响使用。

2. 木地板楼地面养护技术要求

（1）木材的材质和铺设时的含水率必须符合《木结构工程施工质量验收规范》（GB 50206—2012）的有关规定。

（2）木龙骨、面板和垫木等必须做防腐处理。木龙骨安装必须牢固、平直，其间距和稳固方法必须符合设计要求。

（3）各种木地板面层必须钉牢固、无松动，且黏结牢固、无空鼓。

（4）木地板面层应刨平磨光，无刨痕、毛刺等；图案应清晰，油漆面层颜色应均匀一致。

（5）长条木地板面层应缝隙严实，接头位置错开，表面洁净。拼花木地板面层应接缝对齐，粘、钉严实，缝隙宽度均匀一致，洁净无溢胶。

3. 木地板楼地面日常养护

（1）面板松动、起拱养护。

若因木龙骨变形引起面板松动、起拱，应把面板拆下，矫正或更换翘曲变形的木龙骨；若因地面长期受潮引起面板松动、起拱，除应更换或加固面板外，还应改善防潮条件（未设通风孔或通风道堵塞的，应增设通风孔或清理通风道，使木地板下通风顺畅）。

（2）木龙骨腐朽养护。

木龙骨端部进墙部分，因受潮而腐烂时，应先将木龙骨临时支撑，然后锯去其损坏部位，再用两块铁夹板加固，每块铁夹板的厚度应大于6mm，高度与木龙骨相同，进墙部分应涂环氧煤沥青，防止腐蚀。也可用木夹板加固，其截面应与木龙骨规格相同。木龙骨腐朽断裂时，可采取加木龙骨的办法处理，即在原木龙骨旁加一根木龙骨。如原木龙骨腐朽严重或有白蚁蛀蚀，应更换新木龙骨。

（3）黏结的木地板面板剥离养护。

把剥离的面板掀开，用有机溶剂将基层和木板上黏附的黏结剂及附着物擦洗干净，基层用掺有白乳胶的水泥浆腻子嵌补平整。腻子配合比为水泥：聚乙酸乙烯乳胶（白乳胶）：水=100：20：40。待腻子干燥后，涂上黏结剂，把原面板（或换新面板）黏结牢固。铺贴板条时需用力与邻近的木板条挤压严密，并及时用胶皮刮子刮掉挤出的胶液，补好后重新将地板面刨平、刨光，涂刷地板漆并打蜡。

3.2.5 楼地面防水

1. 楼地面防水分类

（1）混凝土结构自防水。混凝土结构自防水是以工程结构自身的密实性和抗裂性来实现防水功能的一种防水做法，它使结构的承重和防水合为一体。

（2）水泥砂浆防水。水泥砂浆防水是一种刚性防水，是用水泥砂浆或掺有防水剂的水泥砂浆抹在地下结构的内外表面，作为地下防水混凝土结构的附加防水层和防水补救措施。但由于水泥砂浆的韧性差、较脆，极限拉伸强度较低，故易随基层开裂而开裂。为了克服这一缺陷，可以利用高分子聚合物材料制成的聚合物改性砂浆，来提高材料的抗拉强度和韧性。聚合物改性砂浆适用于埋置深度不大，使用时不会因结构沉降、温度和湿度变化及受振动等因素影响而产生有害裂缝的地下防水工程。

（3）卷材防水。卷材防水是一种柔性防水，是将石油沥青防水卷材、各种高分子防水卷材、高聚物改性沥青防水卷材等用黏结材料粘贴在地下结构外表面作为防水层。卷材防水能适应钢筋混凝土结构沉降、伸缩或开裂变形的要求。有些新型卷材还具有抵抗地下水化学侵蚀的性能，适用广泛。

（4）涂料防水。涂料防水实际上也是一种柔性防水，是以高分子合成材料为主体防水涂料（在常温下呈无定形液态），涂布在结构表面形成坚韧防水膜的一种防水做法。

2. 楼地面防水补漏

（1）渗漏的检查及补漏。

在楼地面防水中常会因构造设计不妥、选材不当、施工质量不佳、地基下沉、地震灾害等原因，造成不同程度的渗漏现象发生。

根据漏水量的大小，渗漏可分为慢渗、快渗、急流和高压急流四种情况。后三种情况比较容易判别出渗漏部位，慢渗的渗漏部位的判别不是那么直观。

关于慢渗的渗漏部位可以采用如下两种方法判别：方法一，在基层表面均匀撒干水泥粉，若发现湿点或湿线，其所在处即为漏水孔或漏水缝；方法二，若发现湿一片的现象，可在基层表面上均匀涂一层水泥浆，再撒干水泥粉一层，若发现湿点或湿线，其所在处即为漏水孔或漏水缝。

补漏的原则是逐步把大漏变为小漏、线漏变为点漏、片漏变为孔漏，要使漏水集中到一点或数点，最后逐个堵塞，做到不渗不漏为止。

（2）补漏方法。

楼地面的一般补漏方法、材料和操作方法见表3-4，孔洞的补漏方法见表3-5，裂缝的补漏方法见表3-6，成片漏水的补漏方法见表3-7。

表 3-4　楼地面的一般补漏方法、材料和操作方法

补漏方法	补漏材料类别	主要材料名称	灰浆配合比、操作要求及其他	
			水泥胶浆质量比	水泥砂浆体积比
堵塞法和抹面法	促凝材料	氯化物金属盐类	氯化钙、氯化铝、水	促凝剂：水：水泥：砂=1：5：8：3	水：砂=1：2.5，用20倍水稀释的促凝剂溶液代水，水灰比为 0.4
		硅酸钠类	硅酸钠溶液的相对密度采用 1：14（其浓度最好为 42～48 波美度）	以硅酸钠溶液代水拌和水泥（水灰比为 1.14～1.5）	水泥：砂=1：2，以硅酸钠溶液代水拌和，水灰比为 0.5～0.7
			双矾硅酸钠促凝剂，配合比（质量比）为红矾甲：胆矾：水玻璃：水=1：1：400：60	直接用促凝剂和水泥拌和而成，配合比为水泥：促凝剂=1：（0.5～0.9）	先将水泥：砂=1：1 干拌均匀，以促凝剂加水（1：1）稀释液代水拌和，水灰比为 0.45～0.5
		特种水泥	膨胀水泥	水：膨胀水泥=1：1.5	膨胀水泥：砂=1：2.5，水灰比为 0.45～0.5
	地方材料		硅化砂浆是用水玻璃和氯化钙两种材料先制成硅胶，过滤后与水泥、砂子拌和而成	1.水泥：砂=1：2 干拌均匀 2.用调制好的硅胶拌和已经拌和好的水泥砂子即为硅化砂浆 3.硅胶的用水量须在实践中调整，以砂浆适宜于需要的稠度为准 4.水玻璃为水泥质量的 20%～50%，氯化钙为水泥质量的 12%～35%	
			水泥桐油灰由普通硅酸盐水泥、生桐油和生石灰粉制成	1.每 1kg 石灰干粉掺 0.3kg 生桐油，捣成桐油灰 2.按桐油灰：水泥=1：1（质量比）掺揉成水泥桐油灰 3.本品可代替促凝水泥胶浆堵塞较细的急流水孔洞	
	柔性黏结材料		普通橡胶片（含橡胶量应不小于 60%）	用于刚性防水层的裂缝或变形缝渗漏处补漏	
			氯丁橡胶板、氯丁胶黏剂		

续表

补漏方法	补漏材料类别	主要材料名称	灰浆配合比、操作要求及其他	
			水泥胶浆质量比	水泥砂浆体积比
灌浆法	黏结剂	促凝水泥胶浆、环氧树脂水泥	用于固定注浆嘴,混凝土裂缝封缝和细缝刮浆等	
		膨胀水泥	对已稳定的混凝土蜂窝或沉降开裂处补漏	
	灌浆材料	42.5级普通硅酸盐水泥、环氧树脂溶液	用于补漏补强要求较高处	
		丙凝	为双液灌浆,用于补变形缝渗漏	
		氰凝	为单液灌浆,用于混凝土结构裂缝、变形缝等的补漏	
贴面法	沥青制品	石油沥青或煤沥青卷材	只宜用来修补卷材防水层施工中局部破损处	

表 3-5 孔洞的补漏方法

水压和渗漏情况	处理方法	操作程序
水压不大,水头不大于2m,孔洞较小	直接堵塞法	1.在漏水点处剔槽,直径×槽深为 10mm×20mm、20mm×30mm、30mm×50mm,根据漏水量大小确定 2.用水将槽冲洗干净,随即用水泥胶浆(水泥:促凝剂=1:0.6)捻成与槽直径接近的锥形体,待水泥胶浆开始凝固时,迅速将水泥胶浆用力塞于槽内,并向槽内四周挤压持续30s 3.先擦干孔洞四周,撒干水泥检查,如有渗漏,应将原堵漏水泥胶浆剔净,再按原法重堵 4.在水泥胶浆表面抹素灰(水灰比为0.4)及1:2.5水泥砂浆各一层,与基层抹平

续表

水压和渗漏情况	处理方法	操作程序
水压较大，水头2~4m，孔洞较大	下管堵漏法	1.将漏水处空鼓的面层及松动的石子剔除，并将漏水处剔成上下基本垂直的孔洞（漏水严重的，深度可达垫层），在孔洞内填入碎石，碎石上盖一层油毡 2.若是地面漏水，须在漏水处四周砌临时挡水墙，将水引出挡水墙外 3.用水泥胶浆一次灌满，并四周挤压密实，擦干表面后，撒干水泥检查 4.在水泥胶浆表面抹素灰及水泥砂浆各一层 5.水泥砂浆达到一定强度后，可将引水管拔出，用直接堵塞法堵塞管孔，拆除挡水墙
水压很大，水头大于4m，孔洞较大	木楔子堵漏法	1.将漏水处剔成孔洞，用水泥胶浆把铁管稳牢在孔洞内，铁管直径为10~14mm、长100mm，将一端弄扁，管端低于基层表面30~40mm 2.按铁管内径制木楔一个，表面涂冷底子油 3.水泥胶浆凝固24h后，将木楔打入管内，并用1∶1水泥砂浆（水灰比为0.3）堵实管口 4.随即在整个孔洞表面抹素灰及水泥砂浆各一层，并与基层齐平
水压较大，水头10m以上，漏水严重的较大底板孔洞	预制套盒堵漏法（当采用下管堵漏法有困难时），可在较大面积修漏时，兼作临时积水坑用	1.将漏水处剔成圆形孔洞，直到垫层下，在孔洞四周砌临时挡水墙 2.根据孔洞大小做混凝土套盒，盒外表面抹4层刚性防水层，表面做成麻面 3.孔洞底部垫层以下铺碎石一层，上盖苇席 4.将混凝土套盒反扣在孔洞内，盒的底面应比原地面低20mm，盒与孔洞间所填碎石及垫层齐平，其上用水泥胶浆灌满并挤压密实 5.用水泥胶浆把橡胶引水管引出挡水墙外 6.擦干孔洞上部表面后，抹素灰及水泥砂浆各一层 7.水泥砂浆凝固后，拔出引水管按直接堵塞法堵住水眼

表 3-6　裂缝的补漏方法

水压和渗漏情况	处理方法	操作程序
水压较小的慢渗、快渗或急流	裂缝漏水直接堵漏法	1.沿裂缝方向以裂缝为中心剔成八字形边坡沟槽，深 30mm、宽 14mm，将沟槽清洗干净 2.将水泥胶浆捻成条形，在快凝固时，将其迅速填入沟槽中，并用拇指向两侧挤压密实，如裂缝过长，可分段堵塞，在分段处做成斜坡搭接，用力压实 3.经撒干水泥检验确认无漏水后，抹素灰及水泥砂浆各一层
墙根阴角处漏水	一般可任选表中裂缝补漏方法，如因混凝土基层薄或工作面狭窄而无法剔槽时，可采用在墙角压铁片的堵塞方法	1.将墙角漏水处用钢丝刷和水冲洗干净 2.将长 300～1000mm、宽 40～50mm 的铁片斜放在墙角处，并用水泥胶浆逐段将铁片稳牢。将水泥胶浆表面做成圆弧形，使铁片与地、墙结合牢固，并使铁片下部水流畅通 3.将引水管插入铁片下部并用水泥胶浆稳牢 4.在水泥胶浆上做好整体的刚性防水层（4 层），与墙、地结合牢固 5.待防水层经过养护达到一定强度后，拔出引水管，再用孔洞直接堵塞法将管孔堵住
水压较大的慢渗或快渗	下线、下钉堵漏法	1.剔槽做法同上，在沟槽底部沿裂缝放置一根线绳，线长 200～300mm，线直径视漏水量确定 2.将水泥胶浆填入沟槽，迅速挤压密实后，抽出线绳，再压实一次，较长的裂缝可分段进行，每段长 100～140mm，两段间留空隙 20mm 3.两段间的空隙用下钉法缩小孔洞 4.经检查除钉孔外其他部位无渗漏水现象后，沿沟槽抹素灰及水泥砂浆各一层 5.水泥砂浆凝固后，按直接堵塞法堵塞钉孔

续表

水压和渗漏情况	处理方法	操作程序
水压较大的急流漏水	下半圆铁片堵漏法	1.剔槽做法同上，尺寸视漏水量确定 2.将100～130mm长的铁片弯成半圆形，宽度同槽宽，将半圆形铁片卡在槽底上，每隔500～1000mm放一个带有圆孔的铁片，用水泥胶浆分段堵塞，但在圆孔处留空隙 3.将引水管插入铁片孔内，再用水泥胶浆稳牢在空隙处 4.撒干水泥检查无渗漏后，沿沟槽抹素灰及水泥砂浆各一层
水压较大的快渗漏水	简易补漏法	1.在漏水处剔出沟槽，深20～30mm 2.将配制好的桐油灰水泥压入槽内约10mm 3.用水玻璃拌水泥补平、压实，最后抹一层水泥浆 4.桐油灰水泥的配制比例为桐油21%、蚬壳灰29%、水泥50%，将桐油和蚬壳灰拌匀，再加进水泥拌匀，即可使用 5.水玻璃拌水泥的配制比例为水玻璃28%、水泥72%，将水玻璃倒入水泥内拌匀呈块粒状即可使用，但必须随拌随用

表3-7 成片漏水的补漏方法

水压和渗漏情况	处理方法	操作程序
在不能降低地下水位的情况下，对混凝土地坪大面积漏水补漏	经过结构鉴定，认为强度能满足设计要求时，按孔洞或裂缝补漏法先明显后隐蔽地分批修补	1.在建筑物出口处，设临时积水坑，排除积水 2.将明显的孔洞或裂缝分别按相应的堵漏法逐个堵塞 3.对毛细孔渗水，先将混凝土表面刷干净后，抹14mm厚1∶1.5水泥砂浆，待水泥砂浆凝固后，查出渗漏部位，按直接堵塞法一一堵好 4.用预制套盒堵漏法处理好临时积水坑 5.最后整个地面做防水层

续表

水压和渗漏情况	处理方法	操作程序
水量较小，水压不大的混凝土蜂窝、麻面补漏	涂抹水泥胶浆堵漏法	1.将漏水处用钢丝刷刷净 2.在混凝土表面涂抹水泥胶浆，并撒上干水泥粉 3.干水泥粉上出现的湿点即为漏水点，应立即用拇指压住漏水点，待水泥胶浆凝固后，再按此方法堵完各漏水点 4.随即抹素灰和水泥砂浆各一层
水压较小，砖墙面密集的小孔补漏	割缝堵漏法	1.用钢丝刷将壁面及灰缝清理干净后，看准漏水部位，用坐标法定位 2.在漏水处选1~2处抹上促凝剂水泥砂浆一层，抹后迅速在漏水处用铁抹子割开一道缝隙，使水顺缝流出 3.待促凝剂水泥砂浆凝固后，将缝隙用水泥胶浆堵塞好 4.最后按要求做好全部防水层

3. 楼地面防水养护

（1）定期对楼地面进行检查，着重检查厨房、卫生间、浴室、地下室等，尤其注意易出现渗漏的部位，如施工缝、沉降缝、后浇带、管道穿过外墙部位、外墙预埋件部位等。

（2）对发现的渗漏部位要及时养护，以免渗漏量加大或渗漏部位扩大。

（3）注意对混凝土内外墙面的保护，对混凝土表面出现的蜂窝、麻面、孔洞、裂缝等要及时修补，以免混凝土表面损坏扩大而渗漏。

（4）避免直接在外墙面和地板上打洞、钉钉子和安置膨胀螺栓。

（5）建立防水档案，对出现渗漏的部位进行登记，以便以后检查。

3.2.6 楼地面养护费用测算

1. 楼地面修补费用测算

楼地面修补的工作内容如下。

（1）修补水泥砂浆楼地面：铲除空鼓、酥裂部分，新做整体面层地面，养护、清理现场等全部工序。

（2）修补水磨石楼地面：刨起面层、修补垫层、新墁面层、擦蜡、打蜡、成品保护、清理现场等全部工序。

（3）修补地面砖：刨起面层、修补垫层、新墁面层、清理现场等全部工序。

（4）木地板整修：原有部件归位、加楔钉固、修整劈裂、粘接、清理现场等全部工序。

楼地面修补费用测算表见表 3-8。

表 3-8 楼地面修补费用测算表

项目名称				修补水泥砂浆楼地面	修补水磨石楼地面	修补地面砖	木地板整修
计量单位				m²	m²	m²	m²
基价/元				22.04	172.18	92.48	8.85
其中	人工费/元			15.94	78.82	44.16	5.66
	材料费/元			6.10	93.36	48.32	3.19
	机械费/元						
	名称	单位	单价/元	消耗量			
人工	综合工日	工日	96.00	0.166	0.821	0.460	0.059
材料	水泥（32.5 级）	t	360.00	0.014	0.019	0.013	
	中砂	t	30.00	0.034	0.056	0.038	
	水泥砂浆[1:2（中砂）]	m³	—	0.023			
	素水泥浆	m³		0.001	0.001	0.001	
	水泥砂浆[1:2.5（中砂）]	m³			0.035	0.023	
	水泥砂浆[1:1（中砂）]	m³				0.0003	
	预制水磨石板	m²	80.00		1.050		
	草酸	kg	6.00		0.022		
	硬白蜡（50#）	kg	6.50		0.032		
	陶瓷地面砖（300mm×300mm）	m²	40.00			1.050	
	铁钉	kg	5.50				0.011
	烘干木材	m³	3100.00				0.001
	其他材料费	元	1.00	0.040	0.500	0.500	0.030

2. 地板更换费用测算

地板更换的工作内容如下。

(1) 更换地面砖：拆除损坏部件、基层打底、弹线、选砖、套规格、割砖、铺贴、勾缝、养护等全部工序。

(2) 更换木地板：拆除损坏部件、损坏部件的配制、安装、清理现场等全部工序。

地板更换费用测算表见表 3-9。

表 3-9 地板更换费用测算表

项目名称				地板更换	
				更换地面砖	更换木地板
计量单位				m²	m²
基价/元				87.45	39.31
其中	人工费/元			38.78	38.78
	材料费/元			48.67	0.53
	机械费/元				
	名称	单位	单价/元	消耗量	
人工	综合工日	工日	96.00	0.404	0.563
材料	铁钉	kg	5.50		0.130
	烘干木材	m³	3100.00		0.033
	水泥砂浆[1:3（中砂）]	m³	—	0.022	
	水泥砂浆[1:1（中砂）]	m³	—	0.0003	
	素水泥浆	m³	—	0.001	
	陶瓷地面砖	m²	40.00	1.061	
	水泥（32.5级）	t	360.00	0.011	
	中砂	t	30.00	0.036	
	白水泥	t	660.00	0.001	
	其他材料费	元	1.00	0.530	0.950

3.3 室内门窗

门和窗都是建筑中的围护构件。门在建筑中的作用主要是交通联系，并兼有采光、通风的作用；窗的作用主要是采光和通风。另外，门窗还要有一定的保温、隔声、防雨、防风沙的作用。在构造上，门窗应满足开启灵活、关闭紧密、坚固耐久、便于擦洗、符合模数等方面的要求。

服务区建筑物的门按所用材料不同，可分为木门、钢门、塑料门、铝合金门和全玻璃门等。服务区建筑物的窗按开启方式不同，可分为固定窗、平开窗、推拉窗等；按所用材料不同，可分为木窗、钢窗、铝合金窗、塑料窗、玻璃钢窗等。此外，还可按功能的特殊性，把建筑物的门窗分为保温节能门窗、防火门窗、隔烟门窗、防盗门窗、隔声门窗等。

一般门的构造主要由门框和门扇两部分组成。门框由上槛、中槛和边框等组成，多扇门还有中竖框。门扇由上冒头、下冒头和边梃等组成。门框与墙间的缝隙常用木条盖缝，称门头线，俗称贴脸。门上还有五金零件，常见的有合页、执手、门锁、插销、拉手、闭门器和门吸等。

窗主要由窗框和窗扇两部分组成。窗框一般由上框、下框、中横框、中竖框及边框等组成。窗扇由上冒头、中冒头、下冒头及边梃组成。依镶嵌材料的不同，窗扇有玻璃窗扇、纱窗扇和百叶窗扇等。窗扇与窗框用五金零件连接，常用的五金零件有合页、风钩、插销、拉手、导轨及滑轮等。窗框与墙的连接处，为满足不同的要求，有时加贴脸、窗台板、窗帘盒等。

3.3.1 木门窗养护

1. 木门窗损坏形式

（1）倾斜或下垂。

表现为不带合页的立边一侧下垂，四角不成直角；木门扇一角接触地面，或木门扇和木门窗的截口不吻合，造成开关不灵。造成倾斜或下垂的原因主要有以下几个方面。

① 制作时榫眼不正，装榫不严。

② 木门窗扇本身胀缩或受压变形所致，尤其是用含水率高或未经干燥定型处理的木材做成的木门窗更容易出现此缺陷；或是木门窗框受压倾斜变形，带动木门窗扇也受压变形。

③ 使用中利用木门窗扇挂重物，造成榫头松动、下垂变形；或是固定合页的木螺钉松动，木门窗在自重作用下发生倾斜；或合页安装误差大，使上下合页中心不在同一铅垂线上，造成木门窗倾斜和下垂。

（2）弯曲或翘曲。

表现为平面内的纵向弯曲，有的是木门窗框弯曲，有的是木门窗的边弯曲，使木门窗变形，开关不灵；或者木门窗扇纵向和横向同时弯曲，而形成翘曲，关上木门窗，四周仍有很大缝隙，而且宽窄不匀，使得插销、门锁变位，不好使用。造成弯曲或翘曲的主要原因有：木门窗过高、过宽，而选用的木材断面尺寸太小，承受不了经常开关木门窗的扭力，日久变形；在使用时，木门窗的油漆粉化、脱落后，没有及时养护，使木材含水量经常变化，湿胀干缩，引起变形；受墙体压力或其他外力影响造成木门窗弯曲或翘曲。

（3）缝隙过大。

表现为木门窗与框的缝隙和木门窗扇对口处缝隙过大。造成缝隙过大的主要原因是：由于门窗长期潮湿变形或干裂变形。

（4）走扇。

表现为木门窗在没有外力的推动时，会自动转动而不能停在任何位置上。造成走扇的主要原因有：木门窗框安装不垂直，木门窗扇也随之不能处于垂直状态；安装合页用的木螺钉帽大，或木螺钉帽没有完全拧入合页，导致两面合页上的木螺钉帽相碰；木门窗扇变形，使木门窗框与木门窗扇不合槽，经常碰撞。

（5）糟朽、损坏。

木门窗木料易发生糟朽、损坏的部位是框、扇接近地面的部分，以及框与墙壁接触部分和棱条边的榫头。造成糟朽、损坏的主要原因如下。

① 地面潮湿，或擦洗地面时洒水过多，经常溅到门的下部。

② 室内通风不良，空气潮湿。

③ 由于木门窗油漆脱落，玻璃腻子不牢固有裂缝，水分浸湿木材。

2. 木门窗养护技术要求

① 木门窗框、扇的制作尺寸必须准确；榫槽、榫头嵌接应严密；裁口划线、割角、倒棱和坡口应平直；表面应光洁平整，不应有刨痕、毛刺和锤印。

② 木门窗安装应垂直、方正、牢固，木门窗框与墙的接触面应刷防腐剂。

③ 木门窗应开关灵活，留缝均匀，关闭严密；五金槽应深浅一致，边缘整齐；小五金安装必须牢固，位置正确；木螺钉不得残缺。

④ 养护后的木门窗扇必须牢固，连接应平顺严密；安装后不上碰、不咬边、不下擦。

3. 木门窗日常养护

（1）倾斜或下垂养护。

养护因倾斜或下垂而开关不灵活的木门窗扇时，可先将倾斜或下垂的一侧抬高，使其恢复平直，再在木门窗扇的四角榫槽的上下口处楔入硬木楔，挤紧即可。对于倾斜或下垂严重的木门窗扇，应卸下后找好平直方正，再在榫槽内加木楔或加铁三角拉结牢固，重新安装使用。

如因木门窗框、扇的木材干缩使榫头松动造成木门窗倾斜或下垂，则需把木门窗框、扇拆下修整，在榫头上涂木工胶（聚乙酸乙烯乳胶，俗称白乳胶）后拼装，并用加涂木工胶的木楔把榫头楔紧（不能用铁钉装），或再加铁三角拉结牢固后重新装上。

如因合页的木螺钉松动造成木门窗倾斜或下垂，则可更换大号合页或增加合页来修复。如更换合页不便，则可在原拧木螺钉的孔洞内楔入涂有木工胶的木条，待木工胶干燥固结后，再把木螺钉重新装上拧紧。

（2）弯曲或翘曲养护。

① 使用木门窗矫正器进行矫正。矫正时，先卸下木门窗扇，将矫正器搭在木门窗扇的对角上，通过拧紧矫正器的螺栓，施加压力，对木门窗扇进行矫正。矫正后木门窗扇对肩的冒头与边框连接处会出现浅裂缝，应用硬木楔蘸胶楔入缝内并挤紧，再卸下矫正器。

② 用手工矫正。对于弯曲或翘曲不太严重的木门窗扇，可卸下后平放在工作台或硬地面上，用力将翘高的两对角往下压平，此时另两对肩处若出现裂缝，则用硬木楔蘸胶楔入缝内并挤紧。

③ 若加压不能使弯曲或翘曲的木门窗恢复平整，则应更换新的木门窗。

（3）缝隙过大养护。

木门窗缝隙过大，但原木材质良好且变形不显著时，可用质地良好的木条补边，并刨平整，重新刷漆翻新。

（4）走扇养护。

① 当木门窗扇竖立不直，向外倾斜使木门窗走扇时，可将木门窗扶直。如倾斜不大，可将上面的合页稍向外移，下面的合页稍向内移，使木门窗扇处于垂直状态，即可不再走扇。

② 因合页上的木螺钉帽不平引起的走扇，可更换合适的木螺钉，使木螺钉拧进至木螺钉帽紧贴合页即可解决。

（5）糟朽、损坏养护。

对于木门窗扇的局部糟朽、损坏，可以采取接边、接榫等拼接修补的方法进行养护。养护时，把木门窗扇卸下并去掉玻璃，把需要修补的边框拆下锯掉糟朽、损坏的部分，按照修补锯掉部分的形状和尺寸，做好修补的木料（接榫处最好用斜榫），用胶拼贴上，并用去掉钉帽的铁钉打入修补的连接处，最后刨平与原边框一致，再把整扇木门窗拼装整齐，此木门窗扇即可继续使用。木门窗框如有糟朽、损坏也可用此法进行修补。

3.3.2 钢门窗养护

钢门窗的用量，目前在我国仅次于木门窗，它具有料型小、挡光少、强度高、能防火等优点，但也有易锈蚀的缺点。

钢门窗按料型分为实腹钢门窗和空腹钢门窗两大类。其中实腹钢门窗使用较多，其所用型材为热轧生产的专用型钢。目前我国实腹钢门窗采用的型钢为 25mm、32mm 和 40mm 三种规格（截面高度），民用建筑窗料多用 25mm 和 32mm 的规格，门料多用 32mm 和 40mm 的规格。

1. 钢门窗损坏形式

钢门窗常见的损坏形式有开关不灵或关闭不严密、锈蚀、配件残缺不全、破损、露缝透风、断裂损坏等。造成钢门窗损坏的主要原因有以下几个方面。

（1）制作质量（所用材料和制作工艺）有缺陷，造成钢门窗框、钢门窗扇的翘曲或刚度不足；搬运时不注意造成摔碰扭伤；焊接马虎造成虚焊、脱焊而导致损坏。

（2）安装钢门窗时施工操作不规范，致使钢门窗框与墙壁结合不够牢固、密实，在使用时边框松动，钢门窗框与墙壁之间产生缝隙，不但造成渗漏，还加速了钢门窗的锈蚀。

（3）钢门窗在制作时没有对钢材做防锈处理，或防锈处理质量低劣，使钢门窗防锈蚀性能差，或缺乏养护等均容易使钢门窗锈蚀受损。

（4）五金配件不全，或不合规格，容易松脱丢失，又修补不及时，使钢门窗无法关紧，导致变形或玻璃破裂等现象。

（5）未及时进行油漆防护或油漆时除锈不彻底，或螺钉拧进的深度不够。

（6）在使用过程中，人为因素如敲击、撞击或装窗口式空调机时破坏原结构及缺乏经常性养护等造成钢门窗损坏。

2. 钢门窗养护技术要求

① 钢门窗及其附件的质量符合设计要求和有关标准规定。

② 钢门窗安装必须牢固；预埋铁件的数量、位置、埋设方法符合要求。

③ 钢门窗扇安装后应关闭严密、开关灵活，无阻滞、回弹和倒翘。

④ 钢门窗的附件齐全，安装位置正确、牢固，启闭灵活。

⑤ 钢门窗框与墙体间的缝隙嵌填饱满密实，表面平整，嵌填材料、嵌填方法符合要求。

3. 钢门窗日常养护

（1）钢门窗松动、翘曲时，应将锚固铁脚的墙体凿开，将铁脚取出，检查是否完好。铁脚损坏的应将铁脚焊接好，并将钢门窗矫正好后用木楔固定，墙洞清理干净洒水湿润后，用高强度等级水泥砂浆把铁脚重新锚固，并填实墙洞。待砂浆强度达到要求后，撤去木楔，用 1∶2.5 水泥砂浆把钢门窗框与墙壁间的缝隙修补好。

翘曲或损坏严重的钢门窗扇，应卸下进行矫正，焊接好后再重新安装；如无法矫正，应更换新钢门窗扇。

（2）钢门窗的各种配件应定期上油，螺钉部分也应定期拧下除锈上油。配件若残缺，要及时修复或补缺。

（3）对于螺钉深度不够而造成窗扇关闭不严的应将螺钉卸下，用丝锥将原螺钉孔重新套钻一次，把螺钉孔清理干净，然后再拧上螺钉，钉帽不得突出表面，以保证窗扇关闭严密。

（4）对被锈蚀的钢门窗，视其严重程度可局部或全部翻新。翻新时应用钢丝刷把锈蚀刷除至露出光亮金属为止，再用汽油把表面揩抹干净，即涂刷防锈漆作底层，次日再涂面漆。每隔数年，把钢门窗油漆翻新一次，是防止锈蚀的有效方法。

（5）当嵌玻璃的油灰开裂、脱落时，应及时处理。先把旧油灰全部清除，洗净油污渍及残留油灰，选用优质油灰或丙烯酸酯建筑密封胶等重新嵌填。窗玻璃破裂更换的操作与上述相同。

3.3.3　铝合金门窗养护

铝合金门窗用铝合金型材制成，不但美观精致，而且密闭性优于木门窗、钢门窗，但因铝合金的导热系数比钢更高，保温性能差，所以在寒冷地区较少采用。

1. 铝合金门窗损坏形式

铝合金门窗常见的损坏形式有铝合金门窗框、扇变形，铝材表面被腐蚀,密封材料老化,紧固件松动、脱落及过度磨损等。

(1)铝合金门窗框、扇变形。铝材本身的硬度较小,虽然铝合金门窗的型材已经考虑到这一缺陷,在型材的截面形状上考虑使门窗框有一定的强度和刚度,但倘若铝合金门窗在安装前受到挤压或碰撞,或在安装施工时没有找正便急于固定,以及在塞侧灰时没有进行分层塞灰,造成铝合金门窗受到挤压,均可能使门窗不够方正甚至折曲,形成使用缺陷。

(2)铝材表面被腐蚀。铝材很容易被酸、碱和盐类腐蚀,这是由铝金属的化学性质所决定的,所以制造铝合金门窗的铝材均应经过表面处理,使铝材表面形成一层比较坚硬、较耐腐蚀的氧化膜。但在安装使用过程中,如氧化膜破损,露出铝金属,就容易被腐蚀,形成铝合金门窗外观的缺陷。

(3)密封材料老化。铝合金门窗的密封使用密封胶带(用黏合剂粘牢)、密封材料等,这是为了保证铝合金门窗的气密性。但这些黏合剂、密封材料会随着使用时间的延长而逐渐磨损、老化,出现黏合剂和密封材料的剥落或脱落。

(4)紧固件松动、脱落。铝合金门窗的紧固件松动、脱落,会造成开关不灵。

(5)过度磨损。由于使用不当、养护不良,会造成铝合金门窗的过度磨损。

2. 铝合金门窗养护技术要求

(1)铝合金门窗安装牢固,防腐处理和预埋件数量、位置、埋设连接方法符合要求。

(2)框与墙体间缝隙嵌填饱满密实,表面光滑、无裂缝,嵌填材料及嵌填方法符合要求。预埋件的埋设位置、品种及数量要做好隐蔽记录。

(3)铝合金门窗框开启灵活,关闭严密,定位准确,扇与框搭接量符合要求。

(4)铝合金门窗养护后表面清洁,无明显划痕、碰伤;密封胶表面平整光滑,厚度均匀。

3. 铝合金门窗日常养护

（1）对于铝合金门窗框扇的变形应予矫正，严重时应拆下进行养护，无法矫正的应局部或全部更换。

（2）对于表面的污浊应及时擦拭干净，并检查有无被腐蚀。安装时，应将铝合金门窗进行包裹，避免施工过程中的污染。对于受到腐蚀性物质侵蚀的铝合金门窗，应视腐蚀的严重程度进行修补或更换。一般腐蚀较轻的，应在清洁干净后，用细度较小的细砂布仔细进行磨光，在打磨好后的铝合金门窗表面涂一层聚氨酯清漆，这样可将铝合金表面封闭，对防腐蚀比较有效，且该漆为浅黄色、透明，涂上后不影响美观。当铝合金门窗腐蚀严重而产生孔蚀时，要拆除更换掉带有孔蚀的构件。

（3）对于密封部位，若是由于密封材料的老化、裂缝或磨损而造成部分出槽或脱落，则应更换有损伤的密封材料。更换密封材料时，将须更换的密封部位清理干净，除去油污，选用优质黏结剂重新粘贴。另外，若是由于密封材料的剥离而造成的露缝，则应在剥离部位涂上黏结剂再粘贴好。

（4）对于附件或螺钉的松动、脱落等，松动应及时拧紧，脱落要及时更换或重新装配上。

（5）当发现铝合金门窗框与墙体接合处有渗漏时，应及时修复，避免渗漏进一步扩大。

3.3.4 塑钢门窗养护

塑钢门窗养护技术要求如下。

（1）应定期对塑钢门窗上的灰尘进行清洗，保持塑钢门窗、玻璃及五金件的清洁和光亮。

（2）如果塑钢门窗上有油渍等难以清洗的东西，最好不要用强酸或强碱溶液进行清洗，否则不仅容易使型材表面光洁度受损，而且会破坏五金件表面的保护膜和氧化层而引起五金件的锈蚀。

（3）应及时清理塑钢门窗框内侧颗粒状杂物等，以免其堵塞排水通道而引起排水不畅和漏水现象。

（4）在开启塑钢门窗时，力度要适中，尽量保持开启和关闭时速度均匀。

（5）尽量避免坚硬的物体撞击塑钢门窗或划伤型材表面。

（6）发现塑钢门窗在使用过程中有开启不灵活或其他异常情况时，应及时查找原因，若仍不能排除故障，则可与塑钢门窗生产厂家和供应商联系，以便故障能得到及时排除。

3.3.5 门窗养护费用测算

门窗养护费用测算请参照 2.3.2 节内容。

3.4 楼梯、防护栏

3.4.1 楼梯、防护栏养护

楼梯、防护栏是房屋的重要组成部分，对房屋使用便利、舒适、安全起着重要作用。楼梯、防护栏必须有足够的通风能力、坚固性及耐久性，要便于通行，满足各种安全要求，有很好的采光及通风效果。

楼梯、防护栏养护技术要求如下。

（1）不允许占用楼梯公共通道来堆物，以免通行不便，在紧急情况下更易出危险。

（2）及时养护楼梯公共通道中易损坏的门、窗、墙面、地面等部位，以保持通道的整洁和正常使用功能。

（3）定期对楼梯等部位重点进行安全检查。对楼梯梁、平台及其与墙砌体局部承压结合部位、过道板等应特别注意。对各种混凝土构件破损都应及时修补。

（4）防护栏等构件如发现腐朽，损坏严重的，应尽可能用混凝土或钢构件代替；尚可使用的，应及时加固养护。

（5）楼梯的栏杆、外廊的栏板，如发现断裂、倾斜、变形、裂缝、松动等情况的均应及时加固。

3.4.2 楼梯、防护栏养护费用测算

楼梯、防护栏养护的工作内容如下。

（1）整修项目：原有部件归位、加楔钉固、修整劈裂、粘接、清理现场等全部工序。

（2）金属栏杆油漆：清除灰尘铁锈后、刷调和漆、刷涂料两遍等全部工序。

楼梯、防护栏养护费用测算表见表 3-10。

表 3-10 楼梯、防护栏养护费用测算表

项目名称				楼梯、防护栏养护			
				整修木楼梯	整修木栏杆	整修木扶手	金属栏杆油漆
计量单位				步	m	m	m
基价/元				4.63	28.59	19.10	18.27
其中	人工费/元			4.51	19.10	19.10	15.36
	材料费/元			0.12	9.49		2.91
	机械费/元						
	名称	单位	单价/元	消耗量			
人工	综合工日	工日	96.00	0.047	0.199	0.199	0.160
材料	铁钉	kg	5.5	0.021	0.005		
	乳胶	kg	5.00		0.014		
	烘干木材	m³	3100.00		0.003		
	调和漆	kg	12.00				0.210
	溶剂油	kg	7.00				0.011
	砂布	张	0.80				0.396
	其他材料费	元	1.00		0.090		

3.5 顶棚及花饰

3.5.1 顶棚养护

顶棚又称天棚或天花板,是楼层下面的装饰层。对顶棚的基本要求是光洁、美观且能起反射光照、改善室内采光和卫生状况的作用,有的还要有防火、隔声、保温、隐蔽管线等功能。

顶棚装饰常用的有抹灰装饰和悬挂式装饰两种。用抹灰装饰顶棚,所用材料、施工方法及缺损的养护等与墙面抹灰相同,前面已经介绍,此处不再叙述。本节只介绍悬挂式装饰顶棚的养护。

悬挂式装饰顶棚常简称吊顶,一般由悬吊构件、龙骨和罩面板组成。常见的龙骨有轻钢龙骨、铝合金龙骨和木龙骨。常见的罩面板有各类石膏板、矿棉(岩棉)吸音板、玻璃纤维板、胶合板、钙塑板、塑胶板、加压水泥板、各种金属饰面板、木板及胶合板等。

1. 吊顶养护技术要求

(1)吊顶所有的品种、规格、颜色、质量、骨架构造及固定方法均应符合设计要求和质量标准。

(2)吊顶龙骨及罩面板安装必须牢固,外形整齐、美观,不变形,不脱色,不残缺,不折裂。

(3)轻钢龙骨不得弯曲变形;罩面板不得受潮、翘曲变形、缺棱掉角,无脱层、干裂,厚薄一致。

(4)局部拆换罩面板时,新旧罩面板的品种、规格、颜色、图案应力求一致,接缝处花纹图案吻合,压条应保证平直。

2. 吊顶日常养护

(1)吊顶下垂养护。吊顶下垂大多是因龙骨强度不足或吊筋拉力不足造成的,对柔性吊筋则因刚性不够或吊筋松脱造成。养护时,可把罩面板拆下,检查吊顶下垂的原因,以便有针对性地进行加固修复。

（2）罩面板翘边开裂或破损养护。罩面板应平整地紧固在龙骨上，若罩面板变形，特别是胶合板因受潮收缩而产生的不均匀变形，容易使罩面板翘边，拼接缝也会变宽。开裂或破损的罩面板，若裂纹不宽，可用适当的胶黏剂黏合修复；若破裂严重，一般以换新为宜。

（3）定期检查吊顶内隐蔽的管线和空调、消防、电力、通信设备是否有漏水、漏电现象，有无虫、蚁、鼠患，若发现隐患应及时消除，确保安全。

（4）注意通风，不要让吊顶长期受潮，特别是木龙骨、木罩面板更应注意防潮、防蚁及防火。若原来是木罩面板，在养护时应尽可能换为金属罩面板等防潮、防火性能好的罩面板。

（5）定期清洁罩面板，使罩面板保持清洁。

（6）不允许在吊顶龙骨上悬挂重物，以免龙骨下垂变形。

3.5.2 花饰养护

将预制的花饰构件安装或镶贴在建筑物的室内外墙面上，可增加建筑物的艺术效果。花饰按材料可分为水泥砂浆花饰、水刷石花饰、斩假石花饰、石膏花饰、塑料花饰、金属花饰等；按大小和质量可分有轻型花饰和重型花饰。

1. 花饰养护技术要求

（1）花饰安装必须牢固，无松动、裂缝、翘曲和缺棱掉角等缺陷。

（2）花饰表面和安装的基层应洁净，接缝应严密吻合。

2. 花饰修补

花饰修补可根据不同的损坏情况而定，一般可采取以下几种方法。

（1）基层抹灰损坏养护。基层抹灰已损坏空鼓，但花饰完好，可小心地拆下花饰，先清理花饰背面基层的损坏处，等基层修复好后再安装。

（2）修补花饰表面损坏。对图案较复杂、复制难度较大，但表面有一定程度损坏的花饰，可拆下后根据花饰采用的材料对表面损坏处进行修复，修复后再重新安装。

（3）复制花饰。损坏严重的花饰要及时更换，可根据原花饰的材料、图案、尺寸进行制模复制。

3. 花饰日常养护

（1）定期检查花饰。

（2）注意检查空鼓、螺钉和螺栓的紧固情况，有松动的螺母应及时拧紧，缺少的螺母应补齐。

（3）检查花饰的稳固情况，砌筑花饰有松动的应及时修整或拆下重砌。

（4）对污染严重的花饰要及时清洗，对有裂缝、掉角的花饰要及时修补。

3.5.3　顶棚及花饰养护费用测算

1. 清理修补花饰、清洁罩面板费用测算

清理修补花饰、清洁罩面板养护的工作内容如下。

（1）清理修补花饰：清理、基层处理、批刮腻子、刷底漆、油漆成活、表面清理等全部工序。

（2）清洁罩面板：清除灰尘、清洗罩面板等全部工序。

清理修补花饰、清洁罩面板费用测算表见表3-11。

表3-11　清理修补花饰、清洁罩面板费用测算表

项目名称		清理修补花饰	清洁罩面板
计量单位		m²	m²
基价/元		32.15	3.61
其中	人工费/元	25.34	3.36
	材料费/元	6.81	0.25
	机械费/元		

续表

项目名称			清理修补花饰	清洁罩面板
名称	单位	单价/元	消耗量	
人工 综合工日	工日	96.00	0.264	0.035
材料 乳胶漆	kg	7.60	0.844	
石膏粉	kg	0.80	0.119	
砂纸	张	0.50	0.430	
清洁剂	kg	6.00		0.031
棉纱头	kg	5.83		0.011
其他材料费	元	1.00	0.090	

2. 更换吊顶费用测算

更换吊顶的工作内容：拆除旧吊顶、选料、放样、下料、安装、清理等全部工序。

更换吊顶费用测算表见表 3-12。

表 3-12 更换吊顶费用测算表

项目名称			更换吊顶				
			金属板	不锈钢板	铝扣板	石膏板	矿棉吸音板
计量单位			m²	m²	m²	m²	m²
基价/元			93.94	138.87	67.15	22.69	38.94
其中	人工费/元		10.85	19.87	10.85	13.54	13.54
	材料费/元		83.09	119.00	56.30	9.15	25.40
	机械费/元						
名称	单位	单价/元	消耗量				
人工 综合工日	工日	96.00	0.113	0.207	0.113	0.141	0.141
材料 铝合金角铝	m	3.00	1.800				
金属烤漆板条	m²	76.00	1.020				
黏结剂	kg	18.00		0.326			
铁钉	kg	5.50		0.011			
镜面不锈钢板（0.8mm）	m²	107.50		1.050			

续表

项目名称			更换吊顶				
			金属板	不锈钢板	铝扣板	石膏板	矿棉吸音板
材料	铝扣板（600mm×600mm）	m²	55.00			1.020	
	石膏吸音板	m²	8.50				1.050
	矿棉吸音板	m²	23.00				1.050
	其他材料费	元	1.00	0.171	0.197	0.197	0.223	1.247

3.6 通 风 道

3.6.1 通风道养护

通风道的作用是通风换气，主要用于厨房、卫生间，尤其是厨房、卫生间是暗房的时候必须设置通风道，以利于厨房、卫生间的通风换气。此外，有的建筑物还设有专用通风道。现在房屋中用得最普遍的是预制钢筋混凝土通风道、砖砌通风道和水泥砂浆通风道。通风道一般为垂直设施，垂直通风道一般直出屋顶，并加设风帽以防雨、防尘、防坠物。通风道在使用和养护管理中，主要应做好以下工作。

1. 正确地使用通风道，保证通风道的使用功能

（1）没有烟囱的房屋，不允许将通风道当烟囱使用，否则会使浓烟灌入其他房间，还易引起火灾、一氧化碳中毒等严重事故。

（2）不能随意将通风道封堵，应保持通风道畅通。

（3）不允许在通风道上乱打、硬凿、钉钉子，给通风道造成损害。

（4）严禁从楼梯顶往通风道扔砖石。

（5）当通风道布满灰尘时要及时清理，以免失效。

2. 定期检查、及时养护

（1）对通风道有无裂缝、破损、堵塞等情况进行检查。发现损坏要认真记录、及时修复。

（2）在检查过程中，对发现的通风道小裂缝可用素水泥浆填补，对发现的较大裂缝可用 1∶1 水泥砂浆填补。

3.6.2　通风道养护费用测算

通风道养护费用可按照当地施工及实际情况测算。

第 4 章
服务区房屋给排水设施养护

服务区房屋给排水设施包括水泵，各种水管、阀门、水嘴，各种压力表、水表及各种卫生器具等。

4.1 水　　泵

水泵是输送液体或使液体增压的机械。服务区的水泵是给服务区内部输送水及提高供水压力的设备。

4.1.1 水泵养护

水泵房的水泵、给水管道、阀门及水龙头（含地上、地下、屋顶）应无漏水、渗水、积水等异常情况。另外，给排水系统应有技术档案和给排水图纸。

1. 水泵养护技术要求

（1）连接部分要求螺钉、垫圈、销子齐全、完整、紧固，每一个放水阀、星形环完好。

（2）电流表、压力表等仪表要求齐全、准确。

（3）出水阀门、逆水阀、进水闸门齐全完好，填料密封良好，泄漏合乎要求。

（4）泵体各部分连接严密，不漏水。

（5）水泵油圈齐全，油质合格，油量适中，不漏油。

（6）轴承温度不得超过60℃，运动无异常声音和振动。

（7）电动机温升不得超过铭牌规定，绝缘电阻要符合要求。

（8）电流及欠压保护齐全。

（9）接线齐全，供电良好，接地合格。

（10）水泵房保持清洁卫生，注意通风。设备无油垢、无积尘，机房无积水、无杂物，工具、材料、配件存放整齐，油料要加盖。

2. 水泵日常养护

（1）水泵每半月更换一次（转换），相应转换水泵时做检查（包括闸阀、开关等）。

（2）水泵轴承每季度加油一次，电动机轴每季度加油一次（没有油杯的加黄油）。

（3）每周检查闸阀、开关是否灵敏、密封良好，发现问题应及时处理。

（4）水泵每月保养一次。水池每半年清洗一次。水表每月检查一次，发现有问题的应及时修理或更换。

4.1.2　水泵养护费用测算

1. 水泵检查、清洗水池费用测算

水泵检查、清洗水池的工作内容如下。

（1）水泵检查：设备本体、部件及第一个阀门以内的管道等的拆卸、清洗、检查、刮研、换油、调间隙及配重、找正、找平、找中心、记录、组装复原、清理现场等全部工序。

（2）清洗水池：冲洗水池。

水泵检查、清洗水池费用测算表见表4-1。

表 4-1 水泵检查、清洗水池费用测算表

项目名称				水泵检查	清洗水池
计量单位				台	座
基价/元				3853.39	1266.41
其中	人工费/元			3619.20	144.00
	材料费/元			234.19	9.60
	机械费/元				1112.81
	名称	单位	单价/元	消耗量	
人工	综合工日	工日	96.00	37.700	1.500
材料	紫铜皮（0.25～0.5mm 以内）	kg	83.15	0.220	
	石棉橡胶板（中压，δ=0.8～6mm）	kg	25.80	2.100	
	红丹粉	kg	1.60	0.650	
	铅油	kg	16.10	0.650	
	机油（5#～7#）	kg	11.20	1.730	
	煤油	kg	11.90	5.400	
	汽油	kg	9.52	2.700	
	黄油（钙基脂）	kg	14.00	1.300	
	研磨膏	盒	0.90	0.860	
	破布	kg	3.02	2.380	
	棉纱头	kg	5.40	1.300	
	铁砂布（0#～2#）	张	0.90	4.320	
	白布	m	2.00	1.300	
	竹片（3m）	根	9.60		1.000
	其他材料费	元	1.00	1.200	
机械	射水车（120kW）	台班	1796.80		0.500
	载货汽车（4t）	台班	428.81		0.500

2. 更换闸阀、更换开关、更换水表费用测算

更换闸阀、更换开关、更换水表的工作内容如下。

（1）更换闸阀：拆旧阀门、安装新阀门、做外观检查、清除污锈、切管、套丝、上阀门、上法兰、制加垫、调直、紧螺栓、做水压试验、清理现场等全部工序。

（2）更换开关：拆旧换新、安装固定、接线、清理现场等全部工序。

（3）更换水表：拆旧水表、切管、套丝、制加垫、安装新水表、做水压试验、清理现场等全部工序。

更换闸阀、更换开关、更换水表费用测算表见表 4-2。

表 4-2 更换闸阀、更换开关、更换水表费用测算表

项目名称				更换闸阀	更换开关	更换水表
计量单位				个	个	个
基价/元				921.91	492.83	403.93
其中	人工费/元			267.36	449.28	69.12
	材料费/元			429.73	20.72	334.81
	机械费/元			224.82	22.83	
	名称	单位	单价/元	消耗量		
人工	综合工日	工日	96.00	2.785	4.680	0.720
材料	闸阀	个	242.00	1.020		
	精制六角带帽螺栓（M16×80）	套	1.30	17.300		
	石棉橡胶板（低中压，δ=0.8～6mm）	kg	21.00	0.370		
	碳钢电焊条（结422，ϕ3.2）	kg	4.85	0.640		
	平焊法兰（DN100，PN1.0）	片	68.60	2.100		
	乙炔气	m³	42.00	0.030		
	氧气	m³	4.67	0.080		
	镀锌精制带帽螺栓（M10×70）	套	0.90		1.000	
	镀锌精制带帽螺栓（M12×80）	套	1.30		4.100	
	铜接线端子（DT-10）	个	1.40		2.030	
	电焊条	kg	4.65		0.100	
	镀锌扁钢（-25mm×4mm）	kg	5.40		0.670	
	电力复合脂	kg	252.00		0.030	
	水表连接件	个	0.00			2.060
	螺纹闸阀	个	120.00			1.030
	螺纹水表	个	204.00			1.020

续表

	项目名称		更换闸阀	更换开关	更换水表
材料	聚四氟乙烯生料带（宽20mm）	m	1.60		1.504
	机油	kg	11.20		0.012
	其他材料费	元	1.00	3.830	0.590
机械	直流弧焊机（20kW）	台班	232.62	0.810	
	试压泵（80MPa）	台班	173.34	0.210	
	交流弧焊机（21kV·A）	台班	211.43	0.108	

4.2 水管、阀门、水嘴

4.2.1 水管、阀门、水嘴养护

1. 水管、阀门、水嘴养护技术要求

有压给水管道的压力应符合设计要求。给排水管道的管网、阀门应无渗漏、无生锈现象。运行中的阀门应完好，法兰和支架上的螺栓齐全，螺纹无损，没有松动现象。阀门上的标尺应保持完整、准确、清晰，阀门的铅封、盖帽、气动附件等应齐全完好。水嘴齐全，无锈蚀、损坏、滴漏。感应式水嘴感应灵敏，能及时出水。

2. 水管、阀门、水嘴日常养护

（1）应定期对水管、阀门、水嘴进行漏水检测，及时发现漏水，修复漏水。对漏水较频繁或因漏水造成严重影响的有压管道，要及时拆旧换新。

（2）阀门的连接处、密封部位及密合面等应定期检查（1～3月/次），并清除其上的污物，在其表面涂抹防锈油。应查看阀门密封面是否磨损，并根据情况进行维修或更换。

（3）检查阀杆和阀杆螺母的梯形螺纹磨损情况、填料是否过时失效等，并进行必要的更换。如手轮丢失，应及时配齐，不能用活扳手代替。填料压盖不允许歪斜或无预紧间隙。保温夹套应无凹陷、裂纹。

（4）运行中的阀门，避免对其敲打或支撑重物等。

（5）干电池供电感应水龙头应定期更换电池。

（6）水嘴缺失、锈蚀、渗漏、开关失灵，应按原样调换。

（7）水盘损坏有漏水的，应按原样调换。

（8）水箱配件缺失的应配齐；水箱配件锈蚀、渗漏的，应按原样调换。

4.2.2 水管、阀门、水嘴养护费用测算

1. 管道检测费用测算

管道检测的工作内容：启闭井盖、管道检测、记录。

管道检测费用测算表见表4-3。

表4-3 管道检测费用测算表

项目名称				管道检测	
计量单位				m	
基价/元				29.08	
其中	人工费/元			9.60	
	材料费/元			2.00	
	机械费/元			17.48	
	名称	单位	单价/元	消耗量	
人工	综合工日	工日	96.00	0.100	
材料	杆式便携视频管道检测所用的材料	m	2.00	1.000	
机械	载货汽车（4t）	台班	428.81	0.02	
	杆式便携视频管道检测所用的机械	台班	169.73	0.05	
	其他机械费	元	1.00	0.42	

2. 更换电池、水嘴、脚踏阀费用测算

更换电池、水嘴、脚踏阀的工作内容如下。

（1）更换电池：拆除旧电池、安装新电池、检查测试。

（2）更换水嘴：拆除旧水嘴、安装新水嘴、试水。

（3）更换脚踏阀：拆除旧脚踏阀、安装新脚踏阀、试水。

更换电池、水嘴、脚踏阀费用测算表见表4-4。

表 4-4　更换电池、水嘴、脚踏阀费用测算表

项目名称				更换电池	更换水嘴	更换脚踏阀
计量单位				个	个	个
基价/元				120.70	119.33	104.58
其中	人工费/元			48.96	5.86	52.61
	材料费/元			71.74	113.47	51.97
	机械费/元					
	名称	单位	单价/元	消耗量		
人工	综合工日	工日	96.00	0.510	0.061	0.548
材料	电池	个	64.00	1.000		
	相色带（20mm×20m）	卷	3.40	0.040		
	电力复合脂（一级）	kg	252.00	0.030		
	其他材料费	元	1.00	0.040		
	龙头	个	110.00		1.025	
	大便器脚踏阀	个	50.00			1.025
	聚四氟乙烯生料带（宽 20mm）	m	1.60		0.450	0.450

4.3　压力表、水表

压力表是服务区常见的装置，它作为水管的必备设施，能及时反映水管中压力的大小。通过压力表读数与限定值比较，可以判断隐藏的水管有没有出现问题。水表用于计量用水量的多少。

4.3.1　压力表、水表养护

1. 压力表、水表养护技术要求

（1）压力表要求表壳完整无损、连接牢固、表面清洁、指针灵敏、读数准确。

（2）水表要求表壳完整、指针灵敏、读数准确、无锈蚀、表面清洁、无滴漏、无锈蚀。

（3）水表不可随意拆卸，更不可添加润滑油剂，也不可自行修理。

（4）水表要防碰撞、防冻裂。

2. 压力表、水表日常养护

（1）压力表需每 3 个月检查一次。

（2）水表需每 1 个月检查一次。若水表失灵，应及时送到自来水公司检修和校正。水表应实行周期检定。

（3）接于室外水管的水表，冬季夜间不用水时，应首先关闭止水阀门，再打开水龙头放掉余水，使阀门至水表一段不再进水，以防水表冻裂。若室内水管冻住了，切忌用明火烘烤，只可用 60~80℃热水顺水管淋下，使之逐渐解冻，或调高室内温度解冻。

4.3.2 压力表、水表养护费用测算

压力表、水表养护的工作内容：压力表、水表养护。

压力表、水表养护费用测算表见表 4-5。

表 4-5 压力表、水表养护费用测算表

项目名称			压力表、水表养护	
计量单位			个	
基价/元			36.48	
其中	人工费/元		36.48	
	材料费/元			
	机械费/元			
	名称	单位	单价/元	消耗量
人工	综合工日	工日	96.00	0.380

4.4 卫 生 器 具

4.4.1 卫生器具养护

服务区卫生器具包括大便器、小便器、洗手盆等。

1. 卫生器具养护技术要求

（1）卫生器具应安装整齐、美观，方便使用。大便器、小便器、洗手盆应不渗、不漏、不积水。卫生器具配件应完整不残缺、使用方便、排水通畅。卫生器具零部件安装接口应紧密、牢固、不松动。

（2）卫生器具的支（托）架安装平整、牢固，与器具接触紧密、平稳，防腐良好。

（3）在安装陶瓷器具时，其螺钉孔处应加橡皮或铝皮垫圈，使螺钉不松动、不残缺。

（4）连接卫生器具的铜管，弯管时弯曲应均匀，且不得有凹凸现象；排水管道的铸铁管应无腐蚀，且无渗漏污水的现象。

（5）连接卫生器具的排水管道接口应紧密不漏，与楼地面的接合部位应牢固且不渗不漏。

（6）地漏安装平整、牢固，低于排水表面，周边不渗漏。水封高度不小于 50mm。

（7）卫生间、盥洗室等处应无渗漏和堵塞。排水系统应防止污水、污物漫溢而污染环境。

2. 卫生器具日常养护

（1）每月应定期检查卫生器具，并进行养护修理，以保证其完好无损。卫生器具及其配件调换时，应选用相同规格的同类产品。

（2）水盘损坏有漏水的，应按原样调换。水嘴缺失、锈蚀、渗漏、开关失灵的，应按原样调换。水箱配件缺失的，应配全；锈蚀、渗漏的，应按原样调换。给水配件调换时，应选用相同规格的同类产品。

（3）大便器出现裂缝有漏水的应调换；零件锈蚀严重并造成漏水的应调换；洗手盆等用水设备的支架锈蚀、松动的可检修加固，损坏严重的应更新。

（4）每月定期检查、养护排水管道。铸铁管应每隔两年涂刷防腐油漆一次，以延长管道的使用寿命，防止管道因腐蚀而产生渗漏污水的现象。

（5）卫生间、盥洗室等处是卫生器具和管道比较集中的地方，应做重点检查，随时注意有无异常现象，尽力消除渗漏和堵塞隐患，并可定期用通压力水的胶皮管对存水弯进行简单的疏通。

（6）排水系统出现故障时应立即抢修，防止污水、污物漫溢而污染环境。PVC排水管禁止排放温度大于80℃的污水，防止管道因热胀冷缩而被破坏。

4.4.2 卫生器具养护费用测算

1. 卫生管道疏通、支架加固、管道刷防腐油漆费用测算

卫生管道疏通、支架加固、管道刷防腐油漆的工作内容如下。

（1）卫生管道疏通：检查、试通、疏通、冲洗等全部工序。

（2）支架加固：定位、墙体打眼、掏堵墙洞、埋锚件、加固铁件就位安装、紧固焊接、检验等全部工序。

（3）管道刷防腐油漆：调配、涂刷。

卫生管道疏通、支架加固、管道刷防腐油漆费用测算表见表4-6。

表4-6 卫生管道疏通、支架加固、管道刷防腐油漆费用测算表

项目名称		卫生管道疏通	支架加固	管道刷防腐油漆	
				第一遍	第二遍
计量单位		处	t	m²	m²
基价/元		38.40	8382.67	70.76	67.28
其中	人工费/元	38.40	3076.99	38.40	39.36
	材料费/元		5305.68	32.36	27.92
	机械费/元				

续表

项目名称				卫生管道疏通	支架加固	管道刷防腐油漆	
						第一遍	第二遍
	名称	单位	单价/元	消耗量			
人工	综合工日	工日	96.00	0.400	32.052	0.400	0.410
材料	沥青漆	kg	8.30			3.110	2.670
	动力苯	kg	12.50			0.500	0.440
	角钢	kg	4.45		650.980		
	扁钢（-3mm）	kg	4.39		409.020		
	铁件	kg	7.00		47.130		
	电焊条（结422）	kg	4.14		29.240		
	氧气	m³	4.67		2.240		
	乙炔气	m³	42.00		1.477		
	螺母（M22）	10个	2.33		13.100		
	其他材料费	元	1.00		59.240	0.300	0.260

2. 更换大便器费用测算

更换大便器的工作内容：拆除大便器及全部附件、安装大便器及全部附件、试水等全部工序。

更换大便器费用测算表见表4-7。

表4-7 更换大便器费用测算表

项目名称			更换大便器	
			拆除大便器	安装大便器
计量单位			个	个
基价/元			36.58	1149.19
其中	人工费/元		36.58	81.98
	材料费/元			1067.21
	机械费/元			
	名称	单位	单价/元	消耗量
人工	综合工日	工日	96.00	0.381	0.854

续表

项目名称			更换大便器	
			拆除大便器	安装大便器
材料	软管	根	4.00	1.025
	水箱配件（含冲洗管）	套	0.00	1.025
	水箱	个	0.00	1.025
	大便器（含水箱）	个	1000.00	1.025
	角式截止阀（DN15）	个	26.00	1.025
	膨胀螺栓［M（6~12）×（50~120）］	套	1.00	4.326
	白水泥	kg	0.60	0.263
	聚四氟乙烯生料带（宽20mm）	m	1.60	2.394
	玻璃胶（310g）	支	5.30	0.525
	其他材料费	元	1.00	0.359

第 5 章
服务区房屋供暖与通风设备养护

5.1 风机盘管

风机盘管是风机盘管机组的简称。它是由小型风机、电动机和盘管（空气换热器）等组成的空调系统末端装置之一。它是常用的供冷、供热末端装置，按结构形式可分为立式、卧式、壁挂式等。

5.1.1 风机盘管养护

1. 风机盘管养护技术要求

（1）风机盘管正常工作时，不能产生太大的振动和噪声。

（2）风机须经静态及动态平衡，并能在 3 个不同的速度运转。

（3）盘管水管的水流速度应不低于 0.6m/s、不高于 1.8m/s。

2. 风机盘管日常养护

（1）空气过滤网在连续使用期间应一个月清洁一次。空气过滤网的清洁方式，应从方便、快捷、工作量小的角度考虑，首选吸尘器清洁方式，该方式的最大优点是清洁时不用拆卸过滤网。对于不容易吸干净的湿、重、黏的粉尘，要拆下过滤网用清水加压冲洗或刷洗，或用药水刷洗。

（2）滴水盘必须进行定期清洗，将沉积在滴水盘内的粉尘清洗干净。滴水盘一般一年清洗两次，如果是季节性使用的空调，则在空调使用季节结束后清洗一次。清洗方式一般采用清水冲刷，污水由排水管排出。为了消毒杀菌，还可以对清洁干净了的滴水盘再用消毒水（如漂白水）刷洗一遍。

（3）盘管的清洁方式可参照空气过滤网的清洁方式进行，但清洁的周期可以长一些，一般一年清洁一次。一般不采用整体从安装部位拆卸下来的方式清洁，以减小清洁工作量及拆装工作对空调造成的影响。

（4）风机叶轮由于有蜗壳包围着，如果不拆卸下来清洁工作就比较难做，因此可以采用小型强力吸尘器吸扫的方式进行清洁，一般一年清洁一次，或一个空调季节清洁一次。

（5）风机盘管一般使用寿命为 14 年，当风机盘管内部风机损坏、盘管泄漏，无法修复时，需及时更换风机盘管。

5.1.2 风机盘管养护费用测算

风机盘管养护的工作内容如下。
（1）过滤网清洁：加压冲洗。
（2）滴水盘清洗：溶解漂白粉、灌水、消毒、冲洗。
（3）盘管清洗：溶解漂白粉、灌水、消毒、冲洗。
（4）风机叶轮清洁：吸尘器吸扫。
风机盘管养护费用测算表见表 5-1。

表 5-1 风机盘管养护费用测算表

项目名称		风机盘管养护			
		过滤网清洁	滴水盘清洗	盘管清洗	风机叶轮清洁
计量单位		组	组	组	组
基价/元		12.37	13.61	318.26	19.00
其中	人工费/元	8.64	10.94	202.75	12.00
	材料费/元	3.73	2.67	115.51	
	机械费/元				7.00

续表

项目名称				风机盘管养护			
				过滤网清洁	滴水盘清洗	盘管清洗	风机叶轮清洁
	名称	单位	单价/元	消耗量			
人工	综合工日	工日	96.00	0.090	0.114	2.112	0.125
材料	漂白粉	kg	3.60		0.125	0.395	
	棉纱头	kg	5.40		0.037		
	破布	kg	4.20		0.037		
	水	m³	5.00	0.740	0.370	22.680	
	其他材料费	元	1.00	0.032	0.016	0.685	
机械	吸尘器	台班	7.00				1.000

5.2 散 热 器

散热器是热水（或蒸汽）采暖系统中重要的、基本的组成部件。热水在散热器内降温（或蒸汽在散热器内凝结）向室内供热，以达到采暖的目的。

5.2.1 散热器养护

1. 散热器养护技术要求

（1）散热器承口必须保持横平竖直，其偏差不大于 2mm。

（2）管道敷设完工后所有散热器接口管道应超出墙面 100mm，如接口为承口则用丝堵密封，其承口部分不得高出墙面 2mm，接口部位用水泥砂浆固定。

（3）散热器供水管应装温控阀，回水管应装控制阀，其他出口处一端用随机附带的丝堵堵塞，放气旋塞应安装在回水管侧，且必须安装在散热器最高点。

2. 散热器日常养护

（1）散热器在其停暖期间，须做满水保养。

（2）散热器须注意表面的清洁，可以用肥皂水或牙膏等温和的洗涤用品对其表面进行清洁，平时用普通的刷子或鸡毛掸子处理即可。

（3）散热器漏水常用应急措施。

首先，需要关闭各阀门，然后查看散热器漏水的具体位置。如果是活接处漏水，更换活接即可；如果是接缝处漏水，更换对丝即可；如果是接口处漏水，更换暖气管道及其配件即可；如果是散热器有砂眼导致的漏水，则需要更换散热器。散热器片头发现损坏，要及时处理。散热器连接点一旦出现漏水现象，要及时更换配件。散热器管壁漏水处，一般因意外破损造成的漏水较多，破损需要及时修补，以免造成更大的腐蚀。

（4）当采暖系统水质达不到要求时，散热器内壁会出现严重的结垢现象。同等供暖条件下，当供暖效果变差时，需及时请专业清洗队伍对散热器及管道系统进行除垢清洗。

（5）各种材质的散热器使用寿命各有不同。一般钢制散热器保质期为 10 年，铸铁散热器、复合材质散热器保质期为 14 年。当采暖系统有 5%的散热器（不低于 5 组）漏水严重无法维修时，需更换采暖系统所有的散热器。

5.2.2 散热器养护费用测算

1. 清洁散热器费用测算

清洁散热器的工作内容如下。

（1）清洁散热器表面：清理表面浮尘、擦洗。

（2）散热器及管道除垢清洗：溶解漂白粉、灌水、消毒、清洗。清洁散热器费用测算表见表 5-2。

表 5-2 清洁散热器费用测算表

项目名称			清洁散热器	
			清洁散热器表面	散热器及管道除垢清洗
计量单位			组	100m
基价/元			13.61	160.98
其中	人工费/元		10.94	60.48
	材料费/元		2.67	50.50
	机械费/元			50.00
	名称	单位	单价/元	消耗量
人工	综合工日	工日	96.00	0.114	0.630
材料	肥皂水	kg	3.60	0.125	
	漂白粉	kg	3.60		0.140
	棉纱头	kg	5.40	0.037	
	破布	kg	4.20	0.037	
	水	m³	5.00	0.370	8.000
	其他材料费	元	1.00	0.016	10.000
机械	其他机械费	元	1.00		50.000

2. 更换散热器及配件费用测算

更换散热器及配件的工作内容如下。

（1）更换活接：拆除旧件、管件清理、外观检查、更换新件、水压试验。

（2）更换对丝：拆除旧件、管件清理、外观检查、更换新件、水压试验。

（3）更换管道：拆除旧件、管件清理、外观检查、更换新件、水压试验。

（4）更换散热器：拆除散热器及附件、卡架、安装新的散热器、联结紧固、水压试验。

更换散热器及配件费用测算表见表 5-3。

表 5-3　更换散热器及配件费用测算表

项目名称				更换散热器及配件			
				更换活接	更换对丝	更换管道	更换散热器
计量单位				件	件	m	片
基价/元				31.63	32.64	64.23	55.37
其中	人工费/元			15.94	15.94	51.07	18.43
	材料费/元			15.69	16.70	13.16	36.94
	机械费/元						
	名称	单位	单价/元	消耗量			
人工	综合工日	工日	96.00	0.166	0.166	0.532	0.192
材料	活接头	个	15.00	1.016			
	对丝	个	16.00		1.016		
	镀锌钢管（DN20）	m	9.92			1.035	
	铅油	kg	16.10			0.006	
	机油（5#～7#）	kg	11.20			0.017	
	室内镀锌钢管接头零件（DN20）	个	1.57			1.210	
	管子托钩（DN20）	个	0.80			0.159	
	管卡子（单立管，DN25 以内）	个	1.50			0.185	
	四柱 813 型散热器（带腿）	片	30.60				0.324
	四柱 813 型散热器	片	29.60				0.701
	散热器专用膨胀螺栓（带卡子）	套	2.60				0.087
	石棉橡胶板（低压，δ=0.8～6mm）	kg	25.80				0.116
	方形钢垫圈（ϕ12×50×50）	个	0.40				0.183
	汽包对丝（DN38）	个	1.21				1.987
	汽包丝堵（DN38）	个	1.21				0.186
	汽包补芯（DN38）	个	1.21				0.186
	水	m³	5.00			0.006	0.003
	其他材料费	元	1.00	0.445	0.445	0.276	0.119

5.3 管道及阀门

5.3.1 管道及阀门养护

1. 管道及阀门养护技术要求

（1）管道应按要求进行除锈和涂漆，油漆的涂刷应均匀，不得有漏刷现象。

（2）管道丝接要牢固、可靠。

（3）管道须按照规范要求进行压力试验（一般试验压力为 1.25 倍工作压力，且不小于 0.6MPa）。工作时，10min 内压力下降不大于 0.02MPa，在正常的工作压力下，外观检查以不漏为合格。

（4）阀门连接牢固、紧密，启闭灵活，朝向合理，表面洁净。

2. 管道及阀门日常养护

（1）每月按时检查管道的接头是否牢固、可靠，保证不松动。

（2）定期进行管道漏水检测，及时发现漏水并修复漏水。对漏水较频繁或因漏水造成严重影响的有压管道，要及时拆旧换新。

（3）为减少管内的沉积、锈蚀，应对管网进行定期冲洗，保障管道畅通。

（4）阀门的连接处、密封部位及密合面等要经常检查、及时维修。阀门应定期检查以下项目。

① 密封面磨损情况。

② 阀杆和阀杆螺母的梯形螺纹磨损情况。

③ 填料是否过时失效。

④ 阀门经过维修后，应进行密封性试验。

⑤ 阀门应经常保持清洁，传动螺纹必须定期润滑，发现故障应立即停止使用，查明原因清除故障。

⑥ 填料压盖的螺栓应均匀拧紧，不应压成倾斜状态，以免碰伤阻碍阀杆运动或造成泄漏。

⑦ 当阀门出现阀杆断裂、阀芯损坏等情况时，需及时更换阀门。

5.3.2 管道及阀门养护费用测算

1. 有压管道冲洗费用计算

有压管道冲洗的工作内容：溶解漂白粉、灌水、消毒、冲洗。
有压管道冲洗费用测算表见表 5-4。

表 5-4　有压管道冲洗费用测算表

项目名称				有压管道冲洗	
计量单位				m	
基价/元				32.32	
其中	人工费/元			9.22	
	材料费/元			23.10	
	机械费/元				
	名称	单位	单价/元	消耗量	
人工	综合工日	工日	96.00	0.096	
材料	漂白粉	kg	3.60	0.079	
	水	m³	5.00	4.536	
	其他材料费	元	1.00	0.137	

2. 更换管道费用测算

更换管道的工作内容如下。

（1）拆除管道：拆除管道和零件、场内搬运、整理堆放。

（2）安装管道：堵洞眼、切管、套丝、上零件、调直、栽沟卡及管件安装、水压试验。

更换管道费用测算表见表 5-5。

表 5-5　更换管道费用测算表

项目名称				更换管道				
				拆除管道	安装管道			
					DN20以内	DN32以内	DN50以内	DN80以内
计量单位				m	m	m	m	m
基价/元				47.27	387.53	521.66	697.40	920.13
其中	人工费/元			46.08	255.36	288.96	342.72	350.40
	材料费/元			1.19	132.17	231.68	351.83	565.23
	机械费/元					1.02	2.85	4.50
	名称	单位	单价/元	消耗量				
人工	综合工日	工日	96.00	0.480	2.660	3.010	3.570	3.650
材料	镀锌钢管（DN80）	m	47.02					10.350
	镀锌钢管（DN50）	m	28.30				10.350	
	镀锌钢管（DN32）	m	18.33			10.350		
	镀锌钢管（DN20）	m	9.92		10.350			
	铅油	kg	16.10		0.060	0.050	0.080	0.060
	机油（5#～7#）	kg	11.20		0.170	0.180	0.150	0.140
	砂轮片（φ200）	片	16.00			0.030	0.130	0.250
	室内镀锌钢管接头零件（DN20）	个	1.57		12.100			
	管子托钩（DN20）	个	0.80		1.590			
	管卡子（单立管，DN25以内）	个	1.50		1.850			
	室内镀锌钢管接头零件（DN32）	个	3.83			8.430		
	管子托钩（DN25）	个	1.00			1.220		
	管卡子（单立管，DN32）	个	1.50			2.220		
	室内镀锌钢管接头零件（DN50）	个	7.47				6.840	
	室内镀锌钢管接头零件（DN80）	个	16.66					4.110
	水	m³	5.00		0.060	0.090	0.160	0.200
	其他材料费	元	1.00	1.190	2.760	1.380	1.980	2.570
机械	管子切断机（φ60以内）	台班	18.74			0.020	0.060	
	管子切断机（φ60～150）	台班	46.90					0.050
	管子切断套丝机	台班	21.51			0.030	0.080	0.100

3. 更换井盖费用测算

更换井盖的工作内容：拆除、砂浆调制、安装、材料运输及场地清理。

更换井盖费用测算表见表5-6。

表5-6 更换井盖费用测算表

项目名称			更换井盖	
计量单位			个	
基价/元			164.62	
其中	人工费/元		13.44	
	材料费/元		151.18	
	机械费/元			
	名称	单位	单价/元	消耗量
人工	综合工日	工日	96.00	0.140
材料	铸铁井盖	个	150.00	1.000
	其他材料费	元	1.00	1.180

5.4 室外采暖系统

室外采暖系统主要包括管道、阀门、开关及保温材料等。

5.4.1 室外采暖系统养护

1. 室外采暖系统养护技术要求

（1）室外采暖管道（含空调管道）一般采用焊接钢管和无缝钢管两种。管道要保证介质在其中定向流动，不产生多余阻力，不产生跑、冒、滴、漏等现象。钢管的使用寿命一般为15年。

（2）室外采暖阀门多为钢制闸阀；阀门外观须无明显缺陷；阀座与阀体结合牢固；阀芯和阀座接触面吻合，且无缺陷；阀杆和阀芯连接灵活、可靠；阀杆无弯曲、锈蚀，阀杆与填料压盖配合合适，阀纹无缺陷；阀盖和阀体接合良好；垫片、填料、螺栓等齐全，无缺陷；阀门在系统正常工作压力下无渗漏；阀门的传动装置启闭灵活可靠，开度指示器指示正确，用手扳动无卡涩、锈死现象。

（3）保温材料不掉落、不缺损。

2. 室外采暖系统日常养护

（1）室外管道常见的问题有管道的内腐蚀和管道的外腐蚀。管道的内腐蚀可以通过加强水处理和水质监测，以及系统非运行季管道系统满水养护等措施来减轻。管道的外腐蚀需要通过提高热网的备用水平、分段控制供热管网、防止疲劳破坏、防止循环塑性破坏等方法来减轻。

（2）当检查发现管道锈蚀严重，出现多处腐蚀，有跑、冒、滴、漏等现象时，管道须及时更换。

（3）室外管道应做好保暖层的养护，如有缺损应及时修补，每年冬季前须进行检查、修补，做好防护。

5.4.2 室外采暖系统养护费用测算

更换阀门的工作内容：拆旧阀门、安装、外观检查、清除污锈、切管、套丝、上阀门、上法兰、制加垫、调直、紧螺栓、水压试验等。

更换阀门费用测算表见表 5-7。

表5-7 更换阀门费用测算表

项目名称		更换阀门		
		DN100以内	DN300以内	DN600以内
计量单位		个	个	个
基价/元		636.29	1511.37	2495.68
其中	人工费/元	267.84	403.20	537.60
	材料费/元	182.89	560.05	1285.08
	机械费/元	185.56	548.12	673.00

续表

项目名称				更换阀门		
				DN100以内	DN300以内	DN600以内
	名称	单位	单价/元	消耗量		
人工	综合工日	工日	96.00	2.790	4.200	5.600
材料	精制六角带帽螺栓（M16×80）	套	1.30	17.300		
	精制六角带帽螺栓（M20×80）	套	2.90		20.000	
	精制六角带帽螺栓（M22）	套	2.80		28.000	
	精制六角带帽螺栓（M27）	套	3.10			44.000
	石棉橡胶板（低中压，δ=0.8～6mm）	kg	21.00	0.370	0.790	1.100
	碳钢电焊条（结422，ϕ3.2）	kg	4.85	0.640	4.130	8.900
	平焊法兰（DN100，PN1.0）	片	68.60	2.100		
	平焊法兰（DN300）	片	179.28		2.100	
	平焊法兰（DN600）	片	506.69			2.100
	乙炔气	m³	42.00	0.030	0.110	0.200
	氧气	m³	4.67	0.080	0.200	0.320
	其他材料费	元	1.00	3.830	4.990	8.470
机械	直流弧焊机（20kW）	台班	194.13	0.810	1.970	2.200
	试压泵（80MPa）	台班	134.85	0.210	0.450	0.600
	吊装机械（综合）	台班	375.00		0.280	0.440

第 6 章
服务区房屋电气与电信系统、变压器、接地避雷设施养护

6.1 电气与电信系统

服务区电气系统包括所有供电的线路、配电室及电控箱、各类灯具、吊扇及插座开关等。服务区电信系统即所有电信线路及电信设备，如电视、电话、网络、室内监控等。

6.1.1 电气与电信系统养护

1. 电气与电信系统养护技术要求

（1）公共照明、开关、母线、接头等无故障。

（2）配电室保持室内清洁、干净。

（3）插座及开关接触良好、无损坏，电线无外露，防水开关盖完好。

（4）按照灯具标志提供的电压、电流等参数使用。

（5）保持灯具清洁、完整、零部件齐全，无机械损伤、变形、涂层剥落、灯罩破裂等，有效地延长灯具的使用寿命。

（6）防爆灯具警告牌应明显、清晰。

（7）吊扇应清洁、涂层完整，运转时扇叶无明显颤动和异常声响。

（8）室外灯具应完好，满足照明要求。

2. 电气与电信系统日常养护

（1）每月按期检查公共照明灯具、开关、插座，保持清洁、完好，外壳破损、带电部分裸露、接触不良或有缺损应及时更换。

（2）配电室每月按期检查电缆坑有无积水，如有积水应及时清除。配电室配备温度计，做好通风和降温工作，一般室内温度不能超过40℃。配电室每星期吸尘一次，以保持室内清洁、干净。每周检查一次配电室各主开关接触是否良好，各开关要标明控制电范围，以利于工作。每月检查电表一次，发现有问题，应及时处理。

（3）灯具在发生灯管频闪或有黑影的时候，应该及时更换，防止镇流器烧坏等安全事故发生。定时清洁灯具，灯具在清洁维护时，应注意不要改变灯具的结构，也不要随意更换灯具的零部件，在清洁维护结束后，应按原样装好，不要漏装零部件。

（4）在养护防爆灯具时，养护人员应了解灯具的性能和产品结构，养护人员应在警告牌指示下先断开电源，正确地打开灯罩，再进行积尘、污垢的清洁。

（5）应急照明灯、安全出口标志灯和疏散标志灯损坏或不能满足现行使用标准要求的，应进行拆换。

（6）调换吊扇时应检查其挂钩，挂钩安装应牢固，吊扇挂钩的直径不应小于吊扇挂销的直径，且不小于8mm；挂钩应有防震橡胶垫；挂钩的防松零件应齐全、可靠；吊扇扇叶距地高度不小于2.5mm；同一房间吊扇安装高度应一致；吊扇接线应正确。

（7）导线发生绝缘层龟裂或导线裸露等损坏情况，应进行拆换；局部拆换导线，在同一回路中应采用同一种材质导线；电线管因碎裂、严重腐蚀、穿孔、凹陷、变形而失去保护导线的作用，应进行拆换；拆换电线管内导线，其最小长度不应小于2个接线盒距离，且管内导线无接头。

（8）摄像头防护罩严重变形或防护玻璃破裂，应进行拆换、修复。云台式摄像头转动失灵，应进行拆换、修复。摄像头本体失效，应进行拆换、修复。防盗报警探测器外壳破裂，应进行拆换、修复。防盗报警探测器本体失效，应进行拆换、修复。

（9）每月按期检查服务区室外灯具的完好情况，保持亮度。保持高（中）杆灯的操作盘升降正常，并可降至维修高度。

6.1.2 电气与电信系统养护费用测算

1. 更换插座和吊扇费用测算

更换插座和吊扇的工作内容如下。

（1）更换插座：设置安全作业区、更换插座、清理现场。
（2）更换吊扇：设置安全作业区、更换吊扇、清理现场。

更换插座和吊扇费用测算表见表6-1。

表6-1 更换插座和吊扇费用测算表

项目名称			更换插座		更换吊扇	
			拆除插座	安装插座	拆除吊扇	安装吊扇
计量单位			个	个	个	个
基价/元			4.51	27.44	17.28	229.34
其中	人工费/元		4.51	10.66	17.28	42.24
	材料费/元			16.78		187.10
	机械费/元					
	名称	单位	单价/元	消耗量		
人工	综合工日	工日	96.00	0.047	0.111	0.180	0.440
材料	吊扇	套	179.00				1.000
	插座	套	12.20		1.020		
	其他材料费	元	1.00		4.336		8.100

2. 更换导线和电线管费用测算

更换导线和电线管的工作内容如下。

（1）更换导线：拆旧、装新、穿线、接线、调试、清理现场。

（2）更换电线管：拆旧、装新、清理现场。

更换导线和电线管费用测算表见表 6-2。

表 6-2　更换导线和电线管费用测算表

项目名称			更换导线	更换电线管
计量单位			10m	10m
基价/元			73.74	94.14
其中	人工费/元		43.20	90.05
	材料费/元		30.54	4.09
	机械费/元			
	名称	单位	单价/元	消耗量
人工	综合工日	工日	96.00	0.450	0.938
材料	导线	m	3.00	10.180	
	电线管	m	2.00		1.120
	接地板	块	7.85		
	电焊条（结422，ϕ3.2）	kg	4.85		
	汽油	kg	9.52		
	镀锌扁钢（-40×4）	kg	5.40		
	电焊条（结422，ϕ4）	kg	4.80		
	扁钢卡子（25×4）	kg	5.00		
	沥青漆	kg	8.30		
	其他材料费	元	1.00		1.850

3. 更换灯具和开关费用测算

更换灯具和开关的工作内容如下。

（1）更换灯具：设置安全作业区、更换灯具、清理现场。

（2）更换开关：设置安全作业区、更换开关、清理现场。

更换灯具和开关费用测算表见表 6-3。

表 6-3 更换灯具和开关费用测算表

项目名称			更换灯具		更换开关	
			拆除灯具	安装灯具	拆除开关	安装开关
计量单位			个	个	个	个
基价/元			4.51	114.91	1.92	18.61
其中	人工费/元		4.51	41.86	1.92	9.02
	材料费/元			73.05		9.59
	机械费/元					
	名称	单位	单价/元	消耗量		
人工	综合工日	工日	96.00	0.047	0.436	0.020	0.094
材料	成套灯具	套	60.00		1.010		
	开关	只	7.80				1.020
	其他材料费	元	1.00		12.450		1.630

6.2 变 压 器

变压器是用来变换交流电压、电流而传输交流电能的一种静止的电气设备。服务区远离城市，一般都配有专门的变压器。

6.2.1 变压器养护

1. 变压器养护技术要求

（1）变压器外壳的螺栓、吊环、密封垫等齐全、完整、紧固。

（2）变压器高压侧绝缘电阻不低于 250MΩ，低压侧不低于 35MΩ。

（3）变压器有检修记录和测试记录，记录有效期为两年。

2. 变压器日常养护

（1）按季度定时清理变压器室外配电箱柜的灰尘、污垢，保持无积尘、无积水、无油污、无淋水，周围清洁、无杂物。

（2）每年定时检查其安装器件的老化、锈蚀情况，做相应补漆或重新刷油漆处理。

（3）每年紧固构架及各部位连接螺栓，保障设备安装的安全稳固。

（4）每年检查电气连接的紧固，保证电气连接可靠，避免虚接引起的电气故障和火灾隐患。

（5）变压器外壳及电缆系统必须有良好的接地，有效避免触电危险，每年检测一次接地电阻。

（6）对设置在箱体内部的浪涌保护器进行专业年检，保证性能可靠。

6.2.2 变压器养护费用测算

1. 变压器日常调试费用测算

变压器日常调试的工作内容：检查、简单调试。

变压器日常调试费用测算表见表6-4。

表6-4 变压器日常调试费用测算表

项目名称				变压器日常调试	
计量单位				次	
基价/元				428.23	
其中	人工费/元			403.20	
	材料费/元			10.03	
	机械费/元			15.00	
	名称	单位	单价/元		消耗量
人工	综合工日	工日	96.00		4.200
材料	其他材料费	元	1.00		10.030
机械	其他机械费	元	1.00		15.000

2. 变压器调试维护费用测算

变压器调试维护的工作内容：设置安全作业区，清洁变压器，检查铁芯，检查绕组，检查支柱绝缘子，检查进出引线，检查各绝缘件、紧固件、连接件，做工频耐压试验，做变压器高温保护测试，做变压器预防性试验，做绕组在所有分接位置下的直流电阻测试，做铁芯绝缘测试。

变压器调试维护费用测算表见表 6-5。

表 6-5　变压器调试维护费用测算表

项目名称			变压器调试维护	
计量单位			次	
基价/元			1703.26	
其中	人工费/元		384.00	
	材料费/元		870.00	
	机械费/元		449.26	
	名称	单位	单价/元	消耗量
人工	综合工日	工日	96.00	4.000
材料	毛刷（2#）	把	2.00	2.000
	绝缘导线（BV-2.5mm^2）	m	1.95	50.000
	酒精（工业用 99.5%）	kg	2.10	1.000
	电力复合脂	kg	252.00	2.000
	尼龙扎带（100～150mm）	根	0.13	30.000
	尼龙扎带（200mm）	个	0.26	30.000
	砂布	张	0.80	20.000
	凡士林	kg	9.50	3.000
	细白布	m	3.02	10.000
	线手套	双	2.00	4.000
	口罩	只	2.00	4.000
	高压接地线	套	1600.00	0.100
机械	手持式电动吹风机	台班	83.17	1.000
	数字兆欧表（BM-2061000MΩ）	台班	12.06	1.000
	数字万用表（7151）	台班	5.96	1.000
	汽油发电机（10kW 以下）	台班	341.07	1.000
	吸尘器	台班	7.00	1.000

6.3 接地避雷设施

6.3.1 接地避雷设施养护

1. 接地避雷设施养护技术要求

（1）接地完整、不虚接，连接规范。

（2）避雷针、避雷带位置正确，焊接固定的焊缝饱满、无遗漏，螺栓固定的应备帽等防松零件齐全，焊接部分补刷的防腐油漆完整。

（3）多支避雷针应连接在闭合环上。旗杆、栏杆、装饰物等安装的避雷针应牢固安全。

2. 接地避雷设施日常养护

（1）当实测接地电阻不能满足设计要求时，应就近增设接地极。

（2）原配电系统无接地故障保护装置的，在养护时必须设置接地故障保护装置，并与配电线路保护相适应。

（3）对利用金属管（给排水管、电线管、燃气管）管壁作 PE 线（接地保护线），而未采用绝缘导线作 PE 线的，应进行更换。

（4）对原接地故障保护系统，养护应按原系统修复，不应随意改动。

（5）房屋避雷设施失效或缺损的，应进行修补。

6.3.2 接地避雷设施养护费用测算

接地避雷设施养护的工作内容如下。

（1）增设接地极：下料、尖端加工、油漆、焊接并打入地下。

（2）修补避雷：修补避雷设施、清理现场。

接地避雷设施养护费用测算表见表 6-6。

表 6-6 接地避雷设施养护费用测算表

项目名称				接地避雷设施养护	
				增设接地极	修补避雷
计量单位				块	10m
基价/元				491.73	285.20
其中	人工费/元			380.16	182.88
	材料费/元			25.10	79.84
	机械费/元			86.47	22.48
	名称	单位	单价/元	消耗量	
人工	综合工日	工日	96.00	3.960	1.905
材料	接地板	块	7.85	1.000	
	电焊条（结422，ϕ3.2）	kg	4.85	0.540	
	汽油	kg	9.52	1.080	
	镀锌扁钢（-40×4）	kg	5.40		13.738
	电焊条（结422，ϕ4）	kg	4.80		0.055
	扁钢卡子（25×4）	kg	5.00		0.500
	沥青漆	kg	8.30		0.303
	其他材料费	元	1.00	4.350	0.378
机械	交流电焊机（21kV·A）	台班	172.94	0.50	0.130

第二部分

服务区室外工程养护

第 7 章
服务区绿化与景观养护

7.1 草坪、绿篱、竹类、地被植物

草坪也称草地,服务区种植草坪以观赏为主。草坪品种繁多,根据其地理分布和对温度条件的适应性,可分为冷季型草坪和暖季型草坪两大类。

绿篱一般以常绿灌木为主,采用株行距密植的方式栽成单行或双行,用作防范的边界。

竹类属禾本科竹亚科植物,杆木质,通常浑圆有节,皮以翠绿色为主,是一种观赏价值和经济价值都很高的植物类群。

地被植物是指植株低矮、枝叶密集,具有较强的扩展能力,能迅速覆盖裸露平地或坡地的植物。

7.1.1 草坪、绿篱、竹类、地被植物养护

1. 草坪养护技术要求

(1) 目测草种生长旺盛,生机勃勃。草坪整齐雅观,四季常绿,覆盖率达 98% 以上,杂草率低于 3%,无大坑洼积水,无裸露地。

(2) 草坪的生长势强,生长量超过该草种对应规格的平均年生长量,叶片健壮,叶色浓绿,无枯黄叶。

2. 草坪日常养护

（1）草坪浇水。

① 草坪日常浇水。

一般来说，以早晨浇水为好，并尽可能保持夜间茎叶干燥为好，否则易染病害。浇水量一般随季节变化而变化。

a. 春、秋季：10d 左右浇水 1 次，浸透土壤 10cm 以上。

b. 夏季：7d 左右 1 次，浸透土壤 10cm 以上。

c. 入冬前：一般当北方气温稳定降至 0~2℃时，应灌透水 1 次，浸透土壤 15cm 以上。遇干旱及雨季酌情增加或减少浇水次数。

浇水的原则：遵循不干不浇，浇则浇透，夏季避开高温时段浇水的规律，避免少量多次浇水。因为少量多次灌溉，地表经常处于潮湿，甚至有积水，会使草坪草根系变浅，长势减弱，抗逆性变差，导致草垫层湿度较高，容易滋生和扩散病菌。

② 草坪补植浇水。

草坪补植后，应立即浇水，一般至少浸透土壤 5cm，第 1 周每天 1 次，第 2~3 周每周 2~3 次。

③ 草坪补播浇水。

在补播、踩实并覆盖遮阴网（草帘子或无纺布）后，应立即浇水；出苗期应早晚浇水，水量以让坪床土壤始终保持湿润为宜。浇水应使用花洒进行，而不应直接使用水管浇灌，否则会造成草籽流失等不利情况。

（2）草坪施肥。

① 施肥时间。

草坪施肥时间受土壤类型、草坪利用目的、季节变化和土壤水分状况等因素的影响，一般规定如下。

a. 春季：早春（3~4 月）以施复合肥为主，以促进草坪返青，因此春季施肥又称施返青肥。

b. 夏季：施缓释肥，北方 5 月中下旬施用，南方 6 月中下旬施用，以补充夏季草坪营养，确保草坪安全越夏。

c. 秋季：施复合肥，北方 9 月中下旬施用，南方 10 月中下旬施用，以延长绿期，确保草坪安全越冬。

另外，还应根据草坪的外观特征，如叶色和生长速度等，确定施肥的时间。当草坪颜色明显退绿时，应进行施肥。生长季当草的颜色暗淡、发黄、老叶枯死时，应补充氮肥；当草的叶片发红或呈暗绿色时，应补充磷肥；当草的节部缩短、叶脉发黄、老叶枯死时，应补充钾肥。

② 施肥要求。

a. 施完肥料，一定要及时浇水，但不要浇太多，以浸透土壤10cm为宜，防止肥料淋失，最好结合雨天进行。

b. 无机速效肥可以溶于水中，便于用肥水灌溉法进行施肥，但其浓度不得高于1%，否则会灼伤草坪草。施无机速效肥宜少量多次，以提高肥效。

c. 最好采用肥效释放较慢的缓释肥，这种肥对草坪草的作用既长久又均一。施肥一定要均匀，每次的施肥量要均分成两份，以相互垂直方向撒匀，防止局部肥多而灼伤草坪。大块草坪要使用施肥器施肥，这样能够保证施肥的均匀度及施肥量的准确把握。

（3）草坪病虫害及防治。

草坪病虫害及防治见附录2中的附表5。

（4）草坪除草。

草坪除草应加强草坪生长期的养护管理。恰当的肥水管理、剪草、梳草、打孔等，可以减少枯草层，提高草坪的生命力，使杂草无繁衍的条件。同时要对草坪周围可能入侵的杂草种子源头进行清理，对草坪中出现的零星杂草应及时人工拔除。草坪除草以化学除草为主，人工拔草为辅。下面主要介绍化学除草。

① 化学除草的注意事项。

a. 选择最佳施药时间：草坪化学除草，应当把握"除早、除小、除了"的原则。杂草株龄越大，抗药性就越强，用药量也越大，这样既增加了防治成本，也容易对草坪草产生药害。在正常年份，草坪杂草出苗80%左右，且在5叶期以下时，杂草幼苗组织幼嫩、抗药性弱，易被杀死。

b. 严格掌握用药量：因除草剂的选择性有限，而杂草和草坪草都是植物，要保证除草剂杀死杂草又不伤及草坪草，就要严格掌握用药量，不能盲目加大用药量。在日平均气温超过10℃时，采用除草剂推荐用药量的下限，便能取得 90%以上的除草效果。

c. 注意施药时的温度：温度直接影响除草剂的药效。例如二甲四氯钠和 2,4-二氯苯氧乙酸（简称 2,4-D），在 10℃以下时施药药效极差，在 10℃以上时施药药效才好。所有除草剂，都应在晴天气温较高（20~25℃效果最佳，最好不超过 25℃）时施药，才能充分发挥药效。

d. 保证适宜湿度：不论是苗前施药，还是生长期施药，土壤湿度均是影响药效高低的重要因素。苗前施药，若表土层湿度大，则易形成严密的药土封杀层，且杂草种子发芽出土快，因此防效高。生长期施药，若土壤潮湿、杂草生长旺盛，则利于杂草对除草剂的吸收和在体内运转，因此药效发挥快，除草效果好。

e. 提高施药技术：施用除草剂时，一定要均匀施药，既不能重喷，也不能漏喷。如果相邻地块是对除草剂敏感的植物，则要采取隔离措施；切记有风（大于 2 级）时不能喷药，以免危害相邻的对除草剂敏感的植物。

化学除草的操作要做到"五看"施药：一看草坪苗株大小，二看杂草叶龄多少，三看天气是否晴朗，四看土壤湿润还是干燥，五看土质砂性和黏性强弱。

② 化学除草的药剂选择。

a. 阔叶杂草：禾本科草坪中的阔叶杂草，可使用如二甲四氯钠、2,4-D、克草特、坪安 1 号等，能有效防除早熟禾、结缕草、百慕大、匍匐剪股颖等禾本科草坪中的常见阔叶杂草。

b. 禾本科杂草：禾本科草坪中的禾本科杂草，可使用坪安 2 号进行有效防除。

c. 阔叶杂草与禾本科杂草混合发生：当禾本科草坪中阔叶杂草与禾本科杂草混合发生时，既可以按上述方法分开逐个防除，也可以采用坪安 5 号（7 叶以内）进行一次性全部防除。

（5）草坪修剪。

草坪修剪是维持优质草坪的一项重要的日常养护措施。合理修剪能平滑草坪表面，控制营养生长，促进草坪草的分支或分叉，有利于匍匐枝的伸长，增大草坪的密度和均匀度，同时还能显著抑制杂草的滋生和危害。

草坪修剪必须严格遵循 1/3 原则，即任何一次修剪，被剪除的部分一定要在草坪草自然高度（未修剪前的高度）的 1/3 左右。此外，还要根据草坪草生长发育的实际情况，做适当的调节，通常百慕大、马尼拉草修剪后高度为 3~5cm（遮阴下可提高到 5~7cm），结缕草为 4~6cm，冷季型草为 6~8cm。若修剪高度过低，大量茎叶被剪除，则会产生"脱皮"现象，严重损伤草坪，使草坪丧失再生能力，甚至导致草坪衰退。

剪草机的刀片必须保持锋利，否则创面增大，病菌易于入侵，会引起草坪侵染性病害的发生与流行。修剪也要避免露水的存在，因为露水会增加病菌萌发侵入的概率。修剪草屑要全部带出草坪，集中处理，以免病虫害滋生蔓延并增加草垫层厚度。

（6）草坪补播、补植。

气温在 10~28℃（14~25℃是最佳播种温度），并连续 5d 以上时，可以进行冷季型草坪补播；冷季型草坪补植在 4 月底~10 月初都可进行，其他时间不宜。暖季型草坪建议直接补植，时间基本同冷季型草坪。

3. 绿篱养护技术要求

绿篱的养护要保证肥水供应，使其茂盛生长，修剪成篱、成墙、成形，达到观赏和隔离的作用。绿篱养护技术要求如下。

（1）绿篱生长良好，无缺枝、无空档。

（2）绿篱修剪保持 3 面以上平整饱满，直线处正直，曲线处弧度圆润。

（3）修剪保持基本球形，弧线流畅，枝叶紧密、圆整、无脱节、无大的空秃。

（4）植株生长健壮，规格基本一致。

（5）无明显有害生物危害，植物受害率控制在 10%以下。

（6）无杂草、无垃圾、无碎石。

4. 绿篱日常养护

（1）绿篱肥水管理。

① 绿篱的肥水条件要求较高，初植绿篱时应按设计要求的篱宽或土球半径，挖 20~40cm 深的沟，填上纯净肥沃的客土，或在客土

中拌入适量腐熟的有机肥或复合肥，这样种植后生长快。绿篱水分管理以保湿为主，表土干而不白，雨后注意排水防渍，以免引起烂根，影响生长。

② 绿篱施肥原则为基肥足、追肥速、以氮为主、磷钾结合、群施薄施、剪后必施，必要时还须进行根外施肥。

（2）绿篱的修剪。

① 绿篱修剪的作用。常见的绿篱可以分为平面绿篱、图形绿篱、造案绿篱，它们都是为了符合设计要求，通过人工修剪而成的。绿篱修剪的作用：一是抑制植物顶端生长优势，促使腋芽萌发，侧枝生长，植株丰满，利于修剪成型；二是加速成型，满足设计欣赏效果。

② 绿篱修剪的原则。从小到大，多次修剪，线条流畅，按需成型。绿篱一般的设计高度是 60～140cm，超过 140cm 的为高大绿篱（也叫绿墙），起隔离视线的作用。修剪的技术要求是绿篱生长至30cm高时开始修剪，按设计类型，3～5 次修剪出雏形。修剪后，应清除剪下的枝叶，加强肥水管理，待新的枝叶长至 4～6cm 时，进行下一次修剪，前后修剪间隔时间不能过长，否则绿篱会失形。中午、雨天、强风、雾天不宜修剪。对于女贞、黄杨、刺柏，绿篱 1 年要修剪 3～4 次。对于玫瑰、月季、黄刺玫，绿篱应在开花后修剪。对于成型后的球体，每年应在生长期进行 2～3 次修剪，促使球面密生枝叶，如大叶黄杨球、小叶黄杨球、龙柏球和桧柏球等。对于各种造案绿篱则要经常修剪。

③ 绿篱修剪操作。目前，绿篱修剪多采用大篱剪手工操作，要求刀口锋利、紧贴篱面，不漏剪、少剪、重剪，旺长凸出部分多剪，弱长凹陷部分少剪，直线平面处可拉线修剪，造型（圆形、蘑菇形、扇形、长城形等）按型修剪，顶部多剪，周围少剪。绿篱定型以后的修剪，要求每次把新长的枝叶全部剪去，保持设计的规格形态。按规定高度、宽度剪去多余部分时，对于主干粗大的绿篱应先用手剪剪多余部分（注意一定不要使主枝劈裂），后用大平剪修平面（大平剪要端平）。

（3）绿篱病虫害及防治。

绿篱病虫害及防治见附录 2 中的附表 5。

5. 竹类养护技术要求

竹类尽量选择冬季阳光能够照射到的土地栽种，并将地面的砖头、瓦块、水泥、石头等杂物清除干净。竹子喜湿润，保持土壤湿润很重要，有效的办法是在竹子下面覆盖竹叶、树皮或者石块。种竹子时一定要带竹鞭，像一些大型竹子，如楠竹、斑竹、毛竹等，主要靠竹鞭发新竹笋，老杆是要淘汰的。

6. 竹类日常养护

（1）竹类浇水。

第一次水要浇透，以后保持土湿润即可，但也不可浇水过多，否则易烂根。竹子种植后还要经常向叶片喷水。如果土缺水，竹叶会卷曲，此种情况也应及时浇水。

竹类应于每年春季（3月左右）出笋前浇足催笋水，夏季浇足拔节水（平均 1~2d 浇水 1 次，雨季可视降雨情况浇水），秋季（11月、12月上旬）浇孕笋水，冬季过于干旱时可适当喷水保持土湿润即可。

竹子种植后，要淋定根水，不管刮风下雨，都要淋透竹子，并填实泥土。

（2）竹类间伐。

新竹萌发快，数量多，但大小不匀，应及时间伐。间伐一般每年进行两次，第一次在五六月间，第二次在七八月间杂草种子尚未成熟前进行。间伐时要去小留大，去弱留壮，去老留幼，去密留稀。每过 3~5 年，应间伐过密竹，保持竹林适当密度，保证通风透光。同时进行深翻、断鞭，将 4 年生以上的老鞭及每年砍伐后的竹篼挖出。间伐及竹篼挖出后，应及时用土杂肥填埋坑穴，保持林地平整。

（3）竹类施肥。

为促使竹子更新，提早成林，应及时追施肥料。最佳施肥时间为早春 3 月和 8~9 月。以农家肥和化肥并用效果为好。在秋冬季施入饼肥、土杂肥等有机肥，有利于孕笋越冬。在春、夏季节施入化肥，可及时满足竹子生长发育的需要。

竹林扩展的方法，在用地充裕和景观需要的条件下，在竹林计划延伸的方向深翻土壤，并施入土杂肥，可引导竹鞭延伸。

7. 地被植物养护技术要求

（1）地被植物生长良好，枝叶茂盛，无空秃。

（2）地表面不缺水，且大雨天过后及时排水。

（3）无明显病虫害，无杂草、枯叶。

（4）及时施肥，按时进行修剪及移植。

8. 地被植物日常养护

（1）抗旱浇水。

地被植物一般为适应性较强的抗旱品种，除非出现连续干旱无雨天气，否则一般不必人工浇水。当年繁殖的小型观赏和药用地被植物，应每周浇透水 2~4 次，以水渗入地下 10~15cm 处为宜。浇水应在上午 10 点前和下午 4 点后进行。

（2）增加土壤肥力。

在地被植物生长期内，应根据各类植物的需要，及时补充肥力。常用的施肥方法是喷施法，因此法适合于大面积使用，又可在植物生长期进行。此外，也可在早春、秋末或植物休眠期前后，结合加土进行微施法，对植物越冬很有利。还可以因地制宜，充分利用各地的堆肥、厩肥、饼肥、河泥及其他有机肥源。但应注意，所有堆肥必须充分腐熟、过筛后再使用。施肥前，应将地被植物的叶片剪除，然后将肥料均匀撒施。

（3）防止水土流失。

栽植地的土壤必须保持疏松、肥沃，排水一定要好。一般情况下，应每年检查一两次，暴雨后要仔细查看有无冲刷流失。对水土流失情况严重的部分地区，应立即采取措施堵塞漏洞，否则流失之处会继续扩大，造成难以收拾的局面。

（4）防止空秃。

在地被植物大面积栽培中，最怕出现空秃，尤其是成片的空秃发生后，很不雅观。因此，一旦出现，应立即检查原因，翻松土层。如为土质问题，应采取换土措施，并以同类型地被植物进行补秃，恢复美观。

（5）修剪平整。

一般低矮类型品种不需经常修剪，以粗放管理为主。但由于近年来各地大量引入开花地被植物，少数残花或花茎高的，须在开花后适当压低，或者结合种子采收适当整修。

（6）更新复苏。

在地被植物养护管理中，常因各种不利因素，成片地出现过早衰老。此时应根据不同情况，对表土进行刺孔，使其根部土壤疏松透气，同时加强肥水管理。对一些观花类的球根及鳞茎等宿根地被植物，须每隔 5~6 年进行 1 次分根翻种，否则也会引起自然衰退。

（7）地被群落的调整与提高。

地被植物栽培期长，但并非一次栽植后即一成不变。除了有些品种能自行更新复壮外，均需从观赏效果、覆盖效果等方面考虑，人为进行调整与提高。

7.1.2　草坪、绿篱、竹类、地被植物养护费用测算

1. 绿化养护费用测算

绿化养护的工作内容：浇水、施肥、修剪、病虫害防治、保洁、除草。

绿化养护费用测算表见表 7-1。

表 7-1　绿化养护费用测算表

项目名称		绿化养护			
		草坪	绿篱	竹类	地被植物
计量单位		$m^2 \cdot$ 年	$m^2 \cdot$ 年	$m^2 \cdot$ 年	$m^2 \cdot$ 年
基价/元		12.78	15.55	6.54	8.37
其中	人工费/元	5.57	6.62	4.90	5.38
	材料费/元	3.02	3.18	1.33	2.32
	机械费/元	4.19	5.75	0.31	0.67

续表

项目名称			绿化养护			
			草坪	绿篱	竹类	地被植物
名称	单位	单价/元	消耗量			
人工	综合工日	工日	96.00	0.058	0.069	0.051	0.056
材料	水	m³	5.00	0.332	0.404	0.194	0.296
	农药	kg	40.00	0.024	0.024	0.004	0.016
	化肥	kg	4.00	0.100	0.050	0.050	0.050
	涂白剂	kg	0.50				
机械	高空作业车	台班	395.94				
	洒水车（8000L）	台班	573.15		0.001		
	打药车（4000L）	台班	531.53	0.001	0.001	0.0001	0.0005
	载货汽车（4t）	台班	404.76	0.008	0.006	0.0005	0.001
	小型园林机械	台班	100.00	0.004	0.022	0.0004	
	机械费补差	台班	1.00	0.020	0.020	0.010	

2. 铺种草皮费用测算

铺种草皮的工作内容：翻土整地、清除杂物、搬运草皮、铺草皮、浇水、清理。

铺种草皮费用测算表见表 7-2。

表 7-2 铺种草皮费用测算表

项目名称			铺种草皮		
			点栽	播种	铺设
计量单位			m²	m²	m²
基价/元			11.51	6.89	20.07
其中	人工费/元		8.45	6.14	11.62
	材料费/元		3.06	0.75	8.45
	机械费/元				
名称	单位	单价/元	消耗量		
人工	综合工日	工日	96.00	0.088	0.064	0.121
材料	草皮	m²	7.00	0.330		1.100
	草皮种子	kg	22.66		0.020	
	水	m³	5.00	0.150	0.060	0.150

3. 绿篱补植及改植费用测算

绿篱补植及改植的工作内容如下。
（1）起挖绿篱：起挖、出坑、搬运集中、回土填穴。
（2）栽植绿篱：开沟、排苗、回土、筑水围、浇水、覆土、整形、清理。

绿篱补植及改植费用测算表见表 7-3。

表 7-3　绿篱补植及改植费用测算表

项目名称			绿篱补植及改植	
			起挖绿篱	栽植绿篱
计量单位			m	m
基价/元			10.66	11.02
其中	人工费/元		10.66	10.75
	材料费/元			0.27
	机械费/元			
	名称	单位	单价/元	消耗量
人工	综合工日	工日	96.00	0.111	0.112
材料	花苗	株	20.60		
	有机肥（土堆肥）	m³	285.00		
	水	m³	5.00		0.054

7.2　攀缘植物、球类植物、灌木、乔木

攀缘植物指具有细长茎蔓，并借助卷须、缠绕茎、吸盘或吸附根等特殊器官，依附于其他物体才能使自身攀缘上升的草本植物，可分为卷须类、缠绕类、吸附类和蔓生类，如爬山虎、茑萝、葛藤、常春藤等。

球类植物是经人工修剪、培育、养护，保持特定外形（一般以球形为主）的园林植物。球类植物根据蓬径大小分类，分为 100cm 以内、200cm 以内、200cm 以上几种规格。

灌木属于中等大小的植物,通常多呈丛生状态,无明显主干,分枝点离地面较近,有常绿灌木、落叶灌木之分。灌木根据冠丛高度分类,分为100cm以内、200cm以内、300cm以内、300cm以上几种规格。

乔木是服务区中体量最大的植物,通常分枝点高,具有单一的树干,而且树干和树冠有明显的区分,可分为常绿乔木和落叶乔木两种。乔木树形优美,树姿挺拔,线条流畅整齐,轮廓清晰,树膛通透,枝繁叶茂。乔木根据胸径大小分类,分为10cm以内、20cm以内、30cm以内、30cm以上几种规格。

7.2.1 攀缘植物、球类植物、灌木、乔木养护

1. 攀缘植物养护技术要求

(1) 攀缘植物枝叶生长茂盛,无枯枝、无病虫害。
(2) 攀缘植物叶色浓绿而有光泽,叶形一致。
(3) 攀缘植物有支撑或攀缘的空间,且水分充足、土地肥沃。

2. 攀缘植物日常养护

(1) 攀缘植物浇水。

新植和近期移植的各类攀缘植物,应连续浇水,至植株不浇水也能正常生长为止。尤其要掌握好3~7月植物生长关键时期的浇水量。由于攀缘植物根系浅、占地面积小,因此,在土壤保水力差或干旱的季节,应适当增加浇水次数和浇水量。

(2) 攀缘植物牵引。

牵引的目的是使攀缘植物的枝条沿依附物不断生长。特别要注意栽植初期的牵引。新植苗木发芽后,应做好植株生长的牵引工作,使其向指定方向生长;对攀缘植物的牵引,应设专人负责。从植株栽种后至植株本身能独立沿依附物攀缘为止,应依据攀缘植物种类、时期的不同,使用不同的牵引方法。

(3) 攀缘植物施肥。

施肥的目的是供给攀缘植物养分,改良土壤,增强植株的生长势。

① 施基肥应于秋季植株落叶后或春季发芽前进行；基肥的肥料应使用有机肥，施用量以每延长米 0.5～1.0kg 为宜。

② 施用追肥应在春季萌芽后至当年秋季进行，特别是 6～8 月雨水多或浇水足时，应及时补充肥力。追肥可分为根部施肥和叶面施肥两种。根部施肥又可分为密施和沟施两种。根部施肥每 2 周 1 次，每次施混合肥以每延长米 100g 为宜，施化肥以每延长米 50g 为宜。

③ 叶面施肥时，对以观叶为主的攀缘植物可以喷浓度为 5%的氮肥（如尿素），对以观花为主的攀缘植物可以喷浓度为 1%的磷酸二氢钾。叶面施肥宜每半个月 1 次。叶面施肥宜在早晨或傍晚进行，也可结合喷药一并喷施。

注意：使用有机肥时必须经过腐熟，使用化肥时必须粉碎、施匀；施用有机肥不应浅于 40cm，施用化肥不应浅于 10cm；施肥后应及时浇水。

（4）攀缘植物病虫害及防治。

攀缘植物的主要病虫害有蚜虫、螨类、叶蝉、天蛾、虎夜蛾、斑衣蜡蝉、白粉病等。

在防守上，应贯彻"预防为主，综合防治"的方针。栽植时应选择无病虫害的健壮苗，勿栽植过密，尽量保持植株通风透光，防止或减少病虫害发生。栽植后应加强攀缘植物的肥水管理，促使植株生长健壮，以增强植株抗病虫害的能力。及时清理带病虫的落叶、杂草等，消灭病源、虫源，防止病虫扩散、蔓延。

（5）攀缘植物修剪与间移。

攀缘植物修剪的目的是防止枝条脱离依附物，便于植株通风透光，防止病虫害及形成整齐的造型。修剪可以在植株秋季落叶后或春季发芽前进行，主要是剪掉多余枝条，减轻植株下垂的质量；为了整齐美观，也可在任何季节随时修剪，但对主要用于观花的种类，要在落花之后进行。攀缘植物间移的目的是使植株正常生长，减少修剪量，充分发挥植株的作用。间移应在休眠期进行。

3. 球类植物养护技术要求

① 球类植物生长良好，无缺枝、无空档。
② 修剪保持基本球形，弧线流畅，枝叶紧密、圆整、无脱节、无大空秃。
③ 植株生长健壮，规格基本一致。
④ 无明显有害生物危害，植物受害率控制在10%以下。
⑤ 无杂草、无垃圾、无碎石。

4. 球类植物日常养护

（1）球类植物修剪。
① 球类植物修剪的作用。
a. 抑制植物顶端生长优势，促使腋芽萌发、侧枝生长、球形丰满，利于修剪成型。
b. 加速成型，满足设计欣赏效果。
② 球类植物修剪的方法。

球类植物修剪最主要是打尖，特别是生长旺季，必须定期进行摘心或减梢。当苗木达到一定高度时，应及时修剪枝梢，使苗冠呈圆球形。当分枝抽出达20～25cm时，须再次修剪枝梢，形成次级侧枝，使球体逐年增大，同时剪去徒长枝、病虫枝和畸形枝。当因枝条枯死或有病虫枝造成观赏面出现空秃时，可选附近的密生枝经拉拽填补空缺后再进行修剪。如空缺较大，可将徒长枝摘心或短截，用木棍绑扎固定培养。注意疏除冠内的病虫枝、枯死枝、交叉枝、过密枝，以提高植株的通透性，防止出现"烧膛"。

③ 球类植物修剪的步骤。
a. 用长剪顺着一个方向从底端基部开始，对外露枝梢进行粗剪。
b. 粗剪后，观察球体是否圆整、对称，再通过细剪进行修整，最后将球体外表修圆。
④ 球类植物的修剪要求。因年内每次修剪剪口提高1cm，会使球体年年向外扩展，多年后仅剩下表面叶幕层。球体不断向外扩展，相应会导致生长空间狭小、拥挤，有的球体其造型会被破坏，有的

球体会出现与周边植物或建筑、小品比例严重失调的情况。为防止球体扩展过快，宜 3～4 年对球形类植物进行 1 次回缩修剪。

（2）球类植物浇水、施肥。

球类植物浇水、施肥可参考攀缘植物。

5. 灌木养护技术要求

灌木形状轮廓清晰，表面平整、圆滑、不露空缺、不露枝干，不同植物间的界面清晰，基部无土块、石块及杂草等杂物，保持清洁状态，病虫害控制在 3% 以下。常规修剪的单体灌木嫩梢不能超过 15cm。

（1）叶色、叶形协调，修剪得当。

（2）存活率达到 100%，并且无明显的有害生物危害状。

（3）排水通畅，雨后无积水，植株不得出现失水萎蔫现象。

（4）无大型、恶性、缠绕性杂草，且基本无影响景观面貌的杂草。

6. 灌木日常养护

（1）灌木浇水。

新栽植的灌木，前三次浇水非常重要。第一次浇水水量不宜过大，水流要缓慢，使土下沉，一般栽后 2～3d 内完成第二次浇水，一周内完成第三次浇水，前两次浇水的水量要足，每次浇水后要注意整堰，填土堵漏。浇水的时候要见干见湿，水要浇透，这样有利于苗木的根系与土壤充分结合，增加成活率。

灌木成活 2 年以上后，春季浇 1～2 次透水后，在生长季节雨水充足的情况下，就不需要浇水了。若遇干旱的天气，则要 5～7d 浇 1 次水；若遇过于干旱的天气，则要每 2～3d 浇 1 次，浇则浇透。一般还可根据灌木叶片的生长及土壤状况，判断是否需要浇水。

（2）灌木施肥。

基肥一般采用有机肥，在植物休眠期内施用。追肥一般采用化肥或复合肥，在植物生长期内施用。基肥应充分腐熟，按一定比例与细土混合后施用；化肥应溶解后再施用。干施化肥一定要注意均匀，用量宜少不宜多，施肥后必须及时充分浇水，以免伤根。

施肥次数：单体灌木应每年施基肥 1 次、追肥 1 次；色块灌木每年施基肥 1 次、追肥 2 次。

施肥用量：基肥，单体大灌木不少于 5kg/（株·次），色块灌木和绿篱不少于 0.5kg/（m²·株）；追肥，一般按 0.3%～0.5%浓度的溶解液施用。干施化肥，单体灌木不超过 140g/（株·次），色块灌木和绿篱不超过 30g/（m²·次），施肥后应立即浇透水。

（3）灌木病虫害及防治。

灌木病虫害及防治见附录 2 中的附表 5。

（4）灌木中耕除草。

每年初春，灌木的中耕除草一般结合浇灌和施肥进行，中耕深度在土下 5～10cm 为宜。

（5）灌木修剪与整形。

① 根据灌木生长状态修剪与整形。

a. 幼树生长旺盛，以整形为主，宜轻剪。严格控制直立枝，斜生枝的上位芽在冬剪时应剥掉，防止生长直立枝。一切病虫枝、干枯枝、人为破坏枝、徒长枝等用疏剪方法剪去。丛生花灌木的直立枝，选生长健壮的加以摘心，促其早开花。

b. 壮年树应充分利用立体空间，促使其多开花。于休眠期修剪时，在秋梢以下适当部位进行短截，同时逐年选留部分根蘖，并疏掉部分老枝，以保证枝条不断更新，保持丰满的株形。

c. 老弱树木以更新复壮为主，采用重短截的方法，使营养集中于少数腋芽，萌发壮枝，及时疏除细弱枝、病虫枝、枯死枝。

② 根据灌木生长季节修剪与整形。

落叶花灌木依修剪时间，可分为冬季修剪（休眠期修剪）和夏季修剪（开花后修剪）。冬季修剪一般在休眠期进行。夏季修剪在花落后进行，目的是抑制营养生长，增加全株光照，促进花芽分化，保证来年开花。夏季修剪宜早不宜迟，这样有利于控制徒长枝的生长，若修剪时间稍晚，很容易长出直立枝、徒长枝。如空间条件允许，可用摘心法生出二次枝，以增加开花枝的数量。

（6）灌木补植。

一般在每年春秋两季进行灌木的补植。需要注意，补植的灌木品种和规格需与原有的灌木一致，否则会造成灌木不平整，不能达到整体统一的效果。

7. 乔木养护技术要求

（1）冠形圆整，枝叶生长正常，叶色正，无枯枝、烂头。

（2）树坛内无积水，暴雨后能及时排水，并保证植株不出现失水萎蔫现象。

（3）对死株、空秃处及时补种到位，树木存活率达到100%，并无明显的有害生物危害状。

（4）无大型、恶性、缠绕性杂草，基本无影响景观面貌的杂草。

（5）绿地内无垃圾、碎石，且基本无沉积落叶。

8. 乔木日常养护

（1）乔木浇水。

乔木浇水的原则是：见干见湿，适时适量，足量不积水。乔木的浇水时期由乔木在一年中各个时期对水分的要求、气候特点和土壤水分的变化规律等因素决定，除了新植的乔木需要较大量的定植定根水外（新植乔木3年内），大体可以分为休眠期浇水和生长期浇水两个时期。

① 休眠期浇水。

休眠期浇水是指在秋冬和早春季节浇水。京津冀等地降水量相对较少，在8月中下旬至9月中上旬要对乔木浇上冻水（封冻水），在冬季结冻时会放出潜热，有利于乔木安全过冬。浇水量控制在浇透为止，浇后要将围堰土均匀覆盖在树基部。在3月中旬至4月中下旬要对乔木浇返青水（化冻水），有利于新梢和叶片茁壮生长，并有利于乔木开花与坐果。

② 生长期浇水。

生长期浇水分为开花前浇水、开花后浇水、花芽分化期浇水。

a. 开花前浇水：春季具有干旱、风多、少雨的特点（北方尤其明显），及时浇水补充土壤水分的不足，是促进乔木萌芽、开花、新梢生长和提高坐果率的重要措施，同时还有防止春寒、晚霜害及压碱的作用。

b. 开花后浇水：乔木在开花后半个月左右是新梢的迅速生长期，在此季节适当浇水，可以促进新梢和叶片生长，扩大同化面积，增强光合作用，提高坐果率和增大果实，对后期的花芽分化也有一定的促进作用。

c. 花芽分化期浇水：乔木在新梢生长缓慢或停止生长时，花芽开始分化，这时要及时适量浇水，可促进春梢生长而抑制秋梢生长，有利于花芽分化及果实发育。

③ 浇水量。

一般在有条件灌溉时，要灌饱灌足，切忌浇表皮水。一般浇水应令其渗透到 80～100cm 深处，一般达到土壤持水量的 60%～80% 为宜。

④ 浇水时间。

一般夏季中午温度高时（上午 8 点后至下午 3 点半前）不宜浇水，避免温差较大造成植物死亡。此外，夏季浇水时应把水管中的余水排掉再浇，避免热水烫伤植物根系。

⑤ 乔木排水。

土壤水分长期保持饱和状态，会造成土壤氧气不足，抑制根系呼吸，减退呼吸机能；严重缺氧时，甚至会引起根系死亡，植株枯死。因此，在雨季要进行乔木的排涝保墒作业。

（2）乔木施肥。

乔木为多年生植物，长期生长在同一地点，施肥种类以有机肥为主，同时适当使用化肥；施肥方式以基肥为主，兼施追肥。在水分充足的条件下，氮肥的充足供应是保证植物从新梢生长到生长盛期的基础。新梢生长到了放缓期，还需补充磷钾肥以延缓叶片老化，增强叶片光合作用的能力，更多地积累营养物质，提高植物的抗寒能力。磷钾肥更有利于花芽的分化形成和植物根系的生长。

① 基肥的使用时期。

基肥是在较长时期内供给乔木养分的基本肥料，一定要早施，所以宜施迟效性有机肥料，如腐熟的畜肥等。秋施基肥要抓住植物根系秋季生长的高峰期，这时伤根容易愈合，可发出新根。在施基肥时宜适量加入部分速效肥料，以增加树体的营养积累、增强乔木的越冬能力，并能为来年的植物生长发育提供物质保证。有机肥能够提高土壤的空隙度，使土壤疏松透气。对防止土壤春冬干旱、保护根系、促进春季根系的生长有非常重要的作用。

② 追肥的使用时期。

追肥一般根据乔木一年中各物候期的需肥特点及时施用，以调节植物生长发育的供需矛盾。对开花较早的乔木要在开花后及时追肥。对初栽的乔木在每年的生长期进行1~2次追肥，分别在3月中下旬至4月上旬进行一次追肥（以氮肥为主），在5月下旬至6月中下旬进行一次追肥（以磷钾肥为主）。

(3) 乔木病虫害及防治。

乔木病虫害及防治见附录2中的附表5。

(4) 乔木除草。

除草对新植乔木很重要，一般每年应进行2~3次，将种植穴及附近的杂草铲除，避免杂草与新植乔木争夺水分和养分。秋季除草时可结合除草在新植乔木根际培土，春季除草时可结合除草将培土扒开，做树盆进行浇水作业，在7~8月的杂草生长盛期可进行集中拔草。

(5) 乔木修剪与整形。

① 修剪枝条的剪口应平滑。修剪疏枝的剪口，应于分枝点处剪去，与树干平，不留残桩。由于剪口芽的方向决定新梢的生长方向和枝条的生长方向，因此在选择剪口芽的方向时，应从树冠内枝条的分布状况和期望新枝长势的强弱考虑：需向外扩张树冠时，剪口芽应留在枝条外侧；欲填补内膛空虚时，剪口芽方向应朝内；对生长过旺的枝条，为抑制其生长时，以弱芽当剪口芽；扶弱枝时，选饱满的壮芽当剪口芽。

② 对较大的树枝和树干修剪时，可采用分步作业法。先在离要求锯口上方20cm处，从枝条下方向上锯一切口，深度为枝干粗度的一半，再从上方将枝干锯断，留下一条残桩，然后从锯口处锯除残桩，这样可避免枝干劈裂。在锯除较大的枝干时，锯口一定要平整，并用20%的硫酸铜溶液来消毒，最后涂上保护剂（保护蜡、调和漆等），以起防腐、防干和促进愈合的作用。

(6) 乔木补植。

为保持服务区环境的优美一致，保持原设计风格，应对死亡乔木进行适时补植。一般根据乔木生长习性和当地气候，选择最适宜的季节补植，并最好选择在无风的阴雨天进行。行道乔木补植需要树体形状、大小、规格一致，高矮差异不宜过大，按补植前的定点放线位置，将树形优美的一面朝向观赏面。对再生能力弱、树皮薄、树干外露的孤植乔木，要按原生长面定植，避免日灼。为保证成活率，在补植前要对树穴进行杀菌消毒；对名贵树种，还需施加树木生根粉和树木营养液。

① 裸根苗补植。先将树苗放入坑内，树身扶直后填土，填至一半时，轻轻提苗，使苗根自然向下舒展，土壤与根系紧密接触，并将土踩实，然后边埋边提苗，直至苗木深度合适。树坑填满后再踩实一遍，最后盖上松土与树木根颈持平即可浇定植水。

② 带土球的补植。先量好已挖树坑，检查是否符合土球大小。一般树坑直径要比土球直径大30cm。树坑的形状为上下一致的水桶形，不可为上大下小的锅底状。在补植时，一定要保护好土球，切勿将土球弄散。踩土夯实时，不要踩提土球，以免土球松散影响成活。

回填土技巧：进行回填时，先填地表土，再填地下土；在土质贫瘠、土壤理化性质不符合补植时，要换土。

③ 浇水。苗木定植后，应立即浇透水，以利于根系与土壤紧密结合，确保成活。浇完定植水后，应及时检查，有无跑水、漏水、露根现象，及时发现并填土处理；两天后，浇第二遍灌缝水，并修树坑；一周后浇第三遍补根水，有条件的还可给树体喷水，以提高成活率和发芽率。

④ 立支架。对大规格新栽乔木，应立支架固定，防止乔木因过大、根基不稳而无法成活。一般落叶乔木固定期为3~5年，常绿乔木固定期为5~7年。在确定乔木所生根系不再需要支架后方可拆除。支架与乔木接触部位应加防隔离物，以免蹭坏树皮。

（7）此外，还应及时做好防大风、防汛工作，大风后进行乔木立支柱检查、绑扎、疏枝等工作，暴风雨过后对倒伏乔木做好扶正工作。

7.2.2 攀缘植物、球类植物、灌木、乔木养护费用测算

1. 绿化养护费用测算

绿化养护的工作内容：浇水、施肥、修剪、病虫害防治、保洁、除草。

绿化养护费用测算表见表 7-4。

表 7-4 绿化养护费用测算表

项目名称			绿化养护			
			攀缘植物	球类植物	灌木	乔木
单位			$m^2 \cdot$ 年	株·年	丛·年	株·年
基价/元			3.54	10.40	16.49	91.74
其中	人工费/元		2.50	4.90	4.03	45.60
	材料费/元		0.69	3.01	9.54	17.00
	机械费/元		0.35	2.49	2.92	29.14
	名称	单位	单价/元	消耗量		
人工	综合工日	工日	96.00	0.026	0.051	0.042	0.475
材料	水	m^3	5.00	0.066	0.048	0.643	0.966
	农药	kg	40.00	0.004	0.036	0.133	0.198
	化肥	kg	4.00	0.050	0.332	0.250	0.500
	涂白剂	kg	0.50				4.500
	高空作业车	台班	395.94				0.050
	洒水车（8000L）	台班	573.15		0.002		
	打药车（4000L）	台班	531.53	0.0001	0.001	0.004	0.010
	载货汽车（4t）	台班	404.76	0.0005	0.002	0.002	0.005
	小型园林机械	台班	100.00	0.0008			0.020
	机械费补差	台班	1.00	0.010		0.020	

2. 灌木补植费用测算

灌木补植的工作内容如下。

（1）起挖灌木：起挖、包扎、出坑、搬运集中、回土填坑。

（2）栽植灌木：挖坑、栽植、浇水、覆土保墒、整形、清理。灌木补植费用测算表见表 7-5。

表 7-5 灌木补植费用测算表

项目名称				灌木补植			
				起挖灌木		栽植灌木	
				带土球	裸根	带土球	裸根
计量单位				棵	棵	棵	棵
基价/元				34.50	9.31	22.18	10.72
其中	人工费/元			21.50	9.31	21.50	10.27
	材料费/元			13.00		0.68	0.45
	机械费/元						
	名称	单位	单价/元	消耗量			
人工	综合工日	工日	96.00	0.224	0.097	0.224	0.107
材料	草绳	kg	6.50	2.000			
	水	m³	5.00			0.135	0.090

3. 起挖乔木（带土球）费用测算

起挖乔木（带土球）的工作内容：起挖、包扎、出坑、搬运集中、回土填坑。

起挖乔木（带土球）费用测算表见表 7-6。

表 7-6 起挖乔木（带土球）费用测算表

项目名称		起挖乔木（带土球）		
		土球直径 50cm 以内	土球直径 100cm 以内	土球直径 200cm 以内
计量单位		棵	棵	棵
基价/元		38.22	252.43	1506.06
其中	人工费/元	18.72	135.46	871.10
	材料费/元	19.50	75.14	367.82
	机械费/元		41.83	267.14

续表

项目名称				起挖乔木（带土球）		
				土球直径 50cm 以内	土球直径 100cm 以内	土球直径 200cm 以内
	名称	单位	单价/元	消耗量		
人工	综合工日	工日	96.00	0.195	1.411	9.074
材料	草绳	kg	6.50	3.000	10.000	51.750
	镀锌铁丝（8#～12#）	kg	5.90		1.010	2.110
	麻袋	m²	3.80		1.100	5.000
机械	机械费	元	1.00		41.830	
	汽车式起重机（25t）	台班	1780.93			0.150

4. 起挖乔木（裸根）费用测算

起挖乔木（裸根）的工作内容：起挖、包扎、出坑、搬运集中、回土填坑。

起挖乔木（裸根）费用测算表见表 7-7。

表 7-7 起挖乔木（裸根）费用测算表

项目名称				起挖乔木（裸根）		
				胸径 10cm 以内	胸径 20cm 以内	胸径 30cm 以内
计量单位				棵	棵	棵
基价/元				23.33	150.21	314.11
其中	人工费/元			23.33	108.38	235.58
	材料费/元					
	机械费/元				41.83	78.53
	名称	单位	单价/元	消耗量		
人工	综合工日	工日	96.00	0.243	1.129	2.454
机械	机械费	元	1.00		41.830	
	汽车式起重机（12t）	台班	981.58			0.080

5. 栽植乔木（带土球）费用测算

栽植乔木（带土球）的工作内容：挖坑、栽植、浇水、覆土保墒、整形、清理。

栽植乔木（带土球）费用测算表见表 7-8。

表 7-8　栽植乔木（带土球）费用测算表

项目名称			栽植乔木（带土球）		
			土球直径 50cm 以内	土球直径 100cm 以内	土球直径 200cm 以内
计量单位			棵	棵	棵
基价/元			22.18	130.96	677.65
其中	人工费/元		21.50	98.98	483.65
	材料费/元		0.68	2.70	7.00
	机械费/元			29.28	187.00
	名称	单位	单价/元	消耗量	
人工	综合工日	工日	96.00	0.224	1.031	5.038
材料	水	m³	5.00	0.135	0.540	1.400
机械	机械费	元	1.00		29.280	
	汽车式起重机（25t）	台班	1780.93			0.105

6. 栽植乔木（裸根）费用测算

栽植乔木（裸根）的工作内容：挖坑、栽植、浇水、覆土保墒、整形、清理。

栽植乔木（裸根）费用测算表见表 7-9。

表 7-9　栽植乔木（裸根）费用测算表

项目名称	栽植乔木（裸根）		
	胸径 10cm 以内	胸径 20cm 以内	胸径 30cm 以内
计量单位	棵	棵	棵
基价/元	26.15	186.04	353.11

续表

项目名称			栽植乔木（裸根）		
			胸径10cm以内	胸径20cm以内	胸径30cm以内
其中	人工费/元		25.25	152.26	276.86
	材料费/元		0.90	4.50	5.00
	机械费/元			29.28	71.25
	名称	单位	单价/元	消耗量	
人工	综合工日	工日	96.00	0.263	1.586	2.884
材料	水	m³	5.00	0.180	0.900	1.000
机械	机械费	元	1.00		29.280	
	汽车式起重机（16t）	台班	1272.40			0.056

7.3 花坛、花境、景观、小品

花坛是在植床内对观赏花卉采取规则式种植的配置方式，属于在一定范围的畦地上，按照整形式或半整形式的图案，栽植观赏植物，以表现花卉群体美的园林设施。花坛主要用在规则式园林的建筑物前、入口、广场、道路旁或自然式园林的草坪上。

花境是园林绿地中又一种特殊的种植形式，是以树丛、树群、绿篱、矮墙或建筑物作背景的带状自然式花卉布置。花境可设置在公园、风景区、街心绿地、家庭花园及林荫路旁，带状的布置方式可在小环境中充分利用边角、条带等地段，还可起到分隔空间和引导游览路线的作用。

服务区的景观、小品包括景墙、雕塑、花钵、陶罐、花箱等。

7.3.1 花坛、花境、景观、小品养护

1. 花坛、花境养护技术要求

（1）应根据天气情况，保证水分供应，宜在清晨浇水。浇水时，

应防止将泥土冲到茎叶上。花坛、花境应做好排水措施，防止雨季积水。

（2）及时做好病虫害防治工作。

（3）花坛、花境的保护设施应保持完好。及时清除花坛内枯萎的花蒂、黄叶、杂草、垃圾，及时补种、换苗。花坛内缺株倒苗一级不得超过 10%，二级不得超过 15%；基本无枯枝残花，一级残花量不得大于 15%，二级残花量不得大于 20%。

（4）花坛、花境的花卉植株冠幅基本完整，主侧枝分布匀称、数量适宜、修剪合理，开花及时、颜色正常、清洁，开花后修剪及时，无死株。

（5）花坛、花境轮廓清晰、整齐美观。成片种植的花卉整齐一致，覆盖率在 95%以上，杂草率不得超过 2%。

2. 花坛、花境常用花卉

（1）花坛常用花卉。

由于各种花卉都有一定的花期，要使花坛（特别是设置在重点绿化地区的花坛）一年四季都有花，就必须根据季节和花期经常进行更换。每次更换都要按照绿化施工养护中的要求进行。更换的常用花卉如下。

① 春季花坛：以 4～6 月开花的一二年生草花为主，再配合一些盆花。常用的花卉有：三色莲、金盏菊、雏菊、桂竹香、矮一串红、月季、瓜叶菊、旱金莲、天竺葵、茼蒿菊等。

② 夏季花坛：以 7～9 月开花的春播草花为主，配以部分盆花。常用的花卉有：石竹、百日草、半枝莲、一串红、矢车菊、美女樱、凤仙、大丽花、翠菊、万寿菊、高山积雪、地肤、鸡冠花、扶桑、五色梅、宿根福禄考等。夏季花坛根据需要可更换一两次，也可随时调换花期过了的部分种类。

③ 秋季花坛：以 9～10 月开花的春播草花为主，配以部分盆花。常用的花卉有：早菊、一串红、荷兰菊、滨菊、翠菊、日本小菊、大丽花及经短日照处理的菊花等。配置模纹花坛可用五色草、半枝莲、香雪球、彩叶草、石莲花等。

（2）花境常用花卉。

适于花境栽植的花卉很多，常用的花卉可分为以下种类。

① 春季开花的种类有：金盏菊、飞燕草、桂竹香、紫罗兰、山楼斗菜、荷包牡丹、风信子、花毛茛、郁金香、蔓锦葵、石竹类、马蔺、鸢尾类、铁炮百合、大花亚麻、芍药等。

② 夏季开花的种类有：蜀葵、射干、美人蕉、大丽花、天人菊、唐菖蒲、向日葵、萱草类、矢车菊、玉簪、鸢尾、百合、宿根福禄考、桔梗、晚香玉、葱兰等。

③ 秋季开花的种类有：荷花菊、雁来红、乌头、百日草、鸡冠花、凤仙、万寿菊、醉蝶花、麦秆菊、硫华菊、翠菊、紫茉莉等。

3. 花坛、花境日常养护

（1）每年早春要进行中耕、施肥和补栽，有时还要更换部分植株，或播种一二年生花卉。对于不需人工播种、自然繁衍的种类，也要进行定苗、间苗，不能任其生长。

（2）在生长季中，要经常注意中耕、除草、除虫、施肥、浇水等。

（3）对于枝条柔软或易倒伏的种类，必须及时搭架、捆绑固定，还要及时清除枯萎落叶，保持花坛、花境整洁。

（4）对于苗木防寒越冬，有的需要挖出放入室内过冬，有的需要在苗床上采取防寒措施越冬。

（5）花坛、花境浇水。

花坛、花境浇水原则：均匀、适时、适量。

① 浇水最好用河、池塘和水系等已储存一段时间的水源，这是因为地下水（或自来水）温度往往与地面温度相差较大，对植物生长会起到抑制作用（尤其是炎热的夏季更要注意）。

② 花卉宜使用细孔喷壶或雾状喷灌系统喷水，以免水力过大将小苗冲倒并污染叶面，再者水流过大也不利于土壤吸水。

③ 幼苗栽植后的灌溉对幼苗的成活影响很大，幼苗会因干旱而使生长受到阻碍，甚至死亡。一般情况下在移植后要随即灌一次透水；过 2~3d 后，灌第二次水；再过 4~5d，灌第三次水。浇水完成后要及时松土。

④ 盆栽应季草花要加大浇水频次，一般情况下每天要浇水1~2次。

⑤ 浇水时间宜在上午10点前，下午2点后。

（6）花坛、花境施肥。

花卉大部分属于草本植物，其对肥料的敏感程度要大于其他植物类别，如果土壤养分不足、不全面，则会严重影响其开花，影响景观效果。花卉施肥大致分为基肥和追肥，这里的施肥主要指宿根花卉施肥，应季草花一般情况下施用少量叶面肥即可。

① 基肥。基肥以有机肥为主，常用的有堆肥、饼肥、骨粉、动物干粪等，有机肥的使用必须注意的是，所有肥料必须经过充分腐熟、过筛并均匀撒施，否则会有难闻气味。基肥也可以采用复合肥与有机肥按一定比例（一般为1:3）混合而成。基肥施用一般情况下都是随整地一同将肥料翻入土壤内，是在栽植前施用。

② 追肥。追肥是补足基肥的不足，以满足宿根花卉不同生长发育阶段的需求，常用的是复合肥。在生长旺盛期（开花前），可喷施叶面肥，施用浓度一般不宜超过0.1%~0.3%。叶面肥常用的有尿素、磷酸二氢钾等。宿根花卉在幼苗时期的追肥，主要目的是促进其茎叶的生长，氮肥成分可稍多一些，花期以磷钾肥为主，少施（或不施）含氮量过高的肥料。

宿根花卉追肥一般为3次，第一次在春季开始生长后，第二次在开花前，第三次在花期后。对于一些花期较长的宿根花卉，如美人蕉、月季等，在花期也可适当给予追肥，以补充连续开花对养分的需要，以利于延长花期。

（7）花坛、花境松土、除草。

松土、除草是花坛、花境养护的重要环节。

① 种植土壤表层因降雨、浇水、施肥等因素影响，会逐渐板结而妨碍土壤的透水通气性能。松土的目的是为宿根花卉根系的生长和养分吸收创造良好的条件。松土的深度要依花卉根系的深浅及生长时期而定，避免伤及花卉根系。松土时，株间处应深耕，近植株处应浅耕，深度一般为3~5cm，1~3月/次。

② 花卉除草要以人工防除为主，尽可能地不使用化学防治（因目前针对花卉的除草剂很少见，性能也不稳定，很容易对其他植物造成伤害）。

③ 花卉养护的松土、除草、施肥可结合进行,以提高工作效率。
(8) 花坛、花境修剪。

大部分宿根花卉一般不用修剪,可自然生长,不用人为控制。需要修剪的一般有以下几种情况。

① 入冬前的修剪:北方及南方部分花卉进入冬季后,地上部分枯萎已不具备观赏性,此类花卉要进行修剪。需要修剪的花卉大体可分为两类:一类是草本花卉,修剪时地上部分只留2cm左右;另一类是木本花卉,此类花卉需要进行适当修剪,如需防寒保温的要进行重剪(地上部分只留5~10cm,如北方的月季),不需防寒保温的要进行抽剪。

② 为增加开花次数进行的修剪:此类修剪是指部分花卉在第一次开花后及时进行修剪会促使其第二次开花,如月季、假龙头等。

③ 对失去观赏价值的枝条、残花进行的修剪:对病虫枝、残枝、残花等进行修剪(或摘除),以提高观赏性,并改善植株的通风透光条件,减少养分的消耗。

(9) 花坛、花境栽植。

栽植时考虑到多方面因素,主要有两种栽植方式:一是稀植,这种栽植方式成本低但短期内观赏效果不好;二是密植,这种栽植方式会影响通风条件和后期分根(增加养护成本)。一般株行距以20cm×20cm或14cm×25cm为宜,正常情况下,这种距离能够满足观赏和养护两方面的要求(一般每株至少要保证3芽)。栽植时不要栽植得过深,这样容易导致根系呼吸不畅,最终导致花卉长势不好或死亡;也不要栽植得过浅,这样容易导致根系外露,最终导致花卉死亡。栽植的标准为,覆土土层高度与花卉原(移栽前)高度保持一致。栽植后浇水的过程会使土壤流失(或沉降),导致根系外露,这时要及时对根系周边进行覆土,以保护根系。

(10) 花坛、花境防寒越冬。

宿根花卉防寒越冬的目的是保证其越冬存活和翌年的生长发育。因南北方花卉越冬条件存在很大差异,所以这里只介绍几种常见的防寒越冬方法,不对具体花卉做详细描述。

① 覆盖法。即采用覆盖物将需要保护的植物进行包裹或覆盖,以达到防寒保温的目的。常见的覆盖法是使用塑料布、绿色无纺布或草帘子(北方地被植物防寒常见)进行处理。

② 培土法。即对植物进行培土（或根部培土），以达到保温防寒的目的。一般情况下，培土法都是结合覆盖法和浇水法一并进行的。

③ 浇水法。即入冬前（温度达到0℃以下）对植物进行灌透水，以达到防寒越冬的目的。

④ 异地越冬法。即进入冬季后，将植物移至能够保证其安全越冬的区域进行养护。常见的采取异地越冬法的是北方种植的美人蕉及摆放的南方花卉，北方美人蕉需在入冬前将地下根茎挖出，移至温度为5~8℃的区域，并用细沙进行覆盖处理。

4. 景观、小品养护技术要求

（1）景观、小品整洁、完好。

（2）有喷泉的服务区的喷泉运行良好、水质清洁、无堵塞。

（3）木质结构亭子整洁、不掉漆、不起皮、干净。

（4）石质亭子不漏雨、不变形。

5. 景观、小品日常养护

（1）木质结构亭子油漆防护每年1次。根据原亭子油漆颜色选油漆，一般用清漆或木蜡油，油漆翻新的施工应符合设计和有关施工技术规范的要求，确保工程质量。

油漆前，应对表面进行彻底处理（包括清洁、修补、除锈、打磨、防锈等），油漆应均匀涂刷，色调均匀，颜色符合设计要求。完工后的漆面应平整、光滑、无漏刷、脱皮、斑纹、流坠、漆珠、微孔和发裂等现象。

（2）石质亭子中的坐凳、花钵、陶罐应摆放合理，安放牢固，无破损、残缺；亭子中摆放的花草等若发现枯萎、死亡，需及时更换。

（3）喷泉等水景设施应定期检查水源、水泵、电缆线路是否漏电，确保设施处于良好状态，如发生故障应立即维修，如发生漏电应立即断电，并采取安全保护措施。对管道系统、喷头等每月清洗1次，水体每月更换1次，保持水质清洁。

（4）定期检查小品、雕塑是否完好，每天进行清洁保养，发现破损应及时修补、更换。

（5）铁制品、钢结构、铁制栏杆应阴阳角方正、块件顺直、除锈干净、无脱焊和漏焊。铁制品、钢结构、铁制栏杆应每年油漆 1 次，要求颜色一致，平整光滑，无漏刷、脱皮、斑驳、流坠、皱纹。

（6）木制品、木构件等应每年油漆 1 次，严重变形或腐烂的木制品、木构件应及时更换。

（7）其他易损坏、易腐烂的材料（如麻绳等）应及时更换。

7.3.2 花坛、花境、景观、小品养护费用测算

1. 栽植花卉费用测算

栽植花卉的工作内容：翻土整地、清除杂物、施基肥、放样、栽植、浇水、清理。

栽植花卉费用测算表见表 7-10。

表 7-10 栽植花卉费用测算表

	项目名称			栽植花卉
	计量单位			m^2
	基价/元			1476.72
其中	人工费/元			24.29
	材料费/元			1452.43
	机械费/元			
	名称	单位	单价/元	消耗量
人工	综合工日	工日	96.00	0.253
材料	花苗	株	20.60	70.000
	有机肥（土堆肥）	m^3	285.00	0.035
	水	m^3	5.00	0.090

2. 木材面油漆翻新费用测算

木材面油漆翻新的工作内容：木质原旧漆膜清除至油漆成活的全部工序。

木材面油漆翻新费用测算表见表 7-11。

表 7-11 木材面油漆翻新费用测算表

项目名称			木材面油漆翻新
计量单位			m²
基价/元			67.10
其中	人工费/元		56.26
	材料费/元		10.84
	机械费/元		
	名称	单位	单价/元	消耗量
人工	综合工日	工日	96.00	0.586
材料	清油（Y00-1）	kg	17.00	0.012
	油漆溶剂油	kg	7.00	0.067
	大白粉	kg	0.22	0.103
	色粉	kg	4.50	0.002
	石膏粉	kg	0.80	0.047
	酚醛清漆	kg	8.50	0.004
	醇酸清漆	kg	12.89	0.182
	醇酸漆稀释剂	kg	7.60	0.027
	汽油	kg	9.52	0.052
	催干剂	kg	35.00	0.003
	砂纸	张	0.50	0.320
	酚醛调和漆	kg	19.00	0.019
	光油	kg	12.00	0.055
	脱漆剂	kg	16.00	0.348
	钢丝棉	卷	0.90	0.054
	其他材料费	元	1.00	0.110

其他材质的小品如铁制品、钢结构、铁制栏杆、石材等，根据市场及当地情况，酌情测算费用。

第 8 章 服务区标志、标牌、标识与标线养护

8.1 标　　志

服务区标志主要分为引导标志和区域标志两种。引导标志是用于明确地为司乘人员提供到达加油站、停车场、公共厕所、餐厅等设施的路径指引。例如，服务区应根据总平面布置形式设置加油站或停车场指示标志，在服务区入口匝道末端应设置明确的分车型停车场指示标志，停车场应设置去往公共厕所、餐厅、超市等各处的指示标志。区域标志是用于标示该区域可以提供的服务。例如，停车场应设置各车型停车标志、公共卫生间标志、餐厅标志等。

8.1.1 标志养护

1. 标志养护技术要求

（1）标志牌及支柱无变形、损坏、污渍或腐蚀。
（2）标志牌鲜明，油漆及反光材料无脱落、褪色。
（3）标志位置不能移动，角度适合，基础情况完好。
（4）标志的照明装置功能正常。
（5）标志无折断、丢失。

(6) 可变信息标志的电源、显示器、主控制机、输送线路等工作状态正常。

2. 标志日常养护

(1) 标志有污渍时，应进行清洗；有树木等遮蔽时，必须清除阻碍视线的物体。

(2) 标志牌变形或支柱弯曲、倾斜，应尽快修复。

(3) 标志牌、支柱损伤或生锈引起油漆剥落，当其范围不大时，可对剥落部分重新油漆；当油漆严重剥落或褪色时，应将整个标志牌、支柱重新油漆。

(4) 标志牌或支柱松动，应及时紧固。

(5) 标志基础部分破损，应及时进行加固修补。

(6) 应有专职人员对可变信息标志的各部件进行定期整修。

(7) 由于腐蚀（生锈）、破损而造成辨认性能下降，或夜间反光标志反射能力降低的标志，应予更换。缺失的标志，应及时补充。已丧失功能或功能下降的可变信息标志和部件，应及时更换。

8.1.2 标志养护费用测算

1. 标志日常养护费用测算

标志日常养护工作内容：标志清洗、修复、刷油漆，材料场内运输，清理现场等。

标志日常养护费用测算表见表 8-1。

表 8-1 标志日常养护费用测算表

项目名称		标志日常养护		
		标志清洗	标志牌修复	标志牌刷油漆
计量单位		10 套	10 套	10 套
基价/元		177.02	363.04	275.22
其中	人工费/元	108.86	362.88	227.33
	材料费/元	68.16	0.16	47.89
	机械费/元			

续表

项目名称			标志日常养护		
			标志清洗	标志牌修复	标志牌刷油漆
	名称	单位	单价/元	消耗量	
人工	综合工日	工日	96.00	1.134	3.780	2.368
材料	棉纱头	kg	5.40	0.370		
	清洗剂(500mL)	瓶	18.38	2.500		
	水	m³	5.00	3.700		
	破布	kg	4.20	0.370		0.400
	砂纸	张	0.50			2.860
	调和漆	kg	10.50			3.730
	溶剂汽油(200#)	kg	10.36			0.420
	其他材料费	元	1.00	0.160	0.160	1.260

2. 更换标志牌、标志费用测算

更换标志牌、标志的工作内容：设置安全工作区、拆除旧标志、安装新标志、材料场内运输、清理现场等。

更换标志牌、标志费用测算表见表 8-2。

表 8-2 更换标志牌、标志费用测算表

项目名称			更换标志牌	更换标志
计量单位			10 套	10 套
基价/元			26747.13	284.65
其中	人工费/元		1205.18	244.99
	材料费/元		25541.95	39.66
	机械费/元			
	名称	单位	单价/元	消耗量
人工	综合工日	工日	96.00	12.554	2.552
材料	标志牌	套	2491.65	10.100	
	标志	套	—		10.100
	水泥(32.5 级)	t	360.00	0.582	
	中砂	t	30.00	1.198	

续表

项目名称				更换标志牌	更换标志
材料	碎石	t	42.00	2.445	
	水	m³	5.00	0.322	
	现浇混凝土［C20～C40（中砂碎石）］	m³	—	1.790	
	螺栓	个	0.40		60.000
	其他材料费	元	1.00	26.520	15.660

8.2 标　　牌

服务区标牌有方向箭头标牌、接待标牌、门牌等。

8.2.1 标牌养护

1. 标牌养护技术要求

（1）有边框的标牌用紧固螺钉紧固，不松动。用胶粘贴的标牌粘贴牢固，不脱落。

（2）标牌上的文字、符号不缺失和模糊不清。

（3）标牌表面没有折痕、皱纹、自卷、撕裂和黏结剂渗出等现象。

（4）标牌表面没有裂纹和明显的擦伤丝纹，也没有影响其清晰的锈迹、斑点、暗影；涂镀层没有气孔、气泡、雾状、污迹、皱纹、剥落及明显的颗粒杂质。

2. 标牌日常养护

（1）标牌应每半年进行1次保洁，保持标牌清晰。

（2）发现标牌破损、裂纹、起皮等应及时更换，发现室外标牌有颜色变化、锈迹、斑点、不清晰、剥落等情况应及时更换。

8.2.2 标牌养护费用测算

1. 清洗标牌费用测算

清洗标牌的工作内容：标牌清洗、材料场内运输、清理现场等。

清洗标牌费用测算表见表 8-3。

表 8-3 清洗标牌费用测算表

项目名称				清洗标牌
计量单位				10 套
基价/元				177.02
其中	人工费/元			108.86
	材料费/元			68.16
	机械费/元			
	名称	单位	单价/元	消耗量
人工	综合工日	工日	96.00	1.134
材料	棉纱头	kg	5.40	0.370
	清洗剂（500mL）	瓶	18.38	2.500
	水	m³	5.00	3.700
	破布	kg	4.20	0.370
	其他材料费	元	1.00	0.160

2. 更换标牌费用测算

更换标牌的工作内容：设置安全工作区、拆除旧标牌、安装新标牌、材料场内运输、清理现场等。

更换标牌费用测算表见表 8-4。

表 8-4 更换标牌费用测算表

项目名称		更换标牌
计量单位		10 套
基价/元		1581.46
其中	人工费/元	1205.18
	材料费/元	376.28
	机械费/元	

续表

项目名称				更换标牌
	名称	单位	单价/元	消耗量
人工	综合工日	工日	96.00	12.554
材料	标牌	套	0.00	10.100
	水泥（32.5 级）	t	360.00	0.582
	中砂	t	30.00	1.198
	碎石	t	42.00	2.445
	水	m³	5.00	0.322
	现浇混凝土［C20~C40（中砂碎石）］	m³	—	1.790
	其他材料费	元	1.00	26.520

8.3 标识与标线

标识具有广告、警示的功能。标识有设备标识、道路标识、消防标识、楼梯标识等，如服务区有某某服务区标识、限速标识、限高标识等。

标线包括进入服务区内的各种路面标线、箭头、文字及立面标记。一般分为冷漆标线和热熔标线两种，颜色分为黄色和白色两种。

8.3.1 标识与标线养护

1. 标识养护技术要求

（1）标识固定、不移动，固定配件紧固、不松动。

（2）标识清晰、明显、无污渍。

（3）不锈钢的金属标识标牌、支架、固定配件具有良好的抗腐蚀性。

（4）所有标识标牌中的字体、颜色、形状、大小等严格按照国家能源局发布的《火力发电企业生产安全设施规范配置》(DL/T 1123—2009)标准执行。

2. 标识日常养护

(1) 消防标识、楼梯标识、设备标识等，应每年进行1次保洁，保持干净、清晰、无灰尘。

(2) 某某服务区的标识、服务区限速标识、限高标识、道路标识等，应每季度检查1次，发现破损、裂纹、起皮等应及时更换。

(3) 每次大风、暴雨等极端天气过后应对标识进行检查，如有掉落、破损等应及时维修。

3. 标线养护技术要求

(1) 干燥时间短、操作简单，以减少交通干扰。

(2) 反射能力强、色彩鲜明、反光度高，以使白天、夜晚都有良好的能见度。

(3) 具有抗滑性和耐磨性，以保证行车安全和使用寿命。

(4) 路面各种标线、导向箭头、文字标记及时清洗和恢复，保持各种标线、标记完整无缺，清晰醒目。辅助和加强标线作用的突起路标无损坏、松动或缺失，并保持其反射性能。

4. 标线日常养护

(1) 反光矩形色块剥落，应及时补贴。

(2) 每季度应清除标线表面的污渍和遮蔽轮廓标的杂草、树木和物体。

(3) 每季度检查，若发现油漆剥落、缺损的标线，应及时重新涂漆。

(4) 对有缺陷的、施工不当的、尺寸不正确或位置错误的标线，应及时修补。

① 冷漆标线的修补。

冷漆标线采用特种道路专用冷涂料人工喷涂，其厚度均匀、色泽清晰。冷漆标线包括停车位标线、禁停黄线区标线、导流带标线、通道线、导向箭头等。冷漆标线由常温型反光涂料加常温型涂料稀释剂充分搅拌后，使用气动喷涂或高压无气喷涂的喷涂机具喷涂而成。常温型标线漆划的干膜厚度为0.15～0.2mm。常温型标线由于施工方便快捷、易于更改，作业时对交通影响较小。冷漆标线的修补要求如下。

a. 应尽量选择高压无气喷涂设备，以保证线形顺直、平顺、均匀及外观精美。

b. 服务区修补标线的路面表面应清洁干燥，无松散颗粒、灰尘、沥青、油污或其他有害物质。

c. 标线涂料及涂料稀释剂应严格按照厂家说明书中的配合比进行混合并充分搅拌均匀。

d. 喷涂作业时，应有交通安全措施，并设置适当的警告标志，阻止车辆及行人在作业区内通行，防止将涂料带出或形成车辙，直至标线充分干燥。

e. 喷涂施工应在白天进行，雨天、尘埃大、风大、温度低于4℃时应暂停施工。

② 热熔标线的补修。

热熔标线涂料主要是由合成树脂、玻璃珠、着色颜料、体质填料、添加剂等组成，其具有附着力强、抗龟裂性能好、色泽鲜艳、涂布率高、抗污性佳等优点。热熔标线的修补要求如下。

a. 热熔标线在主要路段一般半年修补1次，其他路段根据使用情况和清晰度及时补修，一般不应超过1年1次。

b. 反光热熔标线采用玻璃微珠底漆、石油树脂热熔涂料。把涂料放在热熔机内加热，融化后的温度控制在170～220℃，并充分搅拌10min左右后进行涂敷。

c. 标记标线修补的位置，按原设计图标明的位置和图形涂敷涂料底漆。底漆干后，方可进行热熔涂料的涂敷。

d. 在涂敷标线的同时，撒布反光玻璃珠，以增加夜间识别性。标线厚度一般为1.5～1.8mm。

8.3.2 标识与标线养护费用测算

1. 路面清洁、清除杂草和灌木、补贴反光矩形色块、标线补漆费用测算

路面清洁、清除杂草和灌木、补贴反光矩形色块、标线补漆的

工作内容如下。

（1）路面清洁：清洁路面、整理现场。

（2）清除杂草和灌木：清除杂草和灌木、清理现场。

（3）补贴反光矩形色块：清理基层、补贴色块、表面清理。

（4）标线补漆：①冷漆：清扫、放样、喷涂、护线等。②温漆：清扫、放样、喷涂、护线等。③热熔漆：清扫、放样、上底漆、再清扫、喷涂、撒玻璃珠、绣线形、护线等。

路面清洁、清除杂草和灌木、补贴反光矩形色块、标线补漆费用测算表见表 8-5。

表 8-5 路面清洁、清除杂草和灌木、补贴反光矩形色块、标线补漆费用测算表

项目名称				路面清洁	清除杂草和灌木	补贴反光矩形色块	标线补漆		
							冷漆	温漆	热熔漆
计量单位				m²	m²	个	km	km	km
基价/元				14.50	16.99	11.48	2310.52	4680.11	5217.55
其中	人工费/元			14.50	16.99	7.68	141.12	188.16	631.68
	材料费/元					3.80	2079.04	4311.23	3571.59
	机械费/元						90.36	180.72	1014.28
	名称	单位	单价/元	消耗量					
人工	综合工日	工日	96.00	0.151	0.177	0.080	1.470	1.960	6.580
材料	反光矩形色块	个	3.80			1.000			
	氯化橡胶标线漆	kg	30.00				68.003		
	氯化橡胶耐磨标线漆	kg	36.00					117.688	
	稀释剂	kg	8.10				2.267	3.923	
	反光材料（玻璃珠）	kg	6.00						49.725
	热熔标线涂料	kg	4.00						730.993
	带锈底漆	kg	13.00						25.500
	其他材料费	元	1.00				20.590	42.690	17.770

续表

项目名称			路面清洁	清除杂草和灌木	补贴反光矩形色块	标线补漆		
						冷漆	温漆	热熔漆
机械	载重汽车（5t）	台班	476.04			0.100	0.200	0.670
	手扶自行式划线车（功率5~20kW）	台班	427.54			0.100	0.200	
	热熔釜熔解车	台班	309.80					0.670
	手推式热熔底漆车	台班	311.47					0.670
	手推式热熔划线车	台班	416.54					0.67

2. 清除标线、横道线补漆费用测算

清除标线、横道线补漆的工作内容如下。

（1）清除标线：清除标线、整理现场。

（2）横道线补漆：①冷漆：清扫、放样、喷涂、护线等。②热熔漆：清扫、放样、上底漆、再清扫、喷涂、撒玻璃珠、绣线形、护线等。

清除标线、横道线补漆费用测算表见表8-6。

表8-6 清除标线、横道线补漆费用测算表

项目名称		清除标线	横道线补漆	
			冷漆	热熔漆
计量单位		m²	m²	m²
基价/元		47.04	35.54	108.94
其中	人工费/元	47.04	20.16	74.88
	材料费/元		13.57	21.86
	机械费/元		1.81	12.20

续表

项目名称			清除标线	横道线补漆	
				冷漆	热熔漆
	名称	单位	单价/元	消耗量	
人工	综合工日	工日	96.00	0.490	0.210	0.780
材料	氯化橡胶标线漆	kg	30.00		0.444	
	稀释剂	kg	8.10		0.015	
	反光材料（玻璃珠）	kg	6.00			0.332
	热熔标线涂料	kg	4.00			4.386
	带锈底漆	kg	13.00			0.170
	其他材料费	元	1.00		0.130	0.110
机械	载重汽车（5t）	台班	476.04		0.002	0.008
	手扶自行式划线车功率功率（5～20kW）	台班	427.54		0.002	0.008
	热熔釜熔解车	台班	309.80			0.008
	手推式热熔底漆车	台班	311.47			0.008

第 9 章
服务区广场与道路养护

9.1 人行广场

人行广场主要包括石材面广场、便道砖广场、彩色沥青路面广场、透水砖广场等。

9.1.1 人行广场养护

1. 人行广场养护技术要求

（1）人行广场地面密实，排水坡度适宜，无积水、无凸起、无杂草、无沉陷、无堆积物。

（2）人行广场地面注意防冻，冬季下雪后及时扫雪，以防地面结冰。

（3）人行广场防腐蚀主要是防止夏季酸雨和冬季融雪剂的腐蚀，注意及时用清水冲洗，不积水。

2. 石材面广场日常养护

（1）每季度对服务区石材面广场地面的石材进行检查。石材面广场容易出现松动、破损、塌陷等问题，其主要原因是地面基础下沉导致石材松动，再经车辆碾压导致地面破损、塌陷等，故需对基础下沉地面重新夯实，更换破损石材，使地面恢复平整。

(2) 石材面广场养护需拆除松动、破损、塌陷石材地面面层，铲除其粘接层、垫层，将拆除部位的基础碾平夯实，重新做厚混凝土垫层，并用干硬性水泥粘接石材面层。

3. 便道砖广场日常养护

(1) 每季度检查便道砖的空鼓、开裂、脱落情况，及时修补。

(2) 便道砖广场地面修补时，便道砖原地拆除（包括基层），重新做三七灰土基层，做 100mm 厚 C14 混凝土垫层，铺贴便道砖。

4. 彩色沥青路面广场日常养护

彩色沥青路面广场日常养护参见彩色沥青路面日常养护。

5. 透水砖广场日常养护

透水砖的种类很多，用于人行广场的透水砖主要有普通透水砖、聚合物纤维混凝土透水砖、混凝土透水砖等。普通透水砖材质为普通碎石的多孔混凝土材料，经压制成型。聚合物纤维混凝土透水砖材质为花岗岩骨料，添加高强水泥和水泥聚合物增强剂，并加入聚丙烯纤维（送料配合比严密），搅拌后经压制成型。混凝土透水砖材质为河沙、水泥、水，再添加一定比例的透水剂制成混凝土制品。

透水砖广场日常养护如下。

(1) 透水砖广场要注意防冻、防裂、防腐蚀，冬季雪水应及时清理，地面不积水、无污物。

(2) 更换损坏的广场透水砖时，铁板不能只打入新旧透水砖接口面之间，而应完全打入砖缝中。

(3) 补砖必须采用与旧砖相同厂家相同批次的砖；挖补透水砖时，尽可能不使用加工砖；尽可能使用与旧砖同一次检修的剩余散砖；严格按照设计砖的配比进行砌筑，不得随意改变砌筑配比。

(4) 挖补砖的膨胀缝纸板不得撕除，挖补砖必须湿砌；新旧透水砖的接触面必须打水泥浆；前几环透水砖的封口必须从侧面插砖封口，最后一环砖采用正面插砖封口。

(5) 每年冬末夏初各检查 1 次（1 年 2 次），并进行养护修补，保证透水砖广场完好无损。

9.1.2 人行广场养护费用测算

1. 广场面清理费用测算

广场面清理的工作内容：清理广场面堆积物、清理现场。

广场面清理费用测算表见表 9-1。

表 9-1 广场面清理费用测算表

项目名称			广场面清理	
计量单位			m^2	
基价/元			8.64	
其中	人工费/元		5.57	
	材料费/元			
	机械费/元		3.07	
	名称	单位	单价/元	消耗量
人工	综合工日	工日	96.00	0.058
机械	自卸汽车（5t）	台班	512.07	0.006

2. 广场砖整修费用测算

广场砖整修的工作内容：设置安全工作区、清除破损部分、基层处理、材料场内运输、砂浆调制、铺砂浆、铺砖、灌缝、与原砖面顺接、清理现场等全部工序。

广场砖整修费用测算表见表 9-2。

表 9-2 广场砖整修费用测算表

项目名称		广场砖整修
计量单位		m^2
基价/元		94.80
其中	人工费/元	29.47
	材料费/元	65.33
	机械费/元	

续表

项目名称				广场砖整修
	名称	单位	单价/元	消耗量
人工	综合工日	工日	96.00	0.307
材料	广场砖	m²	50.00	0.525
	中砂	t	30.00	0.052
	抹灰水泥砂浆［1∶3（中砂）］	m³	—	0.032
	水泥（32.5级）	t	360.00	0.104
	水	m³	5.00	0.013
	其他材料费	元	1.00	0.010

9.2 停车广场

服务区停车广场包括大车停车场、维修区、加油区、贯通车道区、停车场行车道和车行支路、植草砖停车场等，还包括拖挂车停车位、超长车停车位、特种车停车位和危险品车停车位等。

9.2.1 停车广场养护

1. 停车广场养护技术要求

（1）停车场的小客车停车位、大客车停车位、大货车停车位、拖挂车停车位、超长车停车位、特种车停车位和危险品车停车位等分类分区标志明显、路面平整、无凹坑、无侵蚀。

（2）危险品车停车位的隔离设施和消防设施安全可靠。

（3）停车场设置的加水和冲洗车位排污条件好、车辆通行方便。

（4）大车停车场、维修区、加油区、贯通车道区及其他车行支路的沥青混凝土路面平整、无凹坑。

（5）小客车停车位的加重型彩色水泥砖或铺装的烧结砖无破损。

（6）植草砖停车场无堆积物，排水畅通，无积水；植草砖的砖缝不过大，以形成有效整体。

2. 停车广场日常养护

（1）大车停车场、维修区、加油区。

大车停车场、维修区、加油区的路面采用的是普通混凝土路面，其养护方法参见普通混凝土路面日常养护。

（2）贯通车道区、停车场行车道及车行支路。

贯通车道区、停车场行车道及车行支路的路面采用的是沥青混凝土路面，其养护方法参见沥青混凝土路面日常养护。

（3）植草砖停车场。

植草砖停车场的铺面系统由路基、砂垫层、植草砖及其之间的填缝砂所组成，路基和植草砖主要起承载作用，砂垫层则起缓冲压力的作用。

植草砖停车场铺面系统的损坏，主要表现为植草砖移位、翘曲、断裂，路基局部沉陷等，从而影响停车场美观，严重时影响停车使用。植草砖停车场日常养护如下。

① 冬季植草砖要注意防冻，应及时清扫积雪，避免雪水渗入太多，以防冻裂。

② 植草砖停车场不能超载。

③ 植草砖停车场的修补。

a. 基层的铺设：将常规做法中的 140~170mm 厚的级配砂石改为 250~300mm 厚的夯实灌砂垫层，以此作为底基层；再用 10t 以上振动压路机碾压密实，密实度要求达到 95%以上。

b. 找平层的铺设：将常规做法中的 30mm 厚的中砂垫层改为 100~140mm 厚的 C14~C20 混凝土垫层，以此作为上基层，以加强承压整体性，并起阻断地表水向路基渗透的作用；其找平层的平整度应控制在 5mm 以内。

④ 植草砖停车场铺设完成后，应清理砖孔，避免结合层水泥砂浆遭挤压而堵塞空孔，砂浆硬化后将造成植草困难；应保证植草有 80mm 厚的生长土壤。

⑤ 植草砖停车场横截面排水坡度以 1.0%~2.0%为宜。

9.2.2 停车广场养护费用测算

停车广场养护的工作内容：路面养护、清理现场。

停车广场养护费用测算表见表 9-3。

表 9-3 停车广场养护费用测算表

项目名称				停车广场养护		
				大车停车场、维修区、加油区养护	贯通车道区、停车场行车道及车行支路养护	植草砖停车场养护
计量单位				m²	m²	m²
基价/元				32.17	32.17	2.59
其中	人工费/元			1.73	1.73	2.59
	材料费/元			9.41	9.41	
	机械费/元			21.03	21.03	
	名称	单位	单价/元	消耗量		
人工	综合工日	工日	96.00	0.027	0.027	0.058
机械	自卸汽车（5t）	台班	512.07	0.001	0.001	0.008

9.3 路障、挡车杆

服务区的路障、挡车杆一般设置在车行区与人行区交界的部位。

路障的制作材料一般为金属、橡胶、混凝土、石材等，服务区常用的是金属路障和橡胶路锥。路障可分为固定式和可移动式。

挡车杆主要用于服务区的过车通道处，是经过铝合金挤压成型，后经喷涂、贴红色反光膜而成的一种长达 3.3m 的铝合金八角杆，又称八角杆，有挡车器、铝杆、红白杆、道闸杆、铝合金挡杆、喷涂挡车杆等。

9.3.1 路障、挡车杆养护

1. 路障、挡车杆养护技术要求

（1）金属路障平时无破损变形、无污迹、无乱贴乱画、无起皮等现象，且不脱色、不变色。橡胶路锥耐老化、耐压、耐摔、轻便耐用，并配以高反光材料。橡胶路锥的耐晒度要求达到8.5级（最高级别），在-40～70℃温度使用时，无脆裂、软化现象，耐候性要求大于2年。

（2）固定式路障、挡车杆牢固可靠；可移动式路障放置于安全位置，无损坏。

（3）挡车杆反光膜无脱胶或脱落，整洁、干净；起落杆灵活自如，无卡顿。

2. 路障日常养护

（1）金属路障每年应刷漆2次，一般在3月、9月刷漆。

（2）金属路障刷漆程序。准备刷漆前，必须用废旧报纸等铺设地面，以防油漆污染地面；用除锈钢丝刷、砂布打磨金属设施表面，以达到金属物体本色，且使其表面平整、干净；刷防锈漆1遍，确保金属物体表面均匀、无色差；刷面漆2～3遍，确保金属物体表面颜色均匀一致。

（3）橡胶路锥的颜色主要有红、黄、蓝三种，服务区主要用红色橡胶路锥做隔离警示。使用的橡胶路锥高度规格有90cm和70cm两种。为了延长橡胶路锥的使用寿命，橡胶路锥应尽量避免暴晒和在极寒环境中使用，所以在使用结束后应尽快收好放入仓库储存。

3. 挡车杆日常养护

（1）每季度检查挡车杆反光膜，发现反光膜脱胶或脱落的，应及时进行修复。

（2）挡车杆每月养护1次；每月给各转动轴加润滑油1次；每月补充齿轮箱内机油1次；每月紧固电线接头，修锉电器触点1次；每月检查电容器的箱门、箱盖密封性1次，发现电容器有变质漏油时，应立即更换；每月全面抹擦箱内各部件灰尘1次。

（3）每半年检查挡车杆齿轮磨损及限位开关紧固情况1次。

9.3.2 路障、挡车杆养护费用测算

1. 路障刷漆费用测算

路障刷漆的工作内容如下。

（1）金属构件除锈：缝隙清除、敲打锈皮、除锈、打磨清理、除尘、清理现场等全部工序。

（2）金属构件刷漆：打磨清理、调配油漆、刷漆一遍等全部工序。

路障刷漆费用测算表见表9-4。

表9-4 路障刷漆费用测算表

项目名称			路障刷漆			
			金属构件除锈	金属构件刷漆		
				防锈漆	调和漆	防火涂料
计量单位			m²	m²	m²	m²
基价/元			45.41	17.81	17.30	78.19
其中	人工费/元		42.72	15.55	15.55	30.34
	材料费/元		2.69	2.26	1.75	44.97
	机械费/元					2.88
	名称	单位	单价/元	消耗量		
人工	综合工日	工日	96.00	0.445	0.162	0.162	0.316
材料	钢丝刷子	把	5.00	0.050			
	砂轮片（φ200）	片	16.00	0.050			
	电	kW·h	1.00	0.800			
	棉布	kg	4.20	0.200			
	醇酸防锈漆	kg	13.50		0.117		
	调和漆	kg	10.50			0.113	
	溶剂油	kg	10.36		0.014	0.002	
	铁砂布（0#～2#）	张	0.90		0.600	0.600	
	金属防火涂料	kg	4.50				9.724
	其他材料费	元	1.00				1.213
机械	电动空气压缩机（1m³/min）	台班	133.07				0.017
	多用喷枪	台班	36.35				0.017

2. 挡车杆、反光膜养护费用测算

挡车杆、反光膜养护的工作内容如下。
（1）挡车杆系统保养：专业人员进行保养。
（2）反光膜修复：清除损坏部分、贴新反光膜。
挡车杆、反光膜养护费用测算表见表9-5。

表9-5 挡车杆、反光膜养护费用测算表

项目名称			挡车杆、反光膜养护	
			挡车杆系统保养	反光膜修复
计量单位			套	m²
基价/元			530.06	44.40
其中	人工费/元		480.00	19.20
	材料费/元		20.06	25.20
	机械费/元		30.00	
	名称	单位	单价/元	消耗量
人工	综合工日	工日	96.00	5.000	0.200
材料	反光膜	m²	24.00		1.050
	其他材料费	元	1.00	20.060	
机械	其他机械费	元	1.00	30.000	

9.4 道 路

服务区的道路路面主要有普通混凝土路面、沥青混凝土路面、彩色混凝土路面、彩色沥青路面等。

普通混凝土路面是指用水泥混凝土板作面层的路面。普通混凝土路面一般由面层、垫层、基层、路基四部分组成，又称刚性路面。面层主要材料是混凝土，一般要求耐磨、平整、防滑、强度大等。垫层是在温度和湿度不适的道路上设置的，目的是改变路面的结构。基层具有抗变形能力强、抗压、抗冲刷、坚实等特性。路基是路面的基础，承受由路面传来的行车荷载。

沥青混凝土路面是指用沥青混凝土作面层的路面。沥青混凝土是经人工选配，将具有一定级配的矿料（碎石或压碎砾石、石屑或砂、矿粉等）与一定比例的路用沥青材料，在严格控制条件下，拌制而成的混合料。

彩色混凝土路面是指主要以白色混凝土和彩色混凝土作面层的路面。白色混凝土是以白色水泥为胶凝材料，白色或浅色矿石为骨料，或掺入一定数量的白色颜料配制而成的混凝土。彩色混凝土是以白色水泥、彩色水泥（或白色水泥掺入彩色颜料），以及彩色骨料和白色或浅色骨料，按一定比例配制而成的混凝土。彩色混凝土的构成材料及工具包括脱模粉、彩色强化剂、保护剂、乳液、压模及模具等。

彩色沥青路面是指脱色沥青与各种颜色石料、色料和添加剂等材料，在特定的温度下混合拌和，制成各种色彩的沥青混合料，再经过摊铺、碾压而形成的具有一定强度和路用性能的彩色沥青混凝土路面。

9.4.1 道路养护

1. 道路养护技术要求

（1）及时清除路面泥土、石块、砂砾等杂物，严禁在路面上拌和砂浆或混凝土等作业。

（2）及时清除嵌入接缝内的杂物、填缝材料，以保持伸缩缝的功能。

（3）路面填缝料在雨季到来前及冬季降雪前更新完毕，防止雨、雪水渗入。

（4）路面出现裂缝、坑槽、错台、破碎、表面剥落、翻浆等，及时维修，保证原路面结构标准，不降低原结构强度。

（5）路面无积水。

2. 普通混凝土路面日常养护

（1）一般规定。

① 做好日常性和经常性养护。

② 普通混凝土路面的养护质量应符合质量检验评定标准。

③ 同一横断面上由普通混凝土路面与其他路面组成时，普通混凝土路面按照基本要求养护。

④ 普通混凝土路面局部破损维修方法按照规定进行。

（2）清扫保洁。

① 路面需要定期清扫泥土和污物，与其他类型路面连接处及平交道口应勤加清扫，路面上出现的坚硬物应予清除，中央分隔带的杂物应定期清除。

② 路面清扫频率应根据路况、交通量大小及组成环境条件等确定。机械清扫留下的死角应人工清扫干净。

③ 路面清扫时，应尽量减少灰尘产生，路面清扫作业宜避开交通量高峰时段进行。

④ 清扫垃圾应运到指定地点进行处理。

⑤ 当路面被油类物质或化学药品污染时，应清扫干净。

⑥ 交通安全设施应定期擦拭、清扫（洗），保持整洁、醒目。

⑦ 应保持交通安全设施的完整，发生损坏应及时进行修复更换。

（3）接缝保养及填缝料更换。

① 应对接缝进行适时的保养，保持接缝完好、表面平顺。

② 应对填缝料进行周期性和日常性的更换。

③ 填缝料的更换应做到饱满、密实、黏结牢固，清缝、灌缝宜使用专用机具。

（4）排水设施养护。

① 必须对路面、路肩、中央分隔带、边沟、边坡、挡土墙及所有排水构造物进行妥善的日常维护，保持系统的排水功能。

② 对路面排水设施，应采取经常性的巡查，并与重点检查相结合。

③ 排水构造物及路肩修复宜采用与原构造物相同的材料。

④ 保持路肩横坡大于路面横坡，路肩横坡应顺适，并及时修复路肩缺口。

⑤ 路面板裂缝应按照要求进行缝隙封闭。

⑥ 出现接缝渗水应进行填缝处理。

⑦ 定期修整路肩植物，清除路肩杂物，疏通排水设施，使其常年保持排水通畅。

（5）冬季养护。

① 普通混凝土路面冬季养护的重点是除雪、除冰、防滑作业，重点地段是坡道、弯道等严重危害行车安全的路段。

② 除雪、除冰、防滑要根据气象资料、降雪量、积雪深度等确定作业计划，并做好人员培训、机械设备、作业工具、防冻防滑材料的准备。

③ 除雪作业以清除新雪为主。化雪时应及时清除雪水和薄冰。除冰困难的路段应以防滑为主、除冰为辅。除冰作业时应防止破坏路面。

④ 路面防冻、防滑主要措施：使用盐或融雪剂降低路面上的结冰点；使用砂子等防滑材料或砂子与盐混合使用，加大轮胎与路面间的摩擦系数；防冻、防滑材料施撒时间主要根据气象条件（降雪、风速、气温）、路面状况等来确定。一般可在刚开始下雪时就撒融雪剂，或与防滑材料混合撒布，或估计在路面出现冻结前 1～2h 撒布。防止路面结冰时，通常撒布 1 次防冻材料即可。除雪作业时，防冻材料撒布次数可以和除雪作业频率一致。

⑤ 冻融前，应将积雪及时清除到路肩之外，以免雪水渗入路肩。冰雪消融后，应清除路面上的残留物。

⑥ 禁止将含盐的积雪堆积于绿化带。

3. 沥青混凝土路面日常养护

（1）及时处理裂缝和轻微碎裂、麻面，防止渗水扩大破损。

（2）及时处理路面油包及轻微的鼓包、泛油等，以保护路面处于完好状态。

（3）每季度检查沥青混凝土路面是否存在裂缝、坑槽、错台、破碎、表面剥落、翻浆等破损，发现应及时维修，要做到路面密实平整、接槎平顺。

（4）沥青混合料一般宜集中场站搅拌。

4. 彩色混凝土路面日常养护

彩色混凝土路面日常养护可参照普通混凝土路面养护。

5. 彩色沥青路面日常养护

彩色沥青路面使用过程中会受到磨损，沥青混合料中的沥青将逐渐老化，颜色将逐渐变暗，为延长彩色沥青路面的使用寿命，应对彩色沥青路面进行养护。

（1）春季，对路面结构发生冻胀、路面表层有水痕的部位，要在路肩、路基边坡处挖排水渗沟，将路面冬季蓄积的雨水引流到路面之外。

（2）夏季，要做好路面排水。夏季气温高，沥青路面最容易老化，可采取洒水降温措施。洒水量不能太大，以潮湿湿润为宜，可多洒两遍，但不能构成路面积水，以免影响交通安全。洒水一般在下午 2 点左右中止。

（3）秋季，要做好公路沿线边沟积水的引导排放，避免积水成为冬季路面结构冻结的补给水源。

（4）冬季，要密切留意路面排水和防冻问题，保证路面整体结构处于干燥状态，避免路面结构因发生冻胀而被破坏。

9.4.2 道路养护费用测算

1. 道路洒水、沥青道路清扫费用测算

道路洒水、沥青道路清扫的工作内容如下。

（1）道路洒水：准备工作、一次洒水。

（2）沥青道路清扫：准备工作、人工清扫道路、机械清扫道路、清除积土、清理现场。

道路洒水、沥青道路清扫费用测算表见表 9-6。

表 9-6 道路洒水、沥青道路清扫费用测算表

项目名称			道路洒水	沥青道路清扫		
				人工清理道路	机械清扫道路	路面保洁（清除积土）
计量单位			m²	m²	m	m²
基价/元			1.78	2.59	1.95	458.88
其中	人工费/元			2.59		458.88
	材料费/元		0.47			
	机械费/元		1.31		1.95	
	名称	单位	单价/元	消耗量		
人工	综合工日	工日	96.00		0.027	4.780
材料	水	m³	5.00	0.093		
机械	洒水车（4000L）	台班	327.62	0.004		
	清扫车（5t以上）	台班	1953.11			0.001

2. 混凝土路面养护费用测算

混凝土路面养护的工作内容如下。

（1）路面清理：清理路面泥土、石块、砂砾等杂物、污染物、散落物，清理现场。

（2）伸缩缝清理：准备工作、勘察、人工清理。

（3）更换填缝材料：清除旧材料、清理缝道、熬制沥青、浸泡木板、拌和、嵌缝、烫平缝面、清理现场。

混凝土路面养护费用测算表见表 9-7。

表 9-7 混凝土路面养护费用测算表

项目名称		混凝土路面养护		
		路面清理	伸缩缝清理	更换填缝材料
计量单位		m²	m	m²
基价/元		14.50	3.08	351.71
其中	人工费/元	14.50	3.07	114.05
	材料费/元			237.66
	机械费/元		0.01	

续表

项目名称			混凝土路面养护		
			路面清理	伸缩缝清理	更换填缝材料
名称		单位	单价/元	消耗量	
人工	综合工日	工日	96.00	0.151	0.032	1.188
材料	石粉	kg	0.50			13.161
	石棉	kg	12.50			13.144
	石油沥青（60#～100#）	t	4850.00			0.013
	煤	kg	0.75			3.331
	木柴	kg	1.50			0.331
	其他材料费	元	1.00			0.734
机械	小型机具使用费	元	1.00		0.008	

3. 修补路面裂缝、除雪作业费用测算

修补路面裂缝、除雪作业的工作内容如下。

（1）修补路面裂缝：设置安全工作区、扩缝、剔除缝内杂物、清缝、灌缝、清理现场等全部工序。

（2）除雪作业：人工除雪、机械除雪（含撒盐）、人工撒盐、机械撒盐。

修补路面裂缝、除雪作业费用测算表见表9-8。

表9-8 修补路面裂缝、除雪作业费用测算表

项目名称		修补路面裂缝	除雪作业			
			人工除雪	机械除雪（含撒盐）	人工撒盐	机械撒盐
单位		m	100m²	100m²	100m²	100m²
基价/元		32.17	19.80	12.31	10.44	8.65
其中	人工费/元	1.73	19.20	0.77	2.40	1.54
	材料费/元	9.41		4.80	4.80	4.80
	机械费/元	21.03	0.60	6.74	3.24	2.31

续表

项目名称			修补路面裂缝	除雪作业			
				人工除雪	机械除雪（含撒盐）	人工撒盐	机械撒盐
	名称	单位	单价/元	消耗量			
人工	综合工日	工日	96.00	0.018	0.200	0.008	0.025	0.016
材料	密封胶	kg	12.00	0.780				
	其他材料费	元	1.00	0.050				
	盐	kg	1.60			3.000	3.000	3.000
机械	灌缝机	台班	3702.22	0.005				
	载货汽车（6t）	台班	504.40	0.005				
	载货汽车（4t）	台班	404.76				0.008	
	多功能除雪车	台班	1566.16			0.004		
	撒盐机	台班	305.33					0.006
	小型机具使用费	元	1.00		0.596	0.476		0.476

注：人工除雪和人工撒盐仅适用于局部除雪和撒盐，不适用于大面积除雪和撒盐。多功能除雪车适用于除雪和撒盐同时作业，如仅除雪则应扣除人工及盐消耗量，机械消耗量乘以系数 0.8 进行计算；如仅撒盐则机械消耗量乘以系数 0.5 进行计算。

9.5 路缘石、围墙与边沟

路缘石又称道牙、路牙，即砌筑在车行道与人行道之间，高出路面，并基本与人行道齐平的混凝土预制块或砖石。路缘石的作用是保护行人安全，并使车行道的边缘形成排水沟。路缘石一般分为立缘石和平缘石两种，服务区的车行道和人行道分开时必须采用立缘石。通常立缘石凸出地面高度有 100mm、140mm、200mm 三种。

围墙是一种垂直方向的空间隔断结构，用来围合、分割或保护某一区域。

边沟是指设置在挖方路基路肩外侧和低填方路基地脚外侧的纵向人工沟渠，用以收集路面的地面水，排除路基所拦截的道路上方边坡的坡面水，迅速汇集并把它们引入顺畅的排水通道中，通过桥涵等将其泄放到道路的下方。

9.5.1 路缘石、围墙与边沟养护

1. 路缘石、围墙与边沟养护技术要求

（1）路缘石顶面规整，路缘石铺砌块完整、牢固、稳定。

（2）围墙高度至少为 2.0m，围墙上方加附带刺的铁丝网，以防止有人爬墙而入从事不法活动。围墙无缺损，防护无漏洞。

（3）边沟能汇集和排除路基范围内和流向路基的小量地面水；边沟无缺损、无堵塞。

2. 路缘石日常养护

（1）每年检查路缘石的龟裂、缺损情况，及时修补或更换路缘石。

（2）铺设路缘石时，需将路缘石埋入适当深度，使路缘石维持在一定位置，降低路缘石的损耗。

3. 围墙日常养护

（1）对围墙内外每半年进行 1 次清洁保养，若发现面砖损坏，应及时修复。

（2）对外墙刷涂料的部分每 2 年刷 1 次涂料。

（3）对所有铁制门、栏杆等每 2 年刷 1 次油漆。

（4）对围墙周边内外杂物（如树木、植物等）每半年清除 1 次。

4. 边沟日常养护

（1）对边沟每半年（一般春秋两季）进行 1 次清理，清除杂物及垃圾，使边沟无堵塞。

（2）对边沟侧壁每年检查 1 次，发现损坏应及时修复，以防渗漏。

9.5.2 路缘石、围墙与边沟养护费用测算

1. 整修路肩和边坡、疏通边沟、修剪路肩杂草费用测算

整修路肩和边坡、疏通边沟、修剪路肩杂草的工作内容如下。

（1）整修路肩和边坡：挂线、培筑、找平平衡土方、修整路肩、边沟，清理现场。

（2）疏通边沟：准备工作、勘察、清除淤塞、平顺沟底、清理现场。

（3）修剪路肩杂草：修剪、除草、保洁。

整修路肩和边坡、疏通边沟、修剪路肩杂草费用测算表见表 9-9。

表 9-9　整修路肩和边坡、疏通边沟、修剪路肩杂草费用测算表

项目名称			整修路肩和边坡		疏通边沟	修剪路肩杂草
			整修路肩	整修边坡		
单位			m^2	m^2	m	m^2
基价/元			3.45	2.98	6.24	5.57
其中	人工费/元		1.73	2.98	6.24	5.57
	材料费/元					
	机械费/元		1.72			
	名称	单位	单价/元	消耗量		
人工	综合工日	工日	96.00	0.018	0.031	0.065	0.058
机械	光轮压路机（12t）	台班	572.94	0.003			

2. 修理路缘石费用测算

修理路缘石的工作内容：清理旧面、湿润、调制砂浆、抹浆、清理现场等全部工序。

修理路缘石费用测算表见表 9-10。

表 9-10 修理路缘石费用测算表

项目名称		修理路缘石	
计量单位		10m	
基价/元		460.87	
其中	人工费/元	249.50	
	材料费/元	211.37	
	机械费/元		
	名称	单位	单价/元	消耗量
人工	综合工日	工日	96.00	2.599
材料	水泥（32.5 级）	t	360.00	0.427
	中砂	t	30.00	1.696
	水	m³	5.00	0.317
	抹灰水泥砂浆［1∶3（中砂）］	m³	—	1.058
	其他材料费	元	1.00	5.187

3. 路缘石更换、铺砌边沟费用测算

路缘石更换、铺砌边沟的工作内容如下。

（1）路缘石拆除：刨出、清理、刮净、运至指定地点、堆放整齐。

（2）路缘石铺砌：挂线、清基、人工拌料、铺基层垫层、找平、调制砂浆、路缘石铺砌、还土夯实、清理现场。

（3）铺砌边沟：挖土、运土、修整边底、铺筑毛石、清理现场。

路缘石更换、铺砌边沟费用测算表见表 9-11。

表 9-11 路缘石更换、铺砌边沟费用测算表

项目名称		路缘石更换		铺砌边沟
		路缘石拆除	路缘石铺砌	
计量单位		10m	100m	m
基价/元		59.78	11514.22	37.46
其中	人工费/元	48.00	1872.19	28.70
	材料费/元		9642.03	8.76
	机械费/元	11.78		

续表

项目名称			路缘石更换		铺砌边沟
			路缘石拆除	路缘石铺砌	
	名称	单位	单价/元	消耗量	
人工	综合工日	工日	96.00	0.500	19.502	0.299
	路缘石	块	72.00		131.250	
	毛石（100～500mm）	m³	60.00			0.146
	水泥（32.5级）	t	360.00		0.016	
	中砂	t	30.00		2.707	
	水	m³	5.00		1.167	
	石灰粉	t	280.00		0.337	
	抹灰水泥砂浆［1∶3（中砂）］	m³	—		0.039	
	抹灰石灰砂浆［1∶3（中砂）］	m³	—		1.650	
	其他材料费	元	1.00		4.860	
机械	自卸汽车（5t）	台班	512.07	0.023		

9.6 挡 土 墙

挡土墙是指支承路基填土或山坡土体、防止填土或土体变形失稳的构造物。在挡土墙横断面中，与被支承土体直接接触的部位称为墙背；与墙背相对的、临空的部位称为墙面；与地基直接接触的部位称为基底；与基底相对的、墙的顶面称为墙顶；基底的前端称为墙趾；基底的后端称为墙踵。挡土墙按照墙体的材料可分为石砌挡土墙、混凝土挡土墙、钢筋混凝土挡土墙、钢板挡土墙等。

9.6.1 挡土墙养护

1. 挡土墙养护技术要求

（1）挡土墙的泄水孔保持畅通，若堵塞及时予以疏通。

（2）挡土墙无裂缝、断裂，若发现裂缝或断裂尽快进行修理加固。

2. 挡土墙日常养护

（1）每年春秋两季对挡土墙进行 1 次定期检查。在遇洪水、地震或超重车通过等异常情况后，应对挡土墙进行特种检查，发现问题应及时查明原因，并采取相应措施修理加固。

（2）挡土墙的泄水孔应保持畅通，若堵塞应予疏通；若疏通困难，应增设泄水孔或另设其他墙后排水设施。

（3）对混凝土挡土墙上出现的裂缝，可以将裂缝缝隙凿毛，用水泥砂浆填塞；也可采用环氧树脂黏合，防止病害继续发展。

（4）对石砌挡土墙、混凝土挡土墙或钢筋混凝土挡土墙，如表面出现风化剥落，应将其表层凿除后，喷涂水泥砂浆保护层。

（5）对倾斜、鼓肚、滑动或下沉的挡土墙，可采用锚固法（即用高强钢筋作锚杆，穿入钻好的孔内，灌入水泥砂浆）或套墙（即用钢筋混凝土在原墙外侧加宽基础、加厚墙身）加固，也可用增建支撑墙加固等办法来处理；若病害严重，还可将损坏部分拆除重砌。

9.6.2 挡土墙养护费用测算

挡土墙养护的工作内容：拆除损坏部位、整理边口、修复垫层、洗修块石、调制砂浆、砌筑、勾缝、养护等全部工序。

挡土墙养护费用测算表见表 9-12。

表 9-12 挡土墙养护费用测算表

项目名称		挡土墙养护	
		整修挡墙	整修护坡
计量单位		m³	m³
基价/元		372.44	474.09
其中	人工费/元	202.56	292.42
	材料费/元	124.07	135.86
	机械费/元	45.81	45.81

续表

项目名称			挡土墙养护	
			整修挡墙	整修护坡
名称		单位	单价/元	消耗量	
人工	综合工日	工日	96.00	2.110	3.046
	块石	m³	52.00	1.190	1.190
	水泥（32.5级）	t	360.00	0.100	0.100
	中砂	t	30.00	0.657	0.659
	水	m³	5.00	0.686	1.225
	草袋	个	2.50	—	2.690
	抹灰水泥砂浆[1:2（中砂）]	m³	—	0.034	0.034
	水泥砂浆（M5.0）	m³	—	0.379	0.380
	其他材料费	元	1.00	3.050	5.360
机械	灰浆搅拌机（200L）	台班	105.85	0.049	0.049
	柴油发电机组（30kW）	台班	634.75	0.064	0.064

9.7 树池、花池

树池、花池有高于地坪的树池、花池和平地树池、花池，一般设置在车行区与人行区交界的部位、建筑根部、场区高差过渡区域、客车停车场等处，宽度不小于 1.2m。树池、花池内种植土深度至少大于植物根球以下 25cm。树池箅可选择能渗水的石材、卵石、砾石等材料，也可选择具有图案拼装的人工预制材料，如铸铁、混凝土、塑料等，护树面层宜做成格栅状。停车场处的树池箅应能承受一般的车辆荷载。

9.7.1 树池、花池养护

1. 树池、花池养护技术要求

（1）树池、花池的边缘没有龟裂、缺损。

（2）树池、花池不渗漏水和肥料。

2. 树池、花池日常养护

（1）树池、花池的边缘若有龟裂、缺损，应立即加以修补或更换材料，以保持安全及美观。

（2）树池、花池内的花土不宜高出树池、花池的边缘，一般低于边缘20~30cm，以保证翻土、施肥时花土及肥料不落在池外。

（3）树池、花池若发现渗漏水或肥料，应立即维修。

9.7.2 树池、花池养护费用测算

修补树池、花池的工作内容：刨出旧石、清理、刮净、砌新石、灌缝、找平、夯实、清理现场。

修补树池、花池费用测算表见表9-13。

表9-13 修补树池、花池费用测算表

项目名称				修补树池、花池
计量单位				100m
基价/元				8335.47
其中	人工费/元			1070.40
	材料费/元			7147.29
	机械费/元			117.78
	名称	单位	单价/元	消耗量
人工	综合工日	工日	96.00	11.150
材料	石块	m	70.00	102.000
	水泥（32.5级）	t	360.00	0.013
	中砂	t	30.00	0.053

续表

项目名称				修补树池、花池
材料	水	m³	5.00	0.010
	抹灰水泥砂浆［1∶3（中砂）］	m³	—	0.033
	其他材料费	元	1.00	0.970
机械	自卸汽车（5t）	台班	512.07	0.230

第三部分

服务区设施设备养护

第10章 服务区供暖设备养护

10.1 锅　　炉

服务区锅炉主要有电锅炉和燃气锅炉。

电锅炉是以电力为能源，利用电阻发热或电磁感应发热，通过锅炉的换热部位，把热水或有机热载体（导热油）加热到一定参数（温度、压力）时，向外输出具有一定热能的蒸汽、高温水的机械设备。

燃气锅炉是以燃气为燃料的锅炉，燃气锅炉包括燃气开水锅炉、燃气热水锅炉、燃气蒸汽锅炉等。燃气锅炉与电锅炉相比较为经济。

10.1.1 锅炉养护

1. 电锅炉养护技术要求

（1）整机外观光洁，无划痕、刮伤等。

（2）紧固件不松动，操作面板粘贴牢固、位置端正，不起翘。

（3）配套电源线表面无缺胶、划伤、破皮等缺陷。

（4）电锅炉和电锅炉房保持清洁，电锅炉房的环境温度不超过规定温度。

2. 电锅炉日常养护

（1）使用电锅炉前，工作人员必须经电锅炉厂家培训合格，并仔细阅读和领会随机提供的安装使用说明书及电气使用说明书，方可上岗操作。

（2）水位计要时刻保持清洁，每日应打开清洗阀冲洗 1 次，以保证水位清晰。安全阀每日扳动 1 次，以防生锈失灵。阀门需定期养护。工作完毕后，检查工具、材料、配件是否齐全，防止遗留在炉膛等处。

（3）每日定时对各台电锅炉及系统控制箱的各种显示温度进行检查，查看各检测点温度是否正常，并打开控制箱门查看内部各电器和线路有无异常发生；每日定时对各台电锅炉及系统和水罐的压力表进行检查，查看有无超压发生（电锅炉压力≤0.6MPa，水罐压力≤0.4MPa）；每日定时对各台循环水泵进行检查，查看电动机是否发热，水泵有无异常噪声和漏水现象；每日定时对各电锅炉房的管路系统进行检查，查看有无泄漏发生。

（4）光电管受光面每月擦拭 1 次，燃烧器应每 2 个月从电锅炉本体上拆下来认真清除灰尘等异物，燃油过滤器要始终保持清洁和过滤功能。维护保养电锅炉时，必须切断电源并泄压。仔细清洗油泵内过滤网，不要破坏密封垫。燃烧器不得无油空转，以免损坏油泵。

（5）安全阀、压力表需定期检修，保证安全阀每年定期检修 1 次，压力表每半年检修 1 次。未经定期检修的安全附件不得使用。

（6）电锅炉在运行一段时间后，需要对电锅炉外壳进行清洗，防止电锅炉外壳生锈，以免进一步损伤外壳。

（7）显示器需定期清理，保障电锅炉的各项显示处于正常状态，确保刻度清晰可见。

（8）管道需定期检查，检查管道是否出现漏水、断裂等情况，以及阀门接口处是否出现水滴。

（9）控制柜需定期检查，检查控制柜上的按键是否都处于正常工作状态，若出现故障应及时维修。

（10）各项设备需定期检查，检查各项设备是否处于正常工作状态，如分气缸、分水缸、控制柜、阀门仪表、水处理装置、软化水箱等。

（11）电锅炉一般配备电锅炉房，需保持电锅炉和电锅炉房的清洁，保障电锅炉房自然通风和环境干燥，防止电锅炉受潮出现整体腐蚀。电锅炉房的环境温度不能超过 40℃，湿度不能超过 80%。

（12）每月停炉 1 次，在确保断开电源后对每台电锅炉的控制箱和系统控制箱进行 1 次内部清灰工作，同时检查各电气接点有无松动现象，检查各管路阀门有无生锈和卡死现象。

（13）每季度停炉 1 次，对电锅炉一次侧热水进行排污，检查清洗各台电锅炉的温度传感器和水位传感器。清洗传感器的方法：可用细砂纸擦拭传感器探头表面至金属露出为止。

（14）每年对电锅炉清除水垢 1 次，以提高传热效率。对储水罐进行 1 次排污。用仪表检测各台电锅炉电源进线绝缘是否达到规定要求（>5MΩ）。电锅炉使用寿命一般为 10 年，当核心部件加热器、保温内胆损坏时，应更换电锅炉机组。

3. 燃气锅炉养护技术要求

（1）燃烧机无卡住、漏风等缺点。

（2）电动机转向正常，无摩擦、振动现象，电动机温度正常。

（3）连接的烟风道能使鼓风机、引风机的流量和压头满足燃气锅炉的实际需要。

4. 燃气锅炉日常养护

（1）燃气锅炉的定期检验工作包括外部检验、内部检验和水压试验。一般每年进行 1 次外部检验，每 2 年进行 1 次内部检验，每 6 年进行 1 次水压试验。当内部检验和外部检验同在一年进行时，应首先进行内部检验，然后再进行外部检验。对于不能进行内部检验的燃气锅炉，应每 3 年进行 1 次水压试验。

（2）燃气锅炉给水必须经过合格的处理，给水温度应尽量与炉体温度接近，最好在 20℃以上。

（3）必须定期对低水位切断装置进行检查、保养及清洗。水位控制器每月至少清洗 1 次，水位表每天至少冲洗 1 次。水位表冲洗应处于最高水位；冲洗后水位应不低于最低安全水位，如一次冲洗不净，可多次冲洗。

（4）需定期进行排污操作，每天（每班）至少1次，排污后应检查排污阀是否因污物影响而有泄漏现象，如有则必须予以排除。

（5）定期打开前后门盖，刷除或吹除烟管内积灰。燃气锅炉在停炉之后，为防止锅内腐蚀，必须进行保养。

① 短期保养。采用湿保养法，即停炉后将炉水加满，将空气全部排出。

② 长期保养。采用干保养法，即停炉后将炉水放掉，打开下部手孔，吹干锅内积水，并通过下部手孔投入干燥剂。干燥剂应定期更换，开始可每月检查更换1次，以后可每3个月检查更换1次。但应注意，在燃气锅炉启用前，务必取出全部干燥剂。

（6）燃气锅炉监视与维护。

① 燃气锅炉运行中，每隔1h应对设备进行1次检查，重点检查燃气锅炉安全部件和转动设备的运行情况。

② 燃气锅炉设备的检查、试验及定期操作等项目周期，应根据养护规范做出具体的规定，并以图标形式载入现场。

③ 运行人员根据检查的情况，及时填写记录。

④ 必须经常保持现场清洁，做到无杂物、无积灰、无积水、无油垢。

（7）燃气锅炉的清洁操作：打开燃烧机门，拆下后部外壳面板，拧开燃气锅炉后侧清洁口的螺钉，用钢丝刷清洁燃气管道，用软毛刷清洁燃烧室，清除燃气锅炉内的残渣，拧上清洁口的螺钉，关上燃烧机门，检查密封圈是否完整。

（8）燃气锅炉使用寿命一般为8~10年，寿命到期或不再具有维修条件时，应更换燃气锅炉。

10.1.2 锅炉养护费用测算

锅炉养护的工作内容：压力表、温度表、水位计检查，除渣机、鼓风机、引风机擦洗加油，液压（齿轮）传动装置清洗加油，烟管除灰，拆装人孔、手孔，炉内除污，清洗炉排，试运行，检查记录，划标记。

锅炉养护费用测算表见表 10-1。

表 10-1 锅炉养护费用测算表

项目名称				锅炉养护	
计量单位				台	
基价/元				2188.80	
其中	人工费/元			2188.80	
	材料费/元				
	机械费/元				
	名称	单位	单价/元	消耗量	
人工	综合工日	工日	96.00	22.800	

10.2 多联机中央空调

多联机中央空调是中央空调的一种类型，俗称"一拖多"，是一台室外机通过配管连接两台或两台以上室内机，室外侧采用风冷换热形式、室内侧采用直接蒸发换热形式的一次制冷剂空调系统。

10.2.1 多联机中央空调养护

1. 多联机中央空调养护技术要求

（1）机组制冷满足要求。

（2）机组周围满足进风、出风需要，通风顺畅，散热良好。

（3）安装牢固，支架无锈蚀。

（4）室外机汇总管、分歧管的保温材料齐全、无缺损。

（5）排水管道畅通无堵塞。

（6）控制系统要求室外机具有故障自动报警和处理功能。

2. 多联机中央空调日常养护

（1）室外机清洁保养。室外机应 1 年清洗 1 次。清洗时应关上空调开关（或拔下空调电源插头）。注意不要用热水或溶剂清洗室外机。

①清洗室外机温度交换器：先用水对室外机温度交换器表面进行冲洗，将其冲洗干净（注意不要直接对机内冲洗，避免水流入风扇轴承，导致润滑不良）；再用长毛刷蘸水刷洗室外机温度交换器表面。

②清洁滤尘网：用水或真空吸尘器清洁滤尘网。当滤尘网太脏时，须用除污剂或中性肥皂水清洗。注意不要用40℃以上的热水清洗滤尘网，否则滤尘网有可能会损坏。

③清洗冷凝器：用浇花的压力壶装满水，加压，对着空调室外机的冷凝器进行喷淋冲洗。如果冷凝器被油污污染，须购买中央空调专用清洁剂进行处理。

④清洗离子集尘器：清洗前，应先切断电源，再用毛刷或真空吸尘器清除离子集尘器表面灰尘，切勿用水清洗。

（2）室外机机架保养。室外机机架螺钉松动要拧紧加固，机架锈蚀严重应马上更换。

（3）室外机使用寿命。室外机使用寿命一般为20年，到期或压缩机损坏需及时更换。

3. 中央空调机组每日养护

中央空调机组每日养护内容及要求见表10-2。

表10-2　中央空调机组每日养护内容及要求

序号	部位	内容	要求
1	润滑系统	压缩机润滑轴承的油压、油位	油压、油位正常，必要时进行放油与加油
2	冷凝器	检查冷凝器压力、饱和温度	工作情况正常
3	蒸发器	检查蒸发器压力	工作情况正常
4	冷冻水	检查冷冻水进出水温度	水温正常、进出水温差正常
5	冷却水	检查冷却水进出水温度	水温正常、进出水温差正常
6	压缩机电动机	检查压缩机电动机的压力、电流及声音	电压、电流正常，无异常声音

续表

序号	部位	内容	要求
7	冷凝器管束	检查冷凝器管束的清洁程度及污垢情况	清洁、无污垢
8	水处理	检查水质	确认水质良好
9	水泵电动机	检查冷冻水泵、冷却水泵电动机的电压、电流及运行情况	电压、电流正常，无异常声音，无过热
10	冷却塔	1.检查冷却塔进出水是否正常、有无溢流 2.检查冷却塔风机运行状况 3.检查冷却塔水箱浮球阀是否正常，系统阀门有无渗漏	1.进出水正常、无溢流 2.风机运行正常、无异常噪声 3.浮球阀正常，系统阀门无渗漏
11	盘管风机	1.检查过滤网、风机 2.检查电磁阀和温控开关	1.清洁过滤网,给风机传动部位注油 2.电磁阀、温控开关正常

4. 中央空调机组半年养护

中央空调机组半年养护内容及要求见表10-3。

表10-3 中央空调机组半年养护内容及要求

序号	部位	内容	要求
1	机油过滤器	检查机油过滤器	清洁、通畅，否则需更换
2	回油系统	检查干燥剂、引射器管嘴	更换干燥剂,引射器管嘴无杂质
3	控制柜	检查机组控制柜,冷冻水泵、冷却水泵、冷却风机控制柜	清洁控制柜内电器元件,紧固各种导线的连接螺栓

5. 中央空调机组每年养护

中央空调机组每年养护内容及要求见表10-4。

表 10-4 中央空调机组每年养护内容及要求

序号	部位	内容	要求
1	润滑系统	检查压缩机油槽内的润滑油	放出与更换压缩机油槽内的润滑油
2	蒸发器与冷凝器	1.检查与清洗水过滤器 2.根据需要检查与清洗管束 3.检查端板	1.水过滤器清洁、畅通 2.管束清洁、无污垢 3.端板牢固
3	压缩机电动机	1.清洁电动机空气通路和绕组 2.测量电动机绕组绝缘 3.电动机轴承加油	1.电动机空气通路畅通、绕组清洁 2.电机绕组绝缘正常 3.清洗电动机轴承,重新添加润滑油
4	控制柜	检查制冷主机及制冷辅机控制柜	清洁控制柜内电器元件,紧固各种导线的连接螺栓
5	水质	对水质进行化学分析	水质必须符合标准,否则需要进行水处理
6	制冷辅机	清洁绕组,测量绕组绝缘,电动机轴承加油	绕组清洁;绕组绝缘正常;清洗电动机轴承,并重新加润滑油
7	管道系统	检查阀门、保温层、冷却水管道等	阀门不漏水,保温层无破损或脱落,冷却水管道加药除垢、除水藻

10.2.2 多联机中央空调养护费用测算

室外机清洗的工作内容:清洗室外机。

室外机清洗费用测算表见表 10-5。

表 10-5 室外机清洗费用测算表

项目名称			室外机清洗	
计量单位			台	
基价/元			240.00	
其中	人工费/元		240.00	
	材料费/元			
	机械费/元			
	名称	单位	单价/元	消耗量
人工	综合工日	工日	96.00	2.500

10.3 空气源热泵系统

空气源热泵系统是从大自然中取得较低温度的热源，通过消耗电能、高温能源或者机械能等，将低温热源提升到高温热源，将热能应用到热水或者供暖系统中的一种空调系统。空气源热泵系统起能量搬运作用，具有效率高、环保等优点。

空气源热泵系统由压缩机、热交换器、轴流风扇、保温水箱、水泵、储液罐、过滤器、节流装置和电子自动控制器等组成，下面仅对压缩机及水泵的养护做简要说明。

10.3.1 空气源热泵系统养护

1. 压缩机养护技术要求

（1）压缩机进出口阀门无泄漏、无异响；润滑油路畅通，无阻塞、无泄漏；运转工作正常。

（2）压缩机表面无污渍，整洁、干净，标牌清晰。

（3）压缩机一级保养，每工作 1000~1200h 进行 1 次；压缩机二级保养，每工作 3000~3500h 进行 1 次。

（4）压缩机各运行参数（包括压缩机转速，各级进排气压力，压缩机排气温度，冷却水温度、压力，润滑油温度、压力，发动机排气温度，油温、油压的检查分析等）定期进行运行维护。

2. 压缩机日常养护

（1）检查气缸填料密封情况，填料处无泄漏，润滑良好，活塞杆填料无过热现象。

（2）对压缩机仪表柜的接线进行紧固；对空冷器的翅片进行吹扫；清洗发动机曲轴箱，更换机油；清洗或更换机油滤芯；检查各轴承磨损情况，加注润滑脂；吹扫空冷器上的污物。

（3）测量活塞杆位移量、活塞前后死点间隙、十字头与滑板上下间隙。

（4）对压缩机气阀、汽缸体、汽缸盖等关键部位的螺栓，按规定扭矩进行紧固。

（5）检查风扇皮带松紧度，并进行调整。检查连锁报警装置是否灵敏。

（6）对电动机驱动的压缩机，测试定子三相绕组的绝缘，并做好记录。

3. 水泵养护技术要求

（1）水泵的给水管道、阀门及水龙头无漏水、渗水、积水等异常情况。水泵房有技术档案和给排水图纸。

（2）出水阀门、逆水阀、进水闸门齐全完好，填料密封良好，泄漏符合要求。

（3）泵体各部分连接严密，不漏水。

（4）轴承温度不超过 60℃，运动无异常声音和振动。

（5）水泵房保持清洁卫生，注意通风。设备无油垢、无积尘，机房无积水、无杂物，工具、材料配件存放整齐。

4. 水泵日常养护

（1）水泵每年养护 1 次。

（2）解体检查泵的转子、轴、轴承磨损情况，并进行无损探伤。

（3）对泵的零部件进行宏观检查和检验。

（4）对转子进行动静平衡校正，并在机床上做端面跳动检验。

（5）检查口环，消除磨损的间隙，提高水泵的效率。

（6）调整叶轮背部和其他各部分的间隙。

（7）检查和更换密封。

（8）清理和吹扫泵内脏物。

10.3.2　空气源热泵系统养护费用测算

空气源热泵系统养护费用根据厂家提供的养护内容进行协商测算，还可以参照相关设备养护费用标准进行测算。

10.4 地源热泵系统

地源热泵系统是利用地下土壤和地下水相对稳定的特性，采用热泵原理，通过少量的高位电能输入，实现低位热能向高位热能转移，与建筑物完成热交换的一种空调系统。在冬季，地源热泵系统把土壤中的热量"取"出来，提高温度后，供给室内用于采暖；在夏季，地源热泵系统把室内的热量"取"出来，释放到土壤中去，并且常年能保证地下温度的均衡。

地源热泵系统由水地源热泵机组、地热能交换系统、建筑物内系统组成。根据地热能交换系统形式的不同，地源热泵系统可分为地埋管地源热泵系统、地下水地源热泵系统和地表水地源热泵系统。

地源热泵系统的日常养护按照使用说明书执行。这里作为提示仅对几个重要部件的日常养护做简要说明。

10.4.1 地源热泵系统养护

1. 压缩机日常养护

参考 10.3 节内容。

2. 膨胀阀日常养护

用表面接触式温度计检查膨胀阀连接处有无油迹；根据机组过热度、压缩机回气端结露程度，确定机组运行时膨胀阀开启度是否合适；检查感温包的捆绑位置是否松动，感温包的毛细管有无磨损。对平衡管连接螺母、阀体螺栓做好防锈保护。

3. 视液镜日常养护

（1）视液镜的检查。

用表面接触式温度计检查视液镜的方法：目测检查视液镜内试纸的显示情况，判断系统冷媒的干湿度，确认是否需要更换干燥过滤器的滤芯；用表面接触式温度计测量过滤器前后的温差，若低于 0.5℃，表明过滤器干燥。

（2）干燥过滤器的更换方法。

① 先关闭高压储液器的出口角阀，开动机组，并抽吸系统低压侧的冷媒（严禁抽至真空状态），然后锁定机组。

② 检测干燥过滤器侧的压力是否低于 $2.0kg/cm^2$，若低于 $2.0kg/cm^2$，则接冷媒管于该部位排放气态冷媒。

③ 对角松开干燥过滤器端盖的螺钉（松开前要注意温差，防止温差析水带入系统），排空冷媒后，迅速将旧的滤芯换下，擦净干燥过滤器筒体内部，换新滤芯，并加少许冷冻油密封。

④ 抽真空后补充少许冷媒，打开前面关闭的阀门。保养标准：视液镜指示在干燥区，干燥过滤器前后温差小于 0.5℃。

4. 电器组件日常养护

（1）检查并紧固电气线路上的接线端子，检查各接触器触点的烧灼情况。

（2）用帆布打磨触点，去除氧化物，如果灼伤严重，建议更换。

（3）检查各电磁阀，如四通换向阀电磁阀，机组加、卸载电磁阀，喷液电磁阀，电加热等动作是否正常，根据检查出现的问题的严重程序，或更换或修复。保养标准：保证触点干净，无灼伤氧化物；同步接触，无交流声。

（4）检查和试验各安全装置（热保护器、流量开关、高压开关等各种保护装置），核对整定参数。

10.4.2 地源热泵系统养护费用测算

地源热泵系统养护费用根据厂家提供的养护内容进行协商测算，还可以参照相关设备养护费用标准进行测算。

第11章 服务区排水排污设施养护

11.1 污水处理设备

污水处理是指将污水中的污染物分离出来或将其降解、转化为无害和稳定的物质，使污水得到净化。目前，服务区多采用一体化反应池，在Ⅰ、Ⅱ级接触氧化池中进行鼓风曝气，将接触氧化法和活性污泥法有效结合起来进行污水处理。一体化反应池分几个工艺种类，目前服务区用得最多的MBR反应池、生物接触氧化池等。

11.1.1 污水处理设备养护

1. 污水处理设备养护技术要求

（1）有专人负责污水处理构筑物及机电设备的运行、维修保养、安全管理工作，运行管理人员熟悉污水处理工艺，以及设施、设备的运行要求与技术指标。

（2）检查泵体无破损、铭牌完好、水流方向指示明确清晰、外观整洁、油漆完好。

（3）加强汛期巡视，增加除污次数，保证水流畅通。

（4）格栅除污机工作时，监视设备的运转情况，发现故障立即停车检修。

（5）格栅前遇到大块杂物或漂浮物及时清捞，以防损坏格栅除污机部件。

（6）每次格栅除污机维护、检修工作完毕，及时清理格栅除污机内外卫生，保持干净。

2. 粗、细格栅除污机日常养护

（1）保持粗、细格栅除污机及其周围清洁。

（2）每天清理细格栅后墙板、集渣口的纤维性垃圾1次。

（3）发现格栅除污机的传动链有断裂现象时，应立即更换。

（4）每半年检查、调整、更换水泵机械密封、润滑油1次。定期检修集水池浮球液位计及转换装置。

3. 泵站日常养护

（1）保持泵站的清洁卫生，各种使用工具摆放整齐。

（2）及时清除泵体、闸阀、管道的堵塞物。池内漂浮物应及时打捞，防止吸入泵体引起堵塞。

（3）泵站的集水池一般每年至少清理1次，同时进行相关设备的检修。

（4）对软启动器及其他附属设备的管理等，可按变配电站内容执行。

4. 沉砂池日常养护

（1）吸砂机械每日至少运行1次，操作人员现场室外监视。

（2）吸砂机械工作完毕，应将其恢复到待工作状态。

（3）沉砂池上的电气设备应做好防潮湿、抗腐蚀处理。

（4）沉砂池每运行2年应彻底清池检修1次。

（5）吸砂机械的限位装置每月调整1次，保持排砂管、排水渠、砂水分离器畅通，保持沉砂池、栅渣压实机及砂水分离器周围的环境卫生。

5. 一体化反应池日常养护

（1）除正常计划检修外，每3年放空、清理反应池1次，同时检修曝气装置（包括曝气头、曝气管、潜水推进器、内循环泵等系列设备）。

（2）空气闸阀、曝气设备、空气管道、进水闸门、潜水推进器、内循环泵等反应池内设备，定期按污水处理厂计划进行维护保养。

6. 鼓风机房日常养护

（1）通风廊道每月检查 1 次。

（2）总进风帘式过滤器的滤料定期更换。

（3）油冷却器、润滑系统的设备及设施定期吸尘、清理、检修。

（4）润滑油定期采样化验，如超标立即更换。

11.1.2 污水处理设备养护费用测算

清捞进水口垃圾、清理水池的工作内容如下。

（1）清捞进水口垃圾：通风检查、清理污物、污物运往指定地点、清理现场。

（2）清理水池：启闭井盖、通风检查防护设备、清挖、运装、清理现场。

清捞进水口垃圾、清理水池测算表见表 11-1。

表 11-1 清捞进水口垃圾、清理水池测算表

项目名称				清捞进水口垃圾	清理水池
计量单位				处	m³
基价/元				28.70	334.72
其中	人工费/元			21.70	108.86
	材料费/元			7.00	5.30
	机械费/元				220.56
	名称	单位	单价/元	消耗量	
人工	综合工日	工日	96.00	0.226	1.134
材料	笤帚	把	7.00	1.000	
	下水衣摊销费	元	1.00		3.400
	测毒仪摊销费	元	1.00		1.000
	安全绳摊销费	元	1.00		0.300
	低压照明（36V）摊销费	元	1.20		0.500

续表

	项目名称			清捞进水口垃圾	清理水池
机械	污泥运输车	台班	824.03		0.143
	鼓风机	台班	243.09		0.143
	汽车式起重机（5t）	台班	519.40		0.096
	潜水泵（DN50）	台班	126.57		0.143

11.2 雨水收集系统

雨水收集系统是将雨水根据需求进行收集，并将收集的雨水进行处理后达到符合设计使用标准的系统。

11.2.1 雨水收集系统养护

1. 雨水收集系统养护技术要求

管道系统畅通，无堵塞、无渗漏。

2. 雨水收集系统日常养护

（1）每年雨季前后，清理管道系统内杂物、疏通管道、掏泥、清理现场各1次。

（2）检查雨水处理和回用系统，应无渗漏、无杂物，发现渗漏应及时修补。

（3）雨水净化设施应能正常运行，每年进行1次系统调试。

（4）雨水提升泵站的养护参考养护说明书。

11.2.2 雨水收集系统养护费用测算

管道疏通的工作内容：开启井盖、绑扎竹片、疏通管道、掏泥、装泥、清理现场。

管道疏通费用测算表见表11-2。

表 11-2　管道疏通费用测算表

项目名称			管道疏通	
计量单位			10m	
基价/元			192.04	
其中	人工费/元		186.24	
	材料费/元		5.80	
	机械费/元			
	名称	单位	单价/元	消耗量
人工	综合工日	工日	96	1.940
材料	竹片（3m）	根	9.60	0.580
	麻绳	kg	6.00	0.006
	镀锌铁丝（10#）	kg	5.00	0.030
	其他材料费	元	1.00	0.050

11.3　排污设备

服务区的排污设备通常是指污水泵房。服务区一般将无法自流排放的废水、污水经过处理后，通过污水泵房排放到边沟或用于喷洒，这是排水系统中的重要环节。

11.3.1　排污设备养护

1. 排污设备养护技术要求

（1）各排污管道畅通，无渗漏、无堵塞。
（2）排污泵受启动装置有效控制，能正常工作。
（3）明沟排水顺畅，浮球阀在液面变化中能有效控制启动装置与水泵的启停。

2. 排污设备日常养护

（1）每月对排污管道、污水横管、排污口的水流状态进行 1 次检查，检查排污泵及其启动装置的运行状态，检查明沟排水及集水井液位浮球阀的运行状态。

（2）每月对污泥泵、排污泵进行 1 次检查，检查工作情况是否正常，测量绝缘电阻、接地功能与运行电流。

（3）每半年对室外排污井进行 1 次检查，若有堵塞，应及时清除垃圾、杂物等。

（4）每年对污泥泵、排污泵进行 1 次大保养，保养范围如下。

① 进行全面检查。

② 轴承清洁加油，必要时调换轴承。

③ 保养联轴器弹簧、垫圈，必要时更换弹簧、垫圈。

④ 保养连接部位的紧固件，必要时更换紧固件。

（5）污泥泵长期不用时，应清洗并吊起置于通风干燥处，注意防冻。若置于水中，每 15d 至少运转 30min（不能干磨），以检查其功能和适应性。

（6）污泥泵在污水介质中长期使用后，叶轮与密封环之间的间隙可能增大，造成污泥泵流量和效率下降。若发现污泥泵流量和效率下降，应关掉电闸，将污泥泵吊起，拆下底盖，取下密封环，按叶轮口环实际尺寸重配密封环，间隙一般在 0.5mm 左右。

（7）污泥泵的电缆每年至少检查 1 次，发现破损及时更换。

（8）每年至少检查 1 次污泥泵的电动机绝缘及紧固螺钉。若发现电动机绝缘下降，需及时维修；若发现紧固螺钉松动，需及时紧固。

（9）污泥泵在出厂前，已注入适量的机油，用以润滑机械密封，该机油应每年检查 1 次。如果发现机油中有水，应将其放掉，并更换机油和密封垫；3 周后还须重新检查，如果机油进水又呈乳化液状，则应检查机械密封，必要时应更换。

11.3.2　排污设备养护费用测算

1. 更换密封环费用测算

更换密封环的工作内容：关闭进出水闸阀、机泵拆除、吊装、解体、清洗、除锈、测量配合尺寸、更换部件、机泵调试安装、清理现场。

更换密封环费用测算表见表11-3。

表11-3 更换密封环费用测算表

	项目名称			更换密封环
	计量单位			个
	基价/元			1801.94
其中	人工费/元			840.00
	材料费/元			332.64
	机械费/元			629.30
	名称	单位	单价/元	消耗量
人工	综合工日	工日	96	8.750
材料	螺栓（M20×100）	套	2.40	20.400
	橡胶板	kg	12.00	5.210
	机油	kg	11.20	4.240
	黄油	kg	15.89	0.530
	氧气	m^3	4.67	5.650
	乙炔气	m^3	42.00	2.830
	其他材料费	元	1.00	20.000
机械	电动单梁起重机	台班	187.05	1.500
	载货汽车（2t）	台班	348.72	1.000

2. 潜污泵维护费用测算

潜污泵维护的工作内容：配合潜污泵解体检查、电动机密封检查、油室密封检查、叶轮清掏、电动机绝缘遥测、信号电缆绝缘遥测、绕组耐压测试、更换机械密封、更换橡胶垫、更换骨架油封及变压器油、清洗检查轴承、电动机腔烘干、空载试验、耦合调试安装。

潜污泵维护费用测算表见表11-4。

表 11-4 潜污泵维护费用测算表

项目名称			潜污泵维护				
			1.5～4kW	5.5～22kW	30～63kW	75～90kW	110～230kW
计量单位			台	台	台	台	台
基价/元			412.38	3769.11	9997.95	10631.42	14771.68
其中	人工费/元		192.00	816.00	1272.00	1392.00	2112.00
	材料费/元		220.38	794.93	1602.23	2115.70	2864.56
	机械费/元			2158.18	7123.72	7123.72	9795.12
	名称	单位	单价/元	消耗量			
人工	综合工日	工日	96	2.000	8.500	13.250	14.500	22.000
材料	轴承[25（双密封）]	套	4.90	2.000				
	骨架油封（25）	套	1.20	1.000				
	机械密封[25（双端面）]	套	35.00	1.000	0.000			
	轴承[50（双密封）]	套	25.00		2.000			
	骨架油封（50）	套	3.20		1.000			
	机械密封[50（双端面）]	套	85.00		1.000	0.000		
	轴承[75（双密封）]	套	56.00			2.000		
	骨架油封（75）	套	3.50			1.000		
	机械密封[75（双端面）]	套	210.00			1.000	0.000	
	轴承[80（双密封）]	套	65.00				2.000	
	骨架油封（80）	套	5.00				1.000	
	机械密封[80（单端面）]	套	250.00				2.000	0.000
	轴承[100（双密封）]	套	90.00					2.000
	骨架油封（100）	套	10.00					1.000

续表

项目名称			潜污泵维护				
			1.5~4kW	5.5~22kW	30~63kW	75~90kW	110~230kW
材料	机械密封[100（单端面）]	套	500.00					2.000
	变压器油	kg	19.60	5.000	20.000	45.000	50.000	55.000
	焊锡膏	kg	30.00	0.020	0.050	0.070	0.090	0.100
	焊锡丝	kg	55.00	0.100	0.250	0.500	0.850	0.980
	耐油橡胶板	kg	7.20	0.188	0.750	1.688	1.920	3.000
	汽油	kg	9.52	1.494	3.735	7.470	8.964	10.458
	黄油	kg	15.89	1.000	6.000	8.000	10.000	12.000
	密封胶（机械密封专用）	kg	45.00	0.500	1.500	2.000	2.500	3.000
	白纱带（20mm×20m）	卷	2.01	3.500	10.500	15.600	18.800	20.900
	红外线灯泡（220V/1000W）	个	22.00	0.200	0.500	0.620	0.850	0.980
	自粘性橡胶带（20mm×5m）	卷	3.50	0.250	0.450	0.500	1.200	1.500
	电	kW·h	1.00	4.000	12.000	18.000	20.000	24.000
机械	汽车式起重机（8t）	台班	863.27		2.500			
	汽车式起重机（25t）	台班	1780.93			4.000	4.000	5.500

第12章 服务区消防设施设备养护

12.1 消防给水设施

服务区消防给水设施包括消防水池、气压水罐、消防水泵、消火栓、消防水泵接合器、供水管道等。下面主要介绍消防水池、气压水罐、消防水泵、消火栓的养护。

12.1.1 消防给水设施养护

1. 消防给水设施养护技术要求

（1）消防水池（高位消防水池和高位消防水箱）有效容积、水位、报警水位等满足要求，完好，不渗漏。

（2）消防水泵处于良好的运行或备用状态，运转平稳，无不良噪声和振动。

（3）稳压泵供电正常，自动/手动启停正常；当切断主电源时，主电源能自动切换到备用电源。

（4）工作泵、备用泵、吸水管、出水管及出水管上的泄压阀、水锤消除设施、止回阀、信号阀等的规格、型号、数量标识清晰；吸水管、出水管上的控制阀锁定在常开位置，并有明显标记。

（5）消火栓的减压装置和活动部件灵活可靠。

2. 消防水池日常养护

（1）每月查看高位消防水池的水位及消防用水，没有被改作他用的状况。

（2）每月查看补水设施。

（3）每年对水源的供水能力进行 1 次测定。

（4）每 2 年对高位消防水池进行清洗、排污不少于 2 次。

3. 气压水罐日常养护

（1）每月检查气压水罐内的气压是否正常。

（2）定期检查阀门，使水垢和杂质远离阀门，定期检查螺栓和螺母是否松动。

（3）检查泄漏传感器的状况。如果有来自泄漏传感器的信号，应检查气囊是否有任何损坏，首先立即停止泵运行，关闭气室底部的截止阀，并通过气室底部的排水阀将水排空。如果发现排水管内含有空气，则表明气囊已损坏，需更换气囊。

（4）运行期间的每日检查项目：管道是否漏水；气室的腔体连接是否漏气；气室中的充气压力是否足够；连接管路的截止阀是否常开；是否从安装在气室底部的泄漏传感器触发报警；安装在泵出口上的压力表上显示的值是否与气室压力一致。

4. 消防水泵日常养护

（1）每周查看水泵和阀门的标志；转动阀门手轮，检查阀门状态；观察阀杆及手轮位置；查看阀杆是否需要加注润滑油。

（2）每月在泵房控制柜处启动水泵，查看运行情况。消防水泵应每月启动运转 1~3 次；当消防水泵为自动控制启动时，应每月类比自动控制的条件启动运转 1~3 次。手动/自动控制水泵 1~3 次，检查有无信号，水压是否上升，电动机转动是否正常，有无变形、发热等状况。轴与电动机、连接部件是否有松动、锈蚀、变形、发热，是否要加油。每月运行时间一般不少于 5min。

（3）每月在消防主机控制室启动水泵，查看运行及反馈信号。

（4）每月检查消防水泵动力运行是否可靠，水泵能否正常运转，流量和压力能否保证；电力上有无保证不间断供电设施，其性能是否良好。每月检查主泵与备用泵能否自动切换。

（5）每月检查压力表是否变形、水泵启动后动作是否正常。每月启动水泵后，打开试验阀，观察压力保持情况。

（6）每2年对消防水泵大修1次，添加润滑油，清洗内部杂质。

5. 消火栓日常养护

（1）每月对室内消火栓进行检查，确保消火栓周围没有障碍物阻挡，取用方便。确保消火栓外观整洁、标示清晰、无机械损伤及严重腐蚀。检查消火栓有无生锈、漏水现象；栓口的橡胶垫圈等密封件有无损坏或丢失；消火栓的闸阀开启是否灵活，必要时应对阀杆加润滑油。

（2）室内消火栓还应检查消火栓箱内的水枪、水带等设备是否完备、配套，水龙带有无霉腐；玻璃破碎按钮工作状态是否正常。

（3）随时抽查消火栓的出水情况。对重点部位的消火栓每年应逐个进行出水试验，对非重点部位的消火栓可按消火栓总数的10%~20%进行出水抽测试验。

（4）室外消火栓应每季度进行1次检查保养，其内容主要包括：①用专用扳手转动消火栓启闭杆，观察其灵活性，必要时加注润滑油；②检查出水口闷盖是否密封，有无缺损；③检查栓体外表油漆有无剥落、栓体有无锈蚀，如有应及时修补。

（5）室外消火栓每年开春后和入冬前，要对地上消火栓逐一进行出水试验。

12.1.2 消防给水设施养护费用测算

消防水泵养护的工作内容：配合消防水泵解体检查、电动机密封检查、油室密封检查、叶轮清掏、电动机绝缘遥测、信号电缆绝缘遥测、绕组耐压测试、更换机械密封、更换橡胶垫、更换骨架油封及变压器油、清洗检查轴承、电动机腔烘干、空载试验、调试安装。

消防水泵养护测算表见表12-1。

表 12-1　消防水泵养护费用测算表

项目名称				消防水泵养护
计量单位				台
基价/元				3835.24
其中	人工费/元			897.60
	材料费/元			722.40
	机械费/元			2215.24
	名称	单位	单价/元	消耗量
人工	综合工日	工日	96.00	9.350
材料	变压器油	kg	19.60	22.000
	焊锡膏	kg	30.00	0.055
	焊锡丝	kg	55.00	0.275
	耐油橡胶板	kg	7.20	0.825
	汽油	kg	9.52	4.109
	黄油	kg	15.89	6.600
	密封胶（机械密封专用）	kg	45.00	1.650
	白纱带（20mm×20m）	卷	2.01	11.550
	红外线灯泡（220V/1000W）	个	22.00	0.550
	自粘性橡胶带（20mm×5m）	卷	3.50	0.495
	电	kW·h	1.00	13.200
机械	汽车式起重机（8t）	台班	805.54	2.750

12.2　自动喷水灭火系统

　　自动喷水灭火系统是由报警阀组、洒水喷头、水流报警装置（水流指示器或压力开关）等组件，以及管道、供水设施等组成的，能在发生火灾时自动喷水的灭火系统。部分大型服务区装有自动喷水灭火系统，以提高火灾灭火的响应性。

12.2.1 自动喷水灭火系统养护

1. 自动喷水灭火系统养护技术要求

（1）报警阀组的水力警铃完好无损，测试时，水力警铃喷嘴处压力不小于 0.05MPa，且距水力警铃 3m 远处警铃声声强不小于 70dB。打开手动试水阀或电磁阀时，雨淋阀组动作可靠。控制阀均锁定在常开位置。

（2）洒水喷头完好，管道不堵塞。各种不同规格的洒水喷头均有一定数量的备用品，其数量不少于安装总数的 1%，且每种备用喷头不少于 8 个。

2. 报警阀组日常养护

（1）每月检查报警阀组外观、标志牌、压力表是否完好。

（2）每月对报警阀组的压力表进行检查，检查报警前后压力表指示是否正常。报警阀组的前后压力应基本相当，或阀后压力稍高于阀前压力。

（3）每季度应对报警阀组进行开阀试验，观察阀门的开启性能和密封性能，以及报警阀组各部件的工作状态是否正常。每季度应对报警阀组旁的放水试验阀进行 1 次放水试验，以验证系统的供水能力，检验压力开关的报警功能是否正常。

3. 洒水喷头及管道日常养护

（1）每月应对洒水喷头进行 1 次外观检查，检查洒水喷头有无损坏、锈蚀、漏水现象，发现有不正常的洒水喷头，应及时更换；应保证洒水喷头外表清洁，当洒水喷头上有异物时，应及时清除；感温元件应无污垢，必要时应进行清洗或更换。更换或安装洒水喷头均应使用专用扳手。

（2）每月检查管道有无机械损伤和锈蚀，油漆是否脱落，管道固定是否牢固，管道内有无堵塞。

12.2.2 自动喷水灭火系统养护费用测算

更换洒水喷头的工作内容：拆除旧喷头、安装新喷头、清理现场。

更换洒水喷头费用测算表见表 12-2。

表 12-2 更换洒水喷头费用测算表

项目名称			更换洒水喷头	
计量单位			个	
基价/元			38.83	
其中	人工费/元		18.14	
	材料费/元		20.69	
	机械费/元			
	名称	单位	单价/元	消耗量
人工	综合工日	工日	96.00	0.189
材料	喷头	个	19.00	1.010
	聚四氟乙烯生料带（宽20mm）	m	1.60	0.939

12.3 消防报警及应急广播系统

服务区消防报警及应急广播系统包括消防控制台、集成报警器、集中报警器、消防应急广播系统等。

12.3.1 消防报警及应急广播系统养护

1. 消防报警及应急广播系统养护技术要求

消防报警及应急广播系统养护技术要求详见表 12-3。

表 12-3 消防报警及应急广播系统养护技术要求

设备	序号	养护项目	养护方法	养护技术要求	养护周期
消防控制台	1	各类指示灯（含电源、信号）	直观目测	指示灯指示正常	1个月
	2	各类开关	直观目测	处于开启或自动状态	1个月
	3	各电器触点	如有烧损现象，拆下后用砂纸打磨	触点完好，无烧损	半年
	4	各电器元件接线端子及端子排端子	用螺丝刀逐个紧固	各端子连接牢固，无烧损	半年
	5	各电源、信号	如有轻微破损或烧焦现象，用绝缘胶带包扎，严重时更换	导线无破损、烧焦现象	半年
	6	控制台内部除尘	用小毛刷、皮老虎除尘	无尘	半年
	7	控制台表面除尘	用干净布、毛刷除去表面灰尘	无尘	每日
集成报警器	1	指示灯	直观目测	绿色指示灯亮，其余指示灯不亮	1个月
	2	电源电压	在按下内部电源电压/后备电压切换键（或外部Battery Test键）前后，目测指示灯是否正常	指针指示+24V（+5V）	1个月
	3	报警功能	按下Fire Test键	Zone Alam指示灯和Switch Care指示灯亮几十秒后，蜂鸣器警铃响	1个月
	4	内部各接线端子	用螺丝刀逐个紧固	端子连接牢固，不松动	半年
	5	信号（电源）线	如有轻微破损，用绝缘胶带包扎，破损或老化严重时更换	导线无破损、老化现象	半年
	6	表面及内部除尘	用小毛刷、皮老虎除尘	无尘	半年
	7	报警按钮盒	直观目测	按钮盒完好、无松动	1个月

续表

设备	序号	养护项目	养护方法	养护技术要求	养护周期
消防应急广播系统	1	主机各电源信号、控制信号及音量调节键	直观目测	信号指示正常,音量调节位置合适	1个月
	2	切换器、控制器	通电试验	转换工作正常	1个月
	3	各放大器	放音试听音质、音量	音质、音量良好	1个月
	4	各接线端子及线路	用螺丝刀紧固,导线如有破损,用绝缘胶带包扎	端子无松动,各导线完好	1年
	5	压带轮主导轴、磁带机磁头	用清洗带清洗	表面无粉尘	3个月
	6	各层扬声器接线是否牢固,纸盒是否完好	如松动,用螺丝刀紧固	各层扬声器接线牢固,纸盒无破损	半年
	7	主机柜内除尘	用毛刷、皮老虎除尘	无尘	半年

2. 消防报警及应急广播系统日常养护

（1）每月在消防控制室用话筒对所选区域播音,检查音响效果。

（2）每季度在自动控制方式下,分别触发两个相关的火灾探测器或触发手动报警按钮后,核对启动火灾应急广播的区域,检查音响效果。

（3）每月在公共广播扩音机处于关闭和播放状态下,自动和手动强制切换火灾应急广播。

（4）每季度用声级计测试启动火灾应急广播前的环境噪声,当大于 60dB 时,重复测量启动火灾应急广播后扬声器播音范围内最远点的声压级,并与环境噪声对比。

12.3.2 消防报警及应急广播系统养护费用测算

消防报警及应急广播系统养护费用参照相关设备养护费用标准进行测算。

第13章 服务区电气设备养护

13.1 柴油发电机组

服务区柴油发电机组用于服务区应急供电,其设备的品质与安全可靠性直接影响到人民生命及国家财产安全。由于发动机与发电机是柴油发电机组的核心部件,因此柴油发电机组制造厂家应有标准产品标识证书及同系列产品的型式试验报告,以确保所提供的产品满足国家标准且质量可靠。

13.1.1 柴油发电机组养护

1. 柴油发电机组养护技术要求

(1) 润滑部分。检查润滑机油油位,保证油位在接近油位标准位置,但不可超过,并保证润滑机油质量。

(2) 冷却水部分。检查引擎冷却水箱水位,水位应在散热水箱盖下约 50mm 位置,换水后一定要加注防锈水。

(3) 柴油部分。油箱中有足够的柴油,燃油系统管路无渗漏,并且到柴油机的管路是畅通的。燃油按照当地气温选择柴油标号,寒冷地区冬季一定要注意柴油防冻,要换成冬季柴油标号。

(4) 启动部分。检查蓄电池的端电压是否为 25V,如果电解液液面过低,可添加适量相同比重的电解液。

2. 柴油发电机组日常养护

（1）柴油发电机组每月试运行 2 次，时间为 30min（在没有或不经常使用的情况下，每月试运行）。

（2）每月清洁并加油 1 次。

（3）每年保养 1 次[参照使用说明书进行保养，及时更换"三滤"（即柴油滤清器、空气滤清器、机油滤清器）]。

（4）每个柴油发电机组，一般应保持足够开机 24h 的用油。油箱应每年清理 1 次，以保持油质纯净。

（5）经常检查充电机是否良好，保持蓄电池的充电，以备应急之用。一般每月至少检查 1 次。

柴油发电机组养护项目见表 13-1。

表 13-1 柴油发电机组养护项目

序号	养护项目	养护内容（含使用材料规格）	养护周期
1	发电机外部清洁	用抹布擦除油污	每周
2	发电机燃油、机油量，冷却用水量	存 0#柴油够运行 12h，机油位接近油尺，不够加补；水箱水在水箱盖下 50mm，不够加满。原则上应存足 24h 应急燃油，若确受油箱容积限制，则应存足油箱上限，不够加补	每月
3	启动蓄电池	蓄电池的电解液液面高出极板 10~15mm，不足时添加蒸馏水；蓄电池电压指示 24V	每月
4	机油滤清器	更换机油滤清器 2 个	运行 250h
5	燃油滤清器	更换燃油滤清器 2 个	运行 250h
6	水滤清器	更换水滤清器 1 个	运行 250h
7	空气滤清器	拆下吹净，晒干后再装上	运行 250h
8	机油	说明书有规定者按规定，无规定者则更换 MOBIL SAEISE-40 机油	运行 250h
9	水箱水	换水后加防锈水	运行 250h
10	空气滤清器	更换空气滤清器 1 个	运行 500h
11	断路器、电缆接点	拆开发电机侧板，对断路器 4 个固定螺钉及发电机电源输出端与电缆耳锁所有螺钉进行紧固	每年

13.1.2 柴油发电机组养护费用测算

柴油发电机组养护的工作内容：清洗、擦拭、检查修改控制箱参数、更换柴油滤清器、空气滤清器、更换机油、更换防冻液、更换蓄电池、蓄电池充电、空载试验、电压调解整定等。

柴油发电机组养护费用测算表见表 13-2。

表 13-2 柴油发电机组养护费用测算表

项目名称				柴油发电机组养护(120～350kW)
计量单位				台
基价/元				4504.81
其中	人工费/元			384.00
	材料费/元			4114.33
	机械费/元			6.48
	名称	单位	单价/元	消耗量
人工	综合工日	工日	96.00	4.000
材料	机油滤芯（粗+细）	套	520.00	1.000
	柴油滤芯	个	520.00	1.000
	空气滤芯	个	380.00	1.000
	毛刷（2″）	把	2.00	2.000
	机油	kg	11.20	32.000
	固定密闭式铅酸蓄电池	块	1800.00	1.000
	塑料手套（ST 型）	个	4.00	8.000
	清洗剂（500mL）	瓶	18.38	2.000
	蒸馏水	kg	0.30	5.000
	棉纱线	kg	5.86	5.400
	砂纸	张	0.50	10.050
	充电器	个	190.00	0.500
	防冻液	kg	3.50	60.000
	塑料油桶（50L）	个	120.00	1.000
机械	数字万用表（7151）	台班	5.96	0.500
	吸尘器	台班	7.00	0.500

13.2 动力配电柜

服务区动力配电柜是服务区的重要供电设备，用来控制服务区的供电系统，保证服务区正常安全用电。

13.2.1 动力配电柜养护

1. 动力配电柜养护技术要求

（1）动力配电柜柜体上的开关指示、按钮指示、指示灯、名称标牌要清晰齐全，标牌固定牢固。

（2）动力配电柜的名称、用途、分路标记及系统接线图完整。

（3）动力配电柜箱门配锁，并由专人负责。

（4）动力配电柜内不得放置任何杂物，并保持整洁。动力配电柜内不得随意挂接其他用电设备。

（5）配电室内干燥、干净、整洁，保持一定温度。

（6）配电室有"严禁进入"的提示牌。

2. 动力配电柜日常养护

（1）动力配电柜应定期检查、维修。检查、维修人员必须是专业电工。检查、维修时，必须按规定穿戴绝缘鞋和绝缘手套，必须使用电工绝缘工具，并应做检查、维修工作记录。

（2）对动力配电柜进行定期检查、维修时，必须将其前一级相应的电源隔离开关分闸断电，并悬挂"禁止合闸、有人工作"的停电标志牌，严禁带电作业。

（3）动力配电柜内的电器配置和接线严禁随意改动。熔断器的熔体更换时，严禁采用不符合原规格的熔体代替。漏电保护器每天使用前应启动漏电试验按钮试跳 1 次，试跳不正常时严禁继续使用。

（4）动力配电柜的进线和出线严禁承受外力，严禁与金属尖锐断口、强腐蚀性介质和易燃易爆物接触。

（5）动力配电柜周围采用钢筋或者架子管搭设防护，并涂上红、白双色安全漆。

13.2.2 动力配电柜养护费用测算

动力配电柜养护的工作内容：断开全部负荷开关、电容器放电、配电柜内外各种电器清洁、检查母线接头、断路器主触点打磨、除锈、检查绝缘子、拆除安装全部接线、遥测接地电阻、继电保护试验、万用表测量各电器元件是否正常。

动力配电柜养护费用测算表见表13-3。

表13-3 动力配电柜养护费用测算表

	项目名称		动力配电柜养护	
	计量单位		台	
	基价/元		656.29	
其中	人工费/元		96.00	
	材料费/元		377.24	
	机械费/元		183.05	
	名称	单位	单价/元	消耗量
人工	综合工日	工日	96.00	1.000
材料	毛刷（2″）	把	2.00	2.000
	塑料绝缘导线（BV-4.0mm^2）	m	3.11	50.000
	自粘性橡胶带（20mm×5m）	kg	3.50	1.000
	尼龙扎带（L=100~150mm）	根	0.13	25.000
	尼龙扎带（200mm）	个	0.26	25.000
	酒精（工业用99.5%）	L	2.10	0.400
	电力复合脂	kg	252.00	0.500
	棉纱线	kg	5.86	1.080
	砂纸	张	0.50	10.050
	手套	副	2.00	2.100
	口罩	只	2.00	2.050
	应急照明灯（36V/250W）	个	290.00	0.200
机械	汽油发电机（10kW以下）	kg	341.07	0.500
	吸尘器	个	7.00	0.500
	数字万用表（7151）	台班	5.96	0.500
	数字兆欧表（BM-2061000MΩ）	台班	12.06	0.500

13.3 供电电器

服务区供电电器包含变压器、低压开关柜、电容器柜、柴油发电机、强电井等,需要有专人负责日常的维护与维修,保障正常供电。

13.3.1 供电电器养护

1. 供电电器养护技术要求

(1) 供电电器在配电室防潮、防尘,安全可靠,并按周期进行养护。

(2) 有专人负责,有警示牌。

(3) 接线牢靠,符合接线技术标准。

2. 供电电器日常养护

(1) 供电电器每日巡视养护。

供电电器每日巡视养护项目、部位、内容及要求见表13-4。

表13-4 供电电器每日巡视养护项目、部位、内容及要求

序号	项目	部位	内容	要求
1	变压器	外壳	1.检查低压母线 2.检查壳体	1.低压母线无发热变色 2.外壳清洁、无污迹、无放电痕迹
		温度计	1.检查是否完好 2.观察温度指示	1.显示正常、无损坏 2.温度不超过140℃
		声响	监听变压器声响	发出均匀的"嗡嗡"声,无异常杂音
		变压器室	1.检查门窗、地面、四壁 2.检查通风道、通风设施 3.检查室内照明设施 4.检查室内消防设施	1.无杂物、不渗水,能防止小动物进入,干净整洁、功能正常 2.通风良好、无锈蚀 3.开关、灯具功能正常 4.消防设施功能正常

续表

序号	项目	部位	内容	要求
2	低压开关柜	柜正面	1.清扫（擦拭）柜正面 2.检查仪表指示及运行参数 3.检查空气开关 4.检查闸门开关、操作机构 5.检查分闸、合闸指示灯	1.无灰尘、无污迹 2.仪表工作正常，电流、电压在正常范围内 3.空气开关功能正常 4.闸门开关、操作机构工作状况符合运行要求 5.指示灯指示正常
		柜背面	1.观察母线、接点、引出线 2.检查电度表	1.连接良好，接点无发热变色 2.电度表铝盘转动正常
3	电容器柜	柜正面	1.清扫（擦拭）柜正面 2.检查仪表指示及运行参数 3.检查自动补偿器 4.检查各组电容指示灯	1.无灰尘、无污迹 2.仪表工作正常，电流、电压在正常范围内 3.自动补偿器功能正常 4.指示灯完好
		柜内	1.观察电容器壳体、套管 2.检查导线及其连接点 3.检查柜内温度	1.电容器无膨胀、无渗漏油 2.连接导线无发热变色，无热熔现象 3.柜内温度不超过45℃
4	柴油发电机	机身	清扫机身及周围地面	无灰尘、无杂物
		控制房	检查信号指示、各控制形式、状态	处于正常备用状态，符合运行规程要求
		蓄电池	1.检查浮充电压、电流值 2.检查蓄电池电解液比重及液位	1.浮充电压为（26±1）V，浮充电流为1~2A（观察充电电流表） 2.电解液比重1.26~1.30（采用吸式比重计），液位不低于极板
		冷却水箱	检查水位	水位在正常刻度范围内
		储油箱	检查油位	保证储油至少能供机组运行24h
		润滑油	检查润滑油油位	润滑油油位高度应在油尺有效刻度范围内
		通风	检查机房通风设施	风机运行正常、室内通风良好

续表

序号	项目	部位	内容	要求
5	强电井	强电井室	1.检查房顶、四壁、地面、门 2.检查室内照明设施 3.检查电缆、母线槽	1.无损坏、无杂物、无漏水,能防止小动物进入,干净整洁 2.开关、灯具功能正常 3.电缆、母线槽无损伤、无放电痕迹、无过热

（2）供电电器每周养护。

供电电器每周养护项目、部位、内容及要求见表13-5。

表13-5 供电电器每周养护项目、部位、内容及要求

序号	项目	部位	内容	要求
1	变压器	接地线	检查接地线	无断股、无锈蚀
		连接点	检查连接点	接触良好
2	低压开关柜	柜背面	1.检查闸刀开关 2.检查自动开关 3.检查保险丝具 4.检查电缆及电缆头 5.检查母线支撑固定装置	1.无发热变色 2.三相闸夹到位 3.灭弧罩牢固不松动 4.接线桩头无发热变色,无焦糊异味 5.固定可靠,无破损,无松动
		地下电缆室	1.检查室内环境 2.检查电缆托盘 3.检查电缆	1.无杂物、无垃圾、无积水 2.电缆托盘固定可靠 3.电缆排列整齐、有序,无杂物,无损坏,无放电痕迹
3	电容器柜	柜正面	手动（用转换开关）逐组投切电容器	控制正常、功能良好,指示仪表及信号正确
		接地线	检查接地线	无松动、无断股
		柜内	检查熔断器、接触器、热继电器及其接线	接触良好、无过热、无损坏
4	柴油发电机	冷却水系统	1.检查冷却水箱水位 2.检查各管路及连接部位	1.水位距注水口约50mm 2.连接良好,无渗漏
		燃油系统	1.检查油箱油位 2.检查各管路及连接部位	1.油位正常（保证24h运转） 2.连接良好,无渗漏

续表

序号	项目	部位	内容	要求
4	柴油发电机	润滑系统	1.检查油尺、油位 2.检查机油油质	1.油位高度应在油尺有效刻度范围内 2.油质应清洁、无杂质
		空气流阻指示器	检查空气流阻指示器	色标应为绿色
		控制系统	1.按操作规程手动空载试运行 2.检查发电机控制屏上各类仪表及信号指示灯	1.启动迅速，开关正常，运转无异常声响，电压、频率正常 2.油压、水压正常，油温、水温正常，信号灯指示正常

(3) 供电电器年度养护。

供电电器年度养护项目、部位、内容及要求见表13-6。

表13-6 供电电器年度养护项目、部位、内容及要求

序号	项目	部位	内容	要求
1	变压器	变压器	1.全面清扫、擦拭 2.全面紧固螺栓连接部分 3.测量绕组直流电阻、线圈绝缘电阻、相间绝缘电阻	1.清洁、无油垢 2.紧固螺栓牢固无松动 3.三相电阻应平衡（相间差别不大于三相平均值的4%、线间差别不大于三相平均值的2%），采用2.5kV兆欧表，限值符合有关规定
		电气连接	1.调压连接片 2.一次电缆接头、二次母线槽接口	1.调压连接片连接良好 2.电缆接头及母线槽接口紧固、良好
		变压器室	1.全面清扫 2.清扫、检查高压负荷开关 3.检查修理室内照明、通风、消防设施	1.清洁、无蛛网、积尘 2.清洁、动作正常，安装牢固 3.无损坏、缺失，功能正常，无故障

续表

序号	项目	部位	内容	要求
2	低压开关柜	仪表	校验仪表	仪表工作正常，电流、电压在正常范围内
		电度表	校验电度表	电度表铝盘转动正常
		柜内	1.全面清扫灰尘 2.整理二次线，补齐、更换二次线接线号 3.检修闸刀开关 4.检修自动开关 5.全面检查紧固螺栓连接点 6.检查相位漆	1.无灰尘、无油质、无杂物 2.二次线整齐、美观、清晰，保证三相同期到位，接触面（线）大于2/3以上 3.刀片夹座接触压力合适 4.触头不烧损，动作可靠灵活，无缺损件 5.紧固螺栓连接牢固、无松动 6.相位漆颜色符合规定
		地下电缆室	全面清扫、整理	无垃圾、无杂物，电缆排列整齐
3	电容器柜	柜内	1.全面清扫灰尘 2.整理二次线，更换字迹不清晰的接线号 3.检修控制元器件	1.无灰尘、无油垢、无杂物 2.二次线整齐、美观、清晰 3.控制元器件完好无缺损、动作可靠
		电容器	1.检查电容器壳体 2.测量电容器两极对外壳及两级间绝缘电阻 3.测量电容容量	1.壳体无凹凸、无破损 2.绝缘电阻值不做规定，使用1000V兆欧表 3.用微法表测量或用电压流量表测量，容量不超过额定值的±10%；更换失效的电容器
4	柴油发电机	冷却水系统	1.检查紧固各连接部分螺栓 2.检查连接导线 3.检查冷却水 4.检查机油滤清器 5.检查机油油质 6.检查油水分离器 7.检查燃油滤清器	1.各连接部分螺栓无松动 2.导线连接完好 3.更换冷却水 4.更换机油滤清器 5.油质应清洁、无杂质；若机油变黑，应更换机油 6.清洗或更换油水分离器 7.清洗或更换燃油滤清器

续表

序号	项目	部位	内容	要求
4	柴油发电机	燃油系统	1.检查油箱油位 2.检查各管路及连接部位	1.油位正常（保证24h运转） 2.连接良好，无渗漏
		润滑系统	1.检查油尺、油位 2.检查机油油质	1.油位高度应在油尺有效刻度范围内 2.油质应清洁、无杂质
		空气流阻指示器	检查空气流阻指示器	色标应为绿色
		控制系统	1.按操作规程手动空载试运行 2.检查发电机控制屏上各类仪表及信号指示灯	1.启动迅速，开关正常，运转无异常声响，电压、频率正常 2.信号灯指示正常，油压、水压正常，油温、水温正常
5	供配电接地系统	接地线	检查接地线螺栓及连接情况	紧固良好
		接地体	检查接地体焊接头	焊接良好、无锈蚀
		接地电阻	用接地电阻测量仪测量接地电阻	接地系统的接地电阻小于10Ω

13.3.2 供电电器养护费用测算

供电电器养护费用根据厂家提供的养护内容进行协商测算。

13.4 电动汽车充电桩

服务区配有多个电动汽车充电桩，电动汽车充电桩都是固定在地面上的，其输入端与交流电网直接连接，输出端都装有充电插头，可以根据不同的电压等级为各种型号的电动汽车充电。电动汽车充电桩一般提供常规充电和快速充电两种充电方式，可以使用特定的电动汽车充电卡，在电动汽车充电桩提供的人机交互操作界面上刷卡使用，进行充电时间设定、充电、费用数据打印等操作（电动汽车充电桩显示屏能显示充电量、费用、充电时间等数据）。

13.4.1 电动汽车充电桩养护

1. 电动汽车充电桩养护技术要求

（1）电动汽车充电桩可实现定时间、定电量、定金额、自动充满等自动充电方式；能显示运行状态、充电电压、充电电流、充电时间、充电电量、计费情况、故障提示等信息；显示字符清晰、完整，不依靠环境光源即可辨认，在阳光直射下也可辨认；其外表面的永久性铭牌清晰、干净。

（2）插头与插座正确连接确认成功后，带负载可分合电路方可闭合，实现对插座的供电；漏电保护装置安装在供电电缆进线侧。

（3）在 IT 系统的配电线路中，当发生第一次接地故障时，应由绝缘监视器发出音响或灯光信号；当发生第二次异相接地故障时，应由过电流保护电器或漏电电流动作保护器切断故障电路。

（4）插座回路的电源侧设置剩余电流动作保护装置，其额定动作电流为 30mA。

（5）电动汽车充电桩的安全防护：电动汽车充电桩应具备急停开关，可通过手动或远程通信的方式紧急停止充电，同时还应具备输出侧的漏电保护功能、输出侧过流和短路保护功能、阻燃功能。

2. 电动汽车充电桩日常养护

（1）每日检查充电枪。不使用时尽量避免枪头直接暴露在外面，应插回插座，防止损坏；检查充电线缆或充电枪头，如有外壳破损、线缆裸露等问题存在，不要继续使用；拔枪时，注意枪柄卡扣位置，避免野蛮拖拽；保持枪头干燥，禁止积水存在。

（2）每周检查桩体。检查桩体外壳是否生锈、漏水；显示屏显示信息是否完整、清晰；指示灯是否能正常指示；设备门锁是否有损坏、是否上锁；急停开关是否有损坏。

（3）每周进行功能检测。充电功能：与充电员或司机沟通，是否存在充电不正常的现象。后台连接：联网的桩体是否已连接上服务器。

（4）每月数据记录。电量记录：每月下载 1 次数据，作为后续运营数据分析。故障记录：针对发现的故障进行记录跟进。

13.4.2 电动汽车充电桩养护费用测算

电动汽车充电桩养护费用按当地及电力部门的养护费用标准进行测算。

13.5 电　　梯

服务区主楼及餐厅等装有电梯，有些区域还根据需要装有货梯。电梯应按要求进行养护。

13.5.1 电梯养护

1. 电梯养护技术要求

（1）电梯底坑保持干燥，底坑等部位应保持清洁、无垃圾，清除油污及灰尘。发现有积水时应及时排除，并做干燥处理。

（2）电梯运行平稳，制动及运行时应舒适，无抖动、冲击的感觉，运行曲线应平滑，运行效率高。

（3）厅轿门关闭连锁打开瞬间至电梯启动瞬间的间隔时间应小于0.3s。

（4）电梯门运行效率：开关门的时间可调整，并采用提前开门方式。

（5）电梯控制柜总闸及极限开关各电器元件齐全、无损伤，接线牢固。检查熔断器、熔丝接触情况，接点牢固，应无打火现象。

（6）急停、安全窗、井底、限位等安全开关应接触良好，动作正常、可靠，不准跨接。

（7）曳引机机体外观应保证清洁、光亮。

2. 电梯日常养护

（1）电梯要求每半个月保养1次，时间不少于2h。

（2）要求养护人员做到定人、定时、定梯进行保养。

（3）检修时对电梯以下各部位要进行检查，确保其工作正常、清洁、润滑。

（4）电动机运行中，不应有摩擦声、碰撞声或其他杂音，如有异常声响应停梯检查是否有异物侵入滑动轴承，检查轴承是否损坏。

（5）每月检查限速系统。限速轮应外观清洁，动作灵活，油路通畅，绳钳口处无异物、油污，轮槽无异常磨损。

（6）每月检查涨绳轮及安全钳装置。涨绳轮及安全钳装置应外观清洁，油路通畅，转动平稳，张紧轮毡垫加油，安全钳各联动机构灵活，钳口与导轨侧工作面间隙为 2～3mm。

（7）每月检查选层系统。选层器转动及滑动部分应清洁且油量充足，接点清洁，压力适当。

（8）每月检查厅门、轿门系统。厅门、轿门、转动部位及滑道转动部件应清洁，转动自如，并及时添加润滑油。上下滑道应清除杂物，上滑道应加润滑油，吊门轮、门滑块有磨损的应及时更换。

（9）每月检查开关门机构。开关门总程、活动部位及转动部位应清洁并加润滑油，皮带应松紧适当、不打滑，开门机应清除积碳并进行保洁。

（10）每月检查层显系统及内选、外呼系统。各元件指示功能应正常，按钮活动自如、无卡阻。灯光应显示正常，清洁无尘。

（11）每月检查井道系统。轿厢应间隙均匀，无严重磨损。油盒、油刷应无缺损，轨道润滑良好。钢丝绳张力应均匀且无断股，发现断股应及时更换。

13.5.2 电梯养护费用测算

电梯养护费用按照厂家及售后服务部门的养护费用标准进行测算。

13.6 垃圾处理设备

服务区一般不设专用的垃圾处理站，都是用垃圾转运车把垃圾运到就近的垃圾处理站或使用垃圾中转站进行处理。但现在新建的大型服务区要求有垃圾处理站。垃圾处理站的设备有地埋式垃圾处理设备、垂直式垃圾压缩设备、垃圾分选设备、干湿垃圾处理设备等。

13.6.1 垃圾处理设备养护

1. 垃圾处理设备养护技术要求

（1）设备完好无损坏，明显位置有维修保养记录。
（2）设备整体清洁，表面无杂物及污物。
（3）设备地坑清洁，无杂物、无污水。
（4）杂物滤网无堵塞。
（5）垃圾处理设备工作无异常声响。

2. 垃圾处理设备日常养护

（1）作业 70h 保养。

① 检查压缩油缸各法兰连接螺栓、机架各连接螺栓有无松动现象。

② 检查紧固液压系统中各部位的连接螺栓、接头、管箍、管夹等，并检查有无油液渗漏现象。

③ 检查液压油油量，应当确保液压油的油面在液位计中线以上的位置，如发现油位过低，应检查油箱、阀门、油管是否损坏，若损坏应及时维修，到可以正常工作为止。

④ 检查压头、压缩储存箱的导向装置、油缸活塞杆、支撑架轴承等滑动部件是否灵活，应定期注入标准牌号的润滑油。

（2）作业 500h 保养。

① 检查导向滚轮间隙是否合适，必要时应予以调整。
② 检查推板及滑道滚轮的磨损情况，必要时应更换。
③ 检查各作业装置中的零部件是否有轻微变形，必要时应给予校正。
④ 检查液压元件是否能正常工作，必要时应拆检或更换；如果有油液渗漏现象，应更换密封件。
⑤ 观察液压油是否脏污或变质，如果液压油状况很差，应更换

液压油。

⑥ 重新拧紧机器上的所有螺栓。

（3）作业 2000h 保养。

① 检查行程开关是否可靠，必要时应予以更换。

② 检查并修复各处焊缝，特别是各重要部位的焊缝。

③ 检查各装置零部件的磨损和操作情况，对磨损和操作严重者应予更换。

④ 清洗液压油箱、各滤油器、空气滤清器和液压管路，更换液压油，对有磨损的各密封件和软管应予以更换；严禁不同类型液压油混合使用；检查液压油的清洁度，液压油每年至少更换 1 次；加注新液压油时，应用 20μm 以上精度的加注机进行。

⑤ 定期检查滤芯堵塞发讯器是否正常；定期清洗滤芯，第 1 年每 6 个月更换 1 次滤芯，以后每年至少更换 1 次滤芯。

⑥ 油缸活塞杆应保持清洁（垃圾等杂物将损坏密封）。定期检查各液压油管、接头等连接处有无渗漏现象，一旦发现应及时处理；液压软管如有老化、破损现象，应立即更换（使用 5 年，有无破损都应全部更换）。

13.6.2　垃圾处理设备养护费用测算

垃圾处理设备养护费用按照相关设备养护费用标准进行测算。

第 14 章
服务区太阳能设备养护

14.1 太阳能光伏发电系统

太阳能光伏发电技术日渐成熟,由于服务区一般远离城市,阳光无遮挡,以及国家对太阳能光伏发电系统推广应用的政策支持,服务区太阳能光伏发电系统的装配发展迅猛。

14.1.1 太阳能光伏发电系统养护

1. 太阳能光伏发电系统养护技术要求

(1) 系统设备完好,能按额定性能发电,保证一定的用电需求。

(2) 太阳能光伏发电系统的整体运行情况良好,设备仪表和计量检测仪表的数据显示正常。

(3) 在太阳能光伏发电系统正常运行期间,一般大于 20kW 容量的系统应配备专人巡检,容量在 20kW 以内的系统可由用户自行检查。

2. 太阳能光伏发电系统日常巡检

(1) 观察太阳能电池方阵表面是否清洁,及时清除灰尘和污垢,可用清水冲洗或用干净抹布擦拭,但不得使用化学试剂清洗;检查太阳能电池方阵有无接线脱落等情况。

(2) 注意观察所有设备的外观有无锈蚀、损坏等情况，用手背触碰设备外壳检查有无温度异常，检查外露的导线有无绝缘老化、机械性损坏，检查箱体内有无进水等情况，检查有无小动物对设备形成侵扰等情况，检查设备运行有无异常声响，运行环境有无异味，如有应找出原因，并立即采取有效措施予以解决。

(3) 观察蓄电池的外壳有无变形或裂纹，有无液体渗漏；检查充放电状态是否良好，充电电流是否适当；检查环境温度及通风是否良好，并保持室内清洁；检查蓄电池外部是否有污垢和灰尘等。

3. 太阳能光伏发电系统日常养护

太阳能光伏发电系统，除了日常巡检以外，还需要专业人员进行定期检查和养护。定期养护一般每月或每半月进行 1 次，内容如下。

(1) 检查、了解运行记录，分析太阳能光伏发电系统的运行情况，对于太阳能光伏发电系统的运行状态做出判断，如发现问题，应立即进行专业的养护和指导。

(2) 设备外观检查和内部检查，主要涉及活动和连接部分的导线，特别是大电流密度的导线、功率器件、容易锈蚀的地方等。

(3) 对于逆变器应定期清洁冷却风扇，并检查是否正常，定期清除机内的灰尘，检查各端子螺钉是否紧固，检查有无过热后留下的痕迹及损坏的器件，检查电线是否老化。

(4) 定期检查和保持蓄电池电解液相对密度，及时更换损坏的蓄电池。

(5) 有条件时，可采用红外探测的方法，对太阳能电池方阵、线路、电气设备进行检查，找出异常发热和故障点并及时解决。

(6) 每年应对太阳能光伏发电系统进行 1 次系统绝缘电阻及接地电阻的检查测试，以及对逆变控制装置进行 1 次全项目的电能质量和保护功能的检查和试验。

14.1.2　太阳能光伏组件养护

太阳能光伏组件主要有太阳能电池方阵、蓄电池组、控制器、逆变器、防雷接地系统等。

1. 太阳能光伏组件养护技术要求

（1）太阳能电池方阵采光面保持清洁，阳光充足、无遮挡。

（2）蓄电池室内清洁、干燥、通风良好、光线充足。

（3）控制器和逆变器安装牢固，接线无松动。

（4）防雷接地系统连接处紧固、接触良好，接地体附近地面无异常。

2. 太阳能电池方阵日常养护

（1）保持太阳能电池方阵采光面的清洁：如积有灰尘，可用干净的线掸子进行清扫；如有污垢清扫不掉，可用清水进行冲洗，然后用干净的抹布将水迹擦干；切勿用有腐蚀性的溶剂清洗或用硬物擦拭；遇有积雪时要及时清理。

（2）要定期检查太阳能电池方阵的金属支架有无腐蚀，并定期对金属支架进行油漆防腐处理。太阳能电池方阵支架要保持接地良好。

（3）使用中要定期（1～2个月）对太阳能电池方阵的光电参数及输出功率等进行检测，以保证太阳能电池方阵的正常运行。

（4）使用中要定期（1～2个月）检查太阳能电池组件的封装及连线接头，如发现有封装开胶进水、电池片变色，以及接头松动、脱线、腐蚀等，要及时进行维修或更换。

（5）对带有极轴自动跟踪系统的太阳能电池方阵支架，要定期检查跟踪系统的机械和电气性能是否正常。

3. 蓄电池组日常养护

（1）保持蓄电池室内清洁，防止尘土入内；保持室内干燥、通风良好、光线充足，但不应使阳光直射到蓄电池上。

（2）室内严禁烟火，尤其在蓄电池处于充电状态时。

（3）养护蓄电池时，养护人员应配戴防护眼镜和身体防护用品，使用绝缘器械，防止人员触电，防止蓄电池短路和断路。

（4）经常进行蓄电池正常巡检的检查项目。

（5）正常使用蓄电池时，应注意切勿使用任何有机溶剂清洗电池，切不可拆卸电池的安全阀或在电池中加入任何物质，电池放电后应尽快充电，以免影响电池容量。

4. 控制器和逆变器日常养护

（1）控制器和逆变器的操作使用要严格按照使用说明书的要求和规定进行。开机前，要检查输入电压是否正常；操作时，要注意开关机的顺序是否正确，各表头和指示灯的指示是否正常。

（2）控制器和逆变器在发生断路、过电流、过电压、过热等故障时，一般都会进入自动保护而停止工作。这些设备一旦停机不要马上开机，要等查明原因并修复后再开机。

（3）逆变器机箱或机柜内有高压，一般情况下，操作人员不得打开机箱或机柜，柜门平时要锁死。

（4）当环境温度超过 30℃时，应采取降温散热措施，防止设备发生故障，延长设备使用寿命。

（5）经常检查机内温度、声音和气味等是否异常。

（6）控制器和逆变器的养护检修：要严格定期查看控制器和逆变器各部分的接线有无松动现象（如保险、风扇、功率模块、输入和输出端子及接地等），发现接线有松动应立即修复。

5. 防雷接地系统日常养护

（1）每年雷雨季节前，应对太阳能光伏发电系统的防雷接地系统进行检查和养护，主要检查连接处是否紧固、接触是否良好、接地体附近地面有无异常，必要时应挖开地面抽查地下隐蔽部分的锈蚀情况，如果发现问题应及时处理。

（2）每年应对接地网的接地电阻进行 1 次测量。

（3）每年雷雨季节前，应利用防雷元件老化测试仪对运行中的防雷器进行 1 次检测。雷雨季节中，要加强外观巡视，如发现防雷模块显示窗口出现红色，应及时进行更换处理。

14.1.3　太阳能光伏发电系统养护

太阳能光伏发电系统养护费用参照厂家提供的养护内容进行协商测算。

14.2 太阳能热水系统

太阳能热水系统是利用太阳能集热系统采集太阳热量，在阳光的照射下使太阳的光能充分转化为热能，通过太阳能自动控制系统自动控制循环泵或电磁阀等功能部件，将系统采集到的热量传输到大型储水保温水箱中，再匹配当量的电力、燃气、燃油等能源，把储水保温水箱中的水加热并使之稳定的定量能源设备。太阳能热水系统的养护包括对太阳能集热系统、太阳能自动控制系统、辅助加热系统，管路、水箱及附件的养护。

14.2.1 太阳能集热系统养护

太阳能集热器是太阳能集热系统最主要的部件。下面主要介绍太阳能集热器的养护。

1. 太阳能集热器养护技术要求

（1）太阳能集热器完整无损坏，表面清洁，无遮盖。

（2）太阳能集热器投入使用后，应根据系统的特性和工作情况进行管理和定期养护，以保证其持续正常工作。

（3）防止太阳能集热器长期空晒及发生液态传热和工质冻结现象。尽量在无太阳光照 2h 后或在早上太阳光照之前上水。

2. 太阳能集热器日常养护

（1）真空管型太阳能集热器应定期清扫或者冲洗其表面的灰尘（灰尘会附着在真空管及反光板上，日久会影响光的透射率），半年至 1 年擦洗 1 次真空管，擦洗时先用肥皂水或洗衣粉水擦洗真空管，然后用清水冲刷真空管表面即可。

（2）全玻璃或热管真空管式集热器要重视防冻问题，特别是在严寒地区。全玻璃或热管真空管式集热器运行期间不能有硬物冲击，多冰雹的地区更要注意天气变化，及时加以保护。

（3）真空管内水温较高容易形成水垢，需要定期除垢。

14.2.2 太阳能自动控制系统养护

太阳能自动控制系统对于太阳能热水系统的稳定运行起着重要作用。

1. 太阳能自动控制系统养护技术要求

（1）金属热电阻温度传感器无变形、无损伤，电阻值随温度成正比变化的特性正常。

（2）调节器周围的环境温度与相对湿度正常。

（3）执行器外壳无破损，与之相连的连接器无损坏、老化，连接点无松动、腐蚀，执行器与阀门、阀芯连接的连杆无锈蚀、弯曲。

2. 太阳能自动控制系统日常养护

（1）每日巡检的运行参数：集热器进出口的水温，贮热水箱出口水温，恒温水箱出口流量，水泵和电磁阀的开关状态，恒温水箱水位，辅助加热装置的开关状态。

（2）传感器养护。太阳能热水系统常用的传感器是金属热电阻温度传感器。传感器每季度检查的内容如下。

① 检查热电阻是否受到强烈的外部冲击。因为强烈的外部冲击很容易使绕有热电阻丝的支架变形，从而导致热电阻丝断裂。

② 检查热电阻套管的密封性情况。如果套管的密封性受到破坏，被测介质中的有害气体或液体就会直接与金属丝接触，造成金属丝腐蚀，从而造成热电阻传感器损坏或准确度下降。

③ 检查热电阻引出线与传感器连接线的连接情况，发现有松动、腐蚀等情况应立即进行处理。

（3）每周清洁显示器、键盘的表面，检查调节器周围的环境温度与相对湿度是否在正常范围内，显示数据是否正确等。

（4）每月进行执行器的外观和动作检查。

① 外观检查主要包括检查执行器外壳有无破损，与之相连的连接器是否损坏、老化，连接点是否有松动、腐蚀，执行器与阀门、阀芯连接的连杆有无锈蚀、弯曲。

② 动作检查是用手动机构去代替伺服电动机,通过减速机构对执行器的动作情况进行检查,通过手动机构的转动,检查执行器的动作是否正确有效。当把执行器从最小转到最大时,看阀门是否从全开变为全关(或相反),运转是否灵活,中间是否有卡位现象。阀门不能全开/全关或中间有卡位现象时,应及时查明原因并予以修复。

③ 应注意环境温度对执行器的影响。电子元器件(如电阻、电容等)对温度变化有一定敏感性,它们的参数值往往会随着温度的变化而稍有变化。

14.2.3 辅助加热系统养护

辅助加热系统是保证太阳能热水系统正常工作的重要部分,主要部件为电加热器。

1. 电加热器养护技术要求

(1)初次启动电加热器时,必须保证电加热器装置内充满水,以排空电加热装置内的空气,确保充满水和排空空气之后,才能合闸送电。

(2)阀门的开闭状态正确,电加热器的安全阀能正常工作,低水位保护继电器能正常工作。

2. 电加热器日常养护

(1)由于水垢会影响加热元件的寿命,降低加热元件与水之间的热交换能力,导致加热元件过热或烧毁,因此每月应拆除加热元件,检查其结垢或淤积情况,如有必要应清洁加热元件。

(2)松散的粉状水垢可用钢丝刷清除,硬的水垢可用化学药水清除,清除后需进行中和。

(3)每半年应进行 1 次详细的养护检查。拆除并清洗电加热器和低水位探棒,检查加热元件是否有裂缝或出现松动,检查加热元件的导电能力,检查安全阀是否能正常工作,检查所有接线是否松动。

(4)每年进行 1 次保险丝养护。在通电状态下,用电压表检查保险丝两端的电压。在断电状态下取下保险丝,并用电压表或肉眼观察保险丝是否熔断。如果保险丝已熔断,应切断电源并更换同型号的保险丝。

(5) 每年进行 1 次电压检查。根据接线图,用万用表逐点测量各元件,检测各点电压是否正常。如果在某点测不到电压,应更换该元件并继续测量,直到完成整个电路的检测。检查可能用到的工具包括十字螺丝刀、一字螺丝刀、活扳手、拔线钳及带子(在需要更换的线上做记号)。

(6) 每年进行 1 次控制开关检查。控制开关失灵或损坏时应切断电源,逐根检查接线排上的所有接线是否松动或被腐蚀,如有必要应更换。用欧姆表测量开关是否能正常工作,如果损坏应更换。

(7) 每季度进行 1 次低水位保护继电器养护。用万用表检测继电器端子是否带电,检查该继电器各个部分电压是否正常。在通电状态下,用肉眼观察工作机件(插在继电器底部的长方体),如果出现故障,可用一字螺丝刀和拔线钳更换。

(8) 每季度进行 1 次加热元件温控器养护。在通电状态下,检查温控器两端的电压是否正常。在未通电的状态下,用连续灯光照明进行检测。如损坏,可用一字螺丝刀或十字螺丝刀进行更换。

(9) 每季度进行 1 次导线连接检查。在未通电状态下,用万用表逐点检查电路,以确定电路的连续性。如果电路某处出现断路,可使用以下工具进行修复:剥线钳、一字螺丝刀、十字螺丝刀、带子、接头等。修复完毕后,在未通电状态下重新检查电路,然后合上电源,用万用表再次进行检查。

(10) 每季度进行 1 次接触器触点检查。如果接触器上有灼烧痕迹或接触面不清洁,应用精细的金刚砂纸清洁。如果接触面被烧穿,应更换接触器。如果接触不良,可能是由于接触器线圈老化,这种情况应更换接触器。可用安培表测量接触器两引脚检测电流。在未通电状态下,用欧姆表测量两接触面是否接触良好,也可用肉眼从侧面观察接触情况。用电压表检测通过接触器的电量。如果需要,应更换接触器,但应在连接导线上做好标记后再更换接触器。

(11) 每季度进行 1 次加热元件检查。在未通电状态下，用欧姆表检测加热元件是否损坏。在通电状态下，用电压表检查加热元件上各点间的电压，确定加热元件是否损坏。如果加热元件已损坏，应及时更换，在更换加热元件时，应同时更换垫圈及垫圈密封。检查各加热元件上的电压降和电流是否正常。

14.2.4　管路、水箱及附件养护

由于太阳能热水系统的管路、水箱的温度较高，因此管路、水箱的日常养护尤其重要。太阳能热水系统中的附件主要是阀门，阀门按结构形式和功能分为闸阀、蝶阀、截止阀、止回阀（逆止阀）、平衡阀、电磁阀、电动调节阀和排气阀等。

1. 管路、水箱及附件养护技术要求

（1）管道保温层和表面防潮层无破损或者脱落，无热桥和结露滴水现象。

（2）管道内无空气，热水能够正常输送到各个配水点。

（3）水箱的保温密封性良好，无任何缝隙和孔眼。

（4）阀门启闭正常、调节有效、不漏水、不滴水、不锈蚀；不能用阀门来支撑重物，严禁操作或检修时站在阀门上工作，以免损坏阀门或者影响阀门的性能。

2. 管路、水箱及附件日常养护

（1）对管道进行除锈，定期冲洗整个系统，防止沉积的锈垢堵塞管道。

（2）如果发现水箱密封性遭到破坏，应及时修补。太阳能集热系统中的热水主要集中贮存在水箱中，水箱内水温高，有些地区水质硬易结水垢，长时间使用后会影响水质和吸热效率，可根据具体情况 2～3 年除垢 1 次。

（3）保持阀门清洁；阀杆螺纹部分要涂抹黄油，以减少螺杆与螺母摩擦时产生的磨损；不经常调节或启闭的阀门必须定期转动手轮或者手柄，以防生锈咬死；对自动动作的阀门（如止回阀和排气

阀），要经常检查其工作是否正常、动作是否失灵，有问题应及时修理和更换；对电力驱动的阀门（如电磁阀和电动调节阀），除阀体的养护外，管路系统的支撑构件包括支吊架和管箍等也需要养护，因为它们在长期运行中会易出现断裂、变形、松动、脱落和锈蚀等，养护时应针对具体的原因采取相应的措施（如更换、补加、重新加固、补刷油漆等）来解决。

14.2.5 太阳能热水系统养护费用测算

太阳能热水系统养护费用根据当地实际情况及厂家要求进行测算。

第 15 章 服务区视频安防监控系统养护

服务区视频安防监控系统养护主要包括软件维护和硬件维护。

1. 视频安防监控系统养护技术要求

（1）视频安防监控系统（以下简称"系统"）工作正常，录像有储存、能回放、能输送数据，无缺损。

（2）系统计算机的工作环境干净，湿度、温度适宜，无硬盘及系统主板等硬件故障。

（3）系统线路正常，无短路、断路或漏电等故障。

（4）摄像机或球机工作正常，无损坏，且图像清晰。

（5）系统具体项目的养护技术要求见表 15-1。

表 15-1　系统具体项目的养护技术要求

序号	养护技术要求
1	黑白摄像机应清洁，确认监控方位应和设计方案一致
2	彩色摄像机应清洁，确认监控方位应和设计方案一致
3	微光摄像机应清洁，确认监控方位应和设计方案一致
4	室内外防护罩应清洁、牢固，确认进线口密封
5	监视器应清洁，散热应正常，确认图像应和设计方案一致
6	视频移动报警器侦测范围应和设计方案一致
7	视频顺序切换器功能应和设计方案一致

续表

序号	养护技术要求
8	视频分配器应齐全有效
9	云台的上、下、左、右控制应齐全有效
10	镜头的调整、控制应齐全有效
11	图像分隔器应齐全有效
12	光电信号转换器应工作正常
13	电光信号转换器应工作正常
14	云台、镜头解码器应清洁、牢固
15	硬盘录像机控制、预览、录像及回放应符合设计方案要求
16	硬盘录像机图像质量应符合要求
17	硬盘录像机感染计算机病毒时应杀毒，并及时升级病毒库
18	硬盘录像机内应清洁、除尘，确保散热风扇工作正常
19	硬盘录像机声音和视频图像应一致
20	硬盘录像机时钟应定期校验，误差应小于 60s
21	硬盘录像机网络应齐全有效
22	矩阵切换器控制主机功能应齐全有效
23	矩阵切换器报警联动图像应齐全有效
24	矩阵切换器声音和视频图像应一致并齐全有效
25	矩阵切换器控制键盘功能应齐全有效

2. 视频安防监控系统日常维护

（1）每季度对系统设备进行 1 次除尘与清理，扫净设备上的尘土，摄像机、防护罩等部件要拆下彻底除尘，之后用无水酒精棉球将各个镜头擦拭干净，防止由于机器运转、静电等原因将尘土吸入设备内，确保机器正常运行。

（2）每月检查系统机房的通风、散热、除尘、供电等。为了给机房监控设备提供一个良好的运行环境，要求室内温度应控制在 20℃±6℃，相对湿度应控制在 10%~100%。对于易吸尘部分，每季度应至少定期清理 1 次；对于暴露在空气中的监视器，由于屏幕的静电作用，会在监视器表面吸附许多灰尘，影响画面的清晰度，这就要求定期擦拭监视器，校对监视器的颜色及亮度。

(3) 根据系统各设备的使用说明，每月检测 1 次各设备的各项技术参数及系统传输线路的质量，以处理故障隐患，确保各设备的各项功能良好，使系统能够正常运行。对于容易老化的设备部件，如摄像头等，应每月进行 1 次全面检查，一旦发现老化现象应及时更换、维修。对于长时间工作的设备，应每月定期养护 1 次。例如，硬盘录像机长时间工作会产生较多的热量，一旦其电风扇有故障就会影响散热，可能造成主机与硬盘录像机等工作不正常。

(4) 每月定期对系统和设备进行优化，检测监控网络性能，合理安排监控网络需求。每月要定期对监控系统和设备进行优化，以合理安排监控中心的监控网络需求，如带宽、IP 地址等，并每月检测 1 次系统网络性能，包括网络的连通性、稳定性及带宽的利用率等；实时检测所有可能影响监控网络设备的外来网络攻击，实时监控各服务器的运行状态、流量及入侵监控等；对于异常情况必须进行核查，并进行相应的处理；根据用户需要进行监控网络的规划、优化；协助处理服务器的软/硬件故障及进行相关软/硬件的拆装等。

(5) 要随时对系统及设备的运行情况进行监测，以便及时发现并排除故障。值班人员要随时对系统及设备的运行情况进行监测，分析运行情况，有异常情况要及时报告养护技术人员，以便及时发现并排除故障。

(6) 每日必须形成值班工作记录表格，提供每月 1 次的定期信息服务。

(7) 定期检查室外防护装置，防止发生设备被毁的情况。

(8) 摄像机（摄像头）的养护。当监控中心收不到图像时，首先要检测摄像机或球机是否正常。检测摄像监控设备时，多使用视频监控综合测试仪，进行如下检测工作。

① 用视频监控综合测试仪测试摄像机是否有图像，视频监控综合测试仪上 35in（1in=2.54cm）的彩色显示屏能够清晰显示摄像机采集的图像，如果视频监控综合测试仪收不到图像或收到的图像异常，就说明摄像机存在故障。

② 使用视频监控综合测试仪的视频信号衰减测量功能测量摄像机的视频复合电压，其正常范围为 800~1000mV。若电压太低，会造成图像变暗；若电压太高，则会造成虚影。

③ 使用万用表测量摄像机的供电电源是否正常，一般的供电电源输出是直流 12V，球机的电源输出是交流 24V。一般变压器式的简易供电电源是监控系统中故障率比较高的配件。

（9）视频光端机养护。视频光端机分为发射端设备和接收端设备。由于发射端设备和摄像机一样置于室外，因此通常要对发射端设备进行养护测试。对于视频光端机的养护，可分下列三个步骤进行。

① 用视频监控综合测试仪的万用表功能测量视频光端机的供电是否正常，一般电源输入是直流 5V。

② 测量视频光端机的输出功率是否正常，发射波长通常为 1110nm，接收波长通常为 1510nm，20km 的视频光端机发射功率一般是 9dBm。

③ 测试视频光端机的 RS-485/RS-232 通信是否正常。用视频监控综合测试仪发送标准彩色图形条信号到视频光端机，如果监控中心收到视频光端机送来的标准彩色图形条信号，就说明视频传输部分正常；用视频监控综合测试仪的 RS-485/RS-232 数据捕捉功能接收视频光端机的控制信号，如果视频监控综合测试仪能接收到监控中心发送过来的控制信号，就说明视频光端机的 RS-485/RS-232 通信传输部分正常。

3. 视频安防监控系统养护费用测算

视频安防监控系统养护费用参照相关设备养护费用标准进行测算。

第 16 章 服务区加油站和加气站设备养护

16.1 加油站设备养护

为了给驾驶员提供便利，每个服务区都建有加油站。因为它的特殊性，安全是第一要务，必须加强管理，即定人管理、定期检测、定点安装放置。加油站必须规范使用设备，按规定做好日常巡检、保养和维修，确保设备完好。

16.1.1 加油机养护

1. 加油机养护技术要求

（1）加油机应每天进行检查和养护，保证其准确、正常工作。

（2）加油机检查分为内部检查和外部检查。内部检查一般 2~3d 进行 1 次，要求油路畅通，油气回收正常，电路无短路、断路或漏电等故障，静电接地良好。外部检查要求加油机外观完好，运转无噪声；加油枪限位挡片已复位；加油枪集气罩完好；加油机显示屏无异常；加油机按键有效；加油枪、视油器、拉断阀、万向接头无渗漏，视油器内无气泡。

2. 加油机日常养护

（1）保持加油机清洁。清洁时，应使用湿润的纯棉清洁布擦拭；严禁使用化纤、丝绸质地的布料和具有腐蚀性的液体，严禁用水冲洗加油机。

（2）机座下的管线坑应用细沙填满，自吸泵加油机填沙至输油管与波纹管连接法兰下端 30mm 处；潜油泵加油机填沙至紧急切断阀与输油管连接处下方 30mm 处。

（3）每隔 1~2d 将胶管拉直后加油，利用加油枪的自然吸力将汽油集液滴吸走。

（4）应避免触碰气液比调节螺母。

（5）定期清洗和检查过滤器、过滤网。

（6）加油机防爆电气养护应由取得电工资格的专业人员进行。

（7）各部位管线、接头、油封、密封垫如有渗漏，应停机报修；如果加油枪和加油胶管有渗漏或加油胶管被碾压，应停机报修。

（8）紧固零部件及机架固定螺栓如有缺失，应及时补充安装。

（9）电脑部分的主板、显示板、按键板发生故障时，应及时报修。

（10）保护接地电阻值不大于 4Ω。

16.1.2 加油站油罐养护

1. 加油站油罐养护技术要求

（1）加油站油罐无刺鼻油气味、无锈蚀、无渗漏、无沉陷、启闭灵活，警示标语完整醒目，静电接地良好，设备运行正常。

（2）罐区及附件检查：卸油泵外观完好；启动开关启闭灵活；防爆接线盒密闭完好；电动机温度无异常；电器部位无焦味；电动机外壳保护接地良好；紧急泄压阀完好、无锈蚀、连接牢固、跨接完好、启闭灵活、密闭完好、无油气挥发、无冒油。

（3）加油区检查：箱体外观标识清晰；外观整洁；内部无杂物、无积水；箱体无变形；漆面无脱落、锈蚀；顶部防护栏完好、无断裂；与箱体对接处紧固无松动；铆钉无脱落。

2. 加油站油罐日常养护

（1）每半年对通气管、接地检测点、人孔盖和井内管线及法兰进行除锈、防腐处理，保持漆面完好。

（2）计量口、卸油口实行上锁管理，计量口盖、卸油口盖可灵活开启，未操作时应盖紧。人孔、法兰密封垫保持平整完好，如有破损应更换；如出现密封垫错位，应重新安装。

（3）雨天应随时观察操作井是否进水，观察井水位是否过高。如操作井已进水，须立即清理；如观察井水位过高，应立即组织抽水，防止浮罐。

（4）静电接地报警器出现故障应及时更换或报修；各连接螺栓松动应立即紧固；罐区覆土出现下沉或异常应及时报告，并协助查明原因。

（5）液位仪的操作及保养：员工不得拆卸液位仪，出现异常要报警，应确认油量；液位仪显示数据如有异常，应马上报修；在转换供电电源或停电启用发电机时，必须先将液位仪控制台电源（包括稳压电源）断开。检查内容：检查液位仪和与其配套的零件连接是否正常；操作井内液位仪的附件连接是否紧密，防爆接线盒密封是否完好。清洁养护：保持液位仪控制台外壳及显示屏清洁干净，油罐设施养护时一并开展液位仪辅件的清洁养护。

（6）柴油尾气净化液加注机（以下简称"加注机"）保养：定期清洗过滤器滤网；每天擦拭加注机，定期打蜡，防止外壳锈蚀；定期检查加注机各部件，如有渗漏、锈蚀要及时处理；定期检查计量准确性；每 3 个月对加注机各转动部件加注 1 次润滑液；注意异常振动和响声，及时排除加注机故障。

16.1.3 加油站设备养护费用测算

加油站养护费用参照厂家要求执行，还可以参照相关设备养护费用标准进行测算。

16.2 加气站设备养护

加气站的主要设备有压缩机、加气机、脱水装置、储气井，并按标准配备了消防设备，安装了可燃气体探测报警仪，紧急切断装置，防雷击、防静电接地安全设施等。下面主要介绍压缩机和加气机的养护。

16.2.1 压缩机养护

压缩机是加气站的核心装置，是一种通过压缩气体以提高气体压力，使气体具有一定能量的机械。

1. 压缩机养护技术要求

（1）压缩机内外整洁，各滑动面、丝杠、齿条、齿轮箱、油孔等处无油污，各部位不漏油、不漏气，压缩机周围无杂物、脏物。

（2）压缩机的管道、线路有条理。

（3）压缩机润滑良好，无干磨现象；油压正常，油标明亮，油路畅通，油质符合要求，油枪、油杯、油毡清洁。

（4）遵守安全操作规程，不超负荷使用压缩机，压缩机的安全防护装置齐全可靠。

2. 压缩机日常养护

（1）每日养护。

① 检查压缩机机身及注油器注油箱的油位（必须在视油孔刻度范围内）。加油时应注意：机器运转时绝对不能加油，必须等机器停止运行后才能加入规定牌号的润滑油，且应保证不得有脏物进入机身内。

② 从进气缓冲过滤器排放积液，最好在机器停止运转后进行。

③ 在机器运转时，应定期排污。

④ 重启压缩机之前，应检查各阀门的关闭或开启情况。

⑤ 重启压缩机后 5min，应在压缩机运行记录表上记录油压、注油器示数、进气压力、各级排气压力，并记录运行过程中的所有故障。

(2) 每周养护。

① 检查所有接头及阀门是否泄漏，若有泄漏应及时处置。
② 检查所有紧固件是否松动，若有松动应及时紧固。
③ 检查油位器中的传动箱及介质转换器的油位。
④ 注意机油黏度变化情况，一般为 300h 更换 1 次，如果经化验检查机油性能下降不大，则可以适当延长更换时间，但机油性能指标不得低于指定新油的 80%。

(3) 800h 养护。

① 检查并清洗吸、排气阀，除去油垢及焦渣，检查阀片是否发生变形、弹簧是否完好。
② 清洗过滤盒及油过滤器。
③ 检查连杆大头与曲柄销的配合是否正常。
④ 检查安全阀的灵敏度。

(4) 4000h 检修。

① 检查压缩机基础有无沉降。
② 检查机器各部位有无裂纹等不正常现象，如有则必须修复或更换。
③ 检查各运动部件的配合及磨损情况，磨损严重者应修复或更换。如需更换零部件，所更换的零部件必须在制造商处或制造商指定的厂商处购买。

(5) 压缩机停机养护。

压缩机如需停止工作 10d 以上、一个月以下，则需进行临时油封，其步骤如下：停车后放出气缸、冷却器、分离器中的油水；打开各级一个气阀孔，吹尽残余凝结水；打开机身检查孔向十字头滑道，倒入稠度较大的润滑油；盘车数转使各摩擦面油层均匀；最后封闭所有进气孔道。

16.2.2 加气机养护

1. 加气机养护技术要求

（1）加气机外观无损伤、腐蚀、变形。

（2）加气机外壳清洁，各部件上无聚集的灰尘、污垢等。

（3）加气机加气、停止按钮工作正常。

（4）加气机存储芯片数据正常。

（5）进气球阀、过滤器、电磁阀、安全阀、介质流量计各接口无渗漏。

（6）两位三通阀、加气枪头无漏气。

（7）管路无损伤、变形。

（8）加气枪无直通气现象。

（9）加气枪软管、拉断阀加气短管无变形、鼓包、开裂、磨损、漏气、压扁现象，软管保护套无损坏。

2. 加气机日常养护

（1）定期（建议每个月）使用检漏仪器检查压缩天然气管路及加气机管路系统，如有泄漏应立即请专业人员维修。

（2）加气机的过滤器应每 3d 排污 1 次，一般情况下每半年更换 1 次滤芯。

（3）加气机的加气软管、加气枪应注意保护并定期检查，如有损坏应及时请专业人员维修或更换。

（4）电脑控制系统及各防爆电气部件严禁私自拆卸。

（5）检查、维修加气机的电气部件时，先应切断加气机电源。

（6）加气机应定期（建议每季度 1 次）全面检修，以确保加气机安全。

16.2.3 加气站设备养护费用测算

加气站设备养护费用参照厂家要求执行，还可以参照相关设备养护费用标准进行测算。

附录 1
相关内容说明

1. 时间单位

本技术指南项目内容中,除项目注明者外,其他均以"年"为时间单位。

2. 关于人工、材料、运输费用的说明

(1) 人工。

本定额中人工以综合工日表示,包括技术工种和普通工种的人工消耗量。人工消耗量包括基本用工、超运距用工、辅助用工和人工幅度差在内的消耗量。人工以 8h 工作制为基准。

(2) 材料。

材料消耗量均已包括净用量和损耗量。损耗量是指材料运输损耗、操作损耗、堆放损耗等各种因素引起的损耗。

(3) 运输费用。

运输费用包括水平运输和垂直运输的费用。

3. 关于服务区养护费用测算依据的说明

服务区养护费用测算依据主要以河北省相关文件标准为主,其他省市可以参考。详情见附表 1。

附表1 服务区养护费用定额说明表

服务区养护费用标准			
序号	名称	计算基数	费率
1	企业管理费	直接费中的人工费+机械费-消耗量人工费价差-消耗量机械费价差	11.00
2	利润	直接费中的人工费+机械费-消耗量人工费价差-消耗量机械费价差	5.00
3	规费	直接费中的人工费+机械费-消耗量人工费价差-消耗量机械费价差	11.30
4	安全生产、文明施工费	直接费+企业管理费+利润+规费	4.31
5	税金	根据《关于重新调整<建筑业营改增河北省建筑工程计价依据调整办法>的通知》（冀建建市〔2019〕3号）计取	
6	定额参考（以河北省为主，建议其他省市参考）	《河北省房屋修缮工程消耗量定额：土建分册》（HEBGYD—G01—2013）	
		《河北省房屋修缮工程消耗量定额：安装分册》（HEBGYD—G02—2013）	
		《河北省园林绿化工程消耗量定额》（HEBGYD—E—2013）	
		《河北省市政设施维修养护预算定额》（HEBGYD—Y—2013）	
		《河北省城市园林绿化养护管理定额》	
		《全国统一建筑工程基础定额河北省消耗量定额》（HEBGYD—A—2012）	
		《全国统一基础定额河北省建筑装饰装修工程消耗量定额》（HEBGYD—B—2012）	
		《全国统一安装工程预算定额河北省消耗量定额》	
		《全国园林绿化养护概算定额》[ZYA2（Ⅱ-21-2018）]	

4. 服务区养护未计价材料明细表

服务区养护未计价材料明细表详见附表2。

附表2 服务区养护未计价材料明细表

序号	材料名称	单位	单价/元	备注
1	速凝混凝土	m^3	7680	
2	高强环氧砂浆	m^3	13125	
3	投光灯	套	750	400W
4	霓虹灯管	m	45.2	
5	闸阀	个	242	DN100
6	水表连接件	个		
7	螺纹闸阀	个	120	DN50
8	螺纹水表	个	204	DN50
9	电池	个	64	
10	龙头	个		根据当地实际计价
11	水箱配件（含冲洗管）	套		根据当地实际计价
12	水箱	个		根据当地实际计价
13	坐便器	个		根据当地实际计价
14	活接头	个		根据当地实际计价
15	对丝	个		根据当地实际计价
16	四柱813型散热器（带腿）	片		根据当地实际计价
17	四柱813型散热器	片		根据当地实际计价
18	成套灯具	套		根据当地实际计价
19	开关	只		根据当地实际计价
20	吊扇	套		根据当地实际计价
21	插座	套		根据当地实际计价
22	导线	m		根据当地实际计价
23	电线管	m		根据当地实际计价
24	接地板	块		根据当地实际计价
25	草皮	m^2		根据当地实际计价
26	草皮种子	kg		根据当地实际计价
27	花苗	株		根据当地实际计价
28	标志牌	套		根据当地实际计价
29	标志	套		根据当地实际计价

续表

序号	材料名称	单位	单价/元	备注
30	标牌	套		根据当地实际计价
31	广场砖	m²		根据当地实际计价
32	路缘石	块		根据当地实际计价
33	石质块	m		根据当地实际计价
34	轴承	个		根据当地实际计价
35	轴承25（双密封）	套		根据当地实际计价
36	骨架油封25	套		根据当地实际计价
37	机械密封25（双端面）	套		根据当地实际计价
38	轴承50（双密封）	套		根据当地实际计价
39	骨架油封50	套		根据当地实际计价
40	机械密封50（双端面）	套		根据当地实际计价
41	轴承75（双密封）	套		根据当地实际计价
42	骨架油封75	套		根据当地实际计价
43	机械密封75（双端面）	套		根据当地实际计价
44	轴承80（双密封）	套		根据当地实际计价
45	骨架油封80	套		根据当地实际计价
46	机械密封80（单端面）	套		根据当地实际计价
47	轴承100（双密封）	套		根据当地实际计价
48	骨架油封100	套		根据当地实际计价
49	机械密封100（单端面）	套		根据当地实际计价

附录 2
绿 化 养 护

1. 绿化养护质量要求

绿化养护质量要求见附表 3。

附表 3　绿化养护质量要求

项目	绿化养护质量要求
总要求	绿化养护应达到绿地或花坛内各类乔、灌、草等绿化存活率 95%以上，绿化区域内绿化覆盖率应大于或等于 90%。绿地设施及硬质景观保持常年完好。植物群落完整、层次丰富，黄土不裸露，有整体观赏效果。植物季相分明，色彩艳丽，生长茂盛
修剪	草坪每年普修 8 遍以上，草屑及时清理，切边整理 3 次以上，草坪常年保持平整、边缘清晰，草高度不应超过 9cm。树冠完整美观，分枝点合适，枝条粗壮，无枯枝死杈；主侧枝分布匀称、数量适宜、修剪科学合理；内膛不乱，通风透光。乔木类要求树冠圆整、树势均匀，45°剪口光滑。针叶树应保持明显的顶端优势。花灌木开花及时，株形丰满，花后修剪及时合理，无残花。绿篱修剪要保持观赏面枝叶丰满、茂密、平整、整齐一致，整型树木造型雅观
灌溉	常年保持有效供水，使植物充分生长，用覆沙调整，保持地形平整、排水流畅
中耕除草、松土	每年中耕除草、疏松表土 10 次以上，土壤疏松通透，无杂草

续表

项目	绿化养护质量要求
施肥	按植物品种、生长情况、土壤状况，适时、适量施肥。每年普施基肥不少于1遍，花灌木追复合肥2遍，充分满足植物生长需要。植物根部土壤保持疏松、无板结、呈馒头状
病虫害防治	预防为主，生态治理，各类病虫害发生率低于防治指标。植物无病斑、无成虫。植物枝叶无虫害咬口、排泄物，无悬挂或依附在植物上的虫茧、虫囊、休眠虫体及越冬虫蛹
扶正、加固	按规范做好综合防护措施，及时扶正、加固
其他	绿草如茵，绿期在250d以上，斑秃黄萎小于5%。无白色垃圾、绿化生产垃圾（如树枝、树叶、草屑等），无死树缺株、杂草、枯枝烂头，无积水、干旱

2. 绿化养护时间

绿化养护时间见附表4。

附表4 绿化养护时间

季节	月份	常规养护工作	重点养护工作
冬季[11月（下旬）至次年2月植物休眠期]	1月	（1）浇水：只需维持植物基本需求 （2）除草、切边、整理树池、修枯枝烂头	切边
	2月	（1）浇水：只需维持植物基本需求 （2）除草、切边、整理树池、修枯枝烂头	切边
春季（3、4月气温和地温逐渐升高，各地树木陆续发芽、展叶、开始生长）	3月	（1）浇水：气温到达15℃，浇开春水；浇透水，浇水量较其他月份多 （2）整理：加大拔草力度；结合除草，进行切边、整理树池的工作 （3）修剪：草坪修剪、绿篱修剪 （4）病虫害防治：重点注意蚜虫、白粉病 （5）施肥：给补植苗木施肥 （6）苗木补植	（1）浇水 （2）病虫害观察 （3）除杂草

续表

季节	月份	常规养护工作	重点养护工作
春季（3、4月气温和地温逐渐升高，各地树木陆续发芽、展叶、开始生长）	4月	（1）浇水 （2）整理：加大拔草力度；结合除草，进行切边、整理树池工作 （3）修剪：草坪修剪；绿篱修剪；香樟修剪 （4）病虫害防治：防治白粉病、蚧壳虫、杜鹃网蝽、螨虫、蚜虫、藤壶蚧、黄化病等 （5）施肥：给补植苗木施肥 （6）苗木补植，下旬换季花草种植	（1）浇水 （2）病虫害防治 （3）换季花草种植 （4）施肥
初夏[5、6月，气温高、湿度小（北方），树木生长旺季]	5月	（1）浇水：树木抽枝、展叶、开花，需要大量水分，须加大浇水力度，定期进行浇灌；确保草花水量充足 （2）整理：加大拔草力度；结合除草，进行切边、整理树池工作 （3）修剪：对灌木进行花后修剪，并对乔木和灌木进行剥芽，去除干蘖及根蘖；草坪、灌木、绿篱定期修剪 （4）病虫害防治：防治白粉病、叶斑病、黄化病、褐斑病、黑斑病、白蜡蚧、尺蠖、木虱、天牛、刺蛾、蚜虫、白蛾、黄杨绢野螟等 （5）施肥：花后施肥，以有机缓释肥为主。必要时可叶面喷施，注意掌握用量 （6）苗木补植、草坪补播：对裸露及长势差的地块进行补植或补播（南方4月开始） （7）维护巡查：定期巡查，防患于未然。树木支撑重点巡查，并进行加固，及时扶正倾斜树木	（1）灌木花后修剪 （2）行道树剥芽 （3）施肥
	6月	（1）浇水：进入夏季浇水季节，见干浇透 （2）整理：加大拔草力度；结合除草，进行切边、整理树池工作 （3）修剪：草坪修剪；绿篱修剪；草坪打孔 （4）病虫害防治：防治白绢病、红蜡蚧、刺蛾、樟巢螟、天牛成虫、黄化病等 （5）施肥 （6）苗木补植、换季花草种植	（1）草坪打孔 （2）病虫害防治 （3）换季花草种植

续表

季节	月份	常规养护工作	重点养护工作
盛夏[7、8月高温多雨（南方6～9月中旬），树木生长由旺盛逐渐变缓]	7月	（1）浇水：进入夏季浇水季节，见干浇透（南方需提前制订抗旱计划，北方视降水情况进行浇水） （2）整理：加大拔草力度；结合除草，进行切边、整理树池工作 （3）修剪：对树冠大、根系浅的树种采取疏、截结合的方法修剪，增强抗风能力，配合进行架空线路下的树枝修剪和绿篱整形修剪；草坪、灌木、绿篱定期修剪 （4）病虫害防治：防治白绢病、白粉病、草坪褐斑病及枯萎病、蚜虫、白蛾、刺蛾、绢野螟、樟巢螟、草坪害虫等 （5）施肥：花灌木施肥 （6）除草：杂草生长旺盛，要及时除草，此外可以结合除草进行施肥 （7）苗木补植：不适宜 （8）维护工作：防台防汛，对地势低洼处的树木和易涝树种要在汛期前做好排涝准备工作	（1）防汛 （2）病虫害防治
	8月	（1）浇水：进入夏季浇水季节，见干浇透 （2）整理：加大拔草力度；结合除草，进行切边、整理树池工作 （3）修剪：草坪修剪；绿篱修剪；行道树剥芽 （4）病虫害防治：防治樟巢螟、金叶女贞叶斑病、斜纹夜蛾、潜叶蛾、天牛幼虫 （5）施肥：花灌木施肥 （6）苗木补植 （7）维护工作：防台防汛	（1）防汛 （2）病虫害防治
秋季[9、10月气温逐渐降低，树木将休眠越冬，树木从11月（南方稍晚）逐渐落叶]	9月	（1）浇水：进入秋季浇水季节，见干浇透 （2）整理：加大拔草力度；结合除草，进行切边、整理树池工作 （3）修剪：草坪修剪；绿篱修剪；行道树剥芽 （4）病虫害防治：防治樟巢螟、金叶女贞叶斑病、斜纹夜蛾、潜叶蛾、天牛幼虫、蛴螬、黄化病 （5）施肥 （6）苗木补植：换季花草种植；冷季型草坪补植	（1）抗旱浇水 （2）换季花草种植 （3）勾枯枝

续表

季节	月份	常规养护工作	重点养护工作
秋季[9、10月气温逐渐降低,树木将休眠越冬,树木从11月(南方稍晚)逐渐落叶]	10月	(1) 浇水:见干浇透 (2) 整理:结合除草,进行切边、整理树池工作 (3) 修剪:草坪修剪;绿篱修剪 (4) 病虫害防治:防治草坪锈病、褐斑病、黄化病、金叶女贞叶斑病、樟巢螟、蚜虫、天牛幼虫、蛴螬等 (5) 施肥:草坪秋季施肥 (6) 苗木补植:秋季苗木补植	(1) 施肥 (2) 补植 (3) 病虫害防治
	11月	(1) 浇水:见干浇透 (2) 整理:结合除草,进行切边、整理树池工作 (3) 修剪:草坪修剪;绿篱修剪;冬季修剪(乔木、花灌木) (4) 病虫害防治:防治樟巢螟、金叶女贞叶斑病、天牛幼虫、蛴螬 (5) 施肥:珍贵树种、古树名木复壮及果树结果后施入有机肥料;草坪施一遍复合肥,延长绿期及安全越冬;草坪秋季施肥 (6) 苗木补植	(1) 冬季修剪 (2) 新种苗木浇水
冬季	12月	(1) 浇水,支撑:减少浇水,入冬前对植物进行越冬水浇灌;检查树木支撑是否牢固并进行加固 (2) 整理:拔草;树池深翻,枯叶清理 (3) 修剪:乔木和灌木冬季修剪,剪去病虫枝、枯枝、有虫卵枝、徒长枝、过密枝;草坪修剪;宿根植物地上部分修剪 (4) 病虫害防治:除草、冬翻、石硫合剂消杀、消灭病虫越冬场所,改良土壤 (5) 施肥:草坪打孔施有机肥;花灌木施基肥 (6) 苗木补植:换季花草种植 (7) 防寒越冬:涂白(可选),包扎防寒(不耐寒树种),迎风面设置风障(大规格的不耐寒树种,如北方的雪松、竹子等) (8) 机械保养:检修各种园林机械、专用车辆和工具,保养完备	(1) 施基肥 (2) 乔木和灌木冬季修剪 (3) 宿根植物地上部分修剪 (4) 换季花草种植

注:① 涂白:将生石灰、硫黄粉、食盐、水按 10∶1∶0.4∶40 的比例进行配制(常用配置方法),用水分别化开,然后混合、拌匀即可。涂白最好在树木落叶后进行。
② 防寒越冬工作:冬季,一些植物需要进行防寒处理,为提高防寒作用,需采取地面覆盖及捆扎等方式进行处理。

3. 绿化病虫害及防治

绿化病虫害及防治见附表5。

附表5　绿化病虫害及防治

病虫害名称	病害虫症状	防治方法	
		人工防治	药剂防治
锈病	锈病危害绝大多数草坪草，是一种严重的真菌病害。它在适宜的环境条件下，几天内就会大面积发生，严重影响草坪景观。锈病发生初期，在叶和茎上会出现浅黄色斑点，随着病害的发展，病斑数目增多，叶、茎表皮破裂，会散发出黄色、橙色、棕黄色或粉红色的夏孢子堆。用手捋一下病叶，手上会有一层锈色的粉状物。后期病斑中央突起呈暗褐色，严重时整张叶片会布满锈褐色病斑。草坪病害后，会生长不良，叶和茎变成不正常的颜色，生长矮小，光合作用下降，严重时会导致草坪死亡。锈病主要发生在低温高湿的环境，病害发生迅速。据观察，当土层温度达到25℃左右时，病菌就开始侵染，随着温度下降，如果再有大量降雨，病害会迅速蔓延，几天之内，草坪便明显枯黄。另外，排水不良、过多施用氮肥也会加重病害的发生	加强日常管理，适时剪去病枝病叶，加强通风透光，合理灌水，增施磷钾肥，增强植株长势，保持植株的健壮	最好的办法是使用预防性杀菌剂。在发病初期，可用三唑酮、粉锈宁、腈菌唑等药剂进行防治（如75%三唑酮乳液1000倍液）
褐斑病	褐斑病是草坪最为广泛的病害，常造成大面积草坪枯死。被侵染的叶片首先出现水浸状，颜色变暗、变深，最终干枯、萎蔫，呈浅褐色。在暖湿条件下，枯草斑有暗绿色至灰褐色的浸润性边缘，其由萎蔫的新病株组成，称为"烟状圈"，在清晨有露水时或高温条件下，这种现象比较明显。留茬较高的草坪则出现圆形枯草斑，而无"烟状圈"症状。在干燥条件下，枯草斑直径可达30cm，枯草斑中央的病株较边缘的病株恢复得快，结果其中央呈绿色，边缘为黄褐色环带。该病主要是由于高温条件下过量施用氮肥、环境不通风、枯草层过厚等因素所诱发，多在6~9月份发病	平衡施肥，增施磷钾肥，避免偏施氮肥，防止大水漫灌或积水；改善通风透光条件，清除枯草层和病残体，减少菌源	使用代森锰锌、甲基托布津、多菌灵、甲霜灵等药物2~3种混合进行预防和治疗

续表

病虫害名称	病害虫症状	防治方法	
		人工防治	药剂防治
白粉病	侵染性病害，发生在叶、嫩茎、花柄及花蕾、花瓣等部位。受害严重时叶片皱缩变小，嫩梢扭曲畸形，花芽不开。植株感染白粉病后，叶片上会出现白色霉点，后逐渐扩大成近圆形、椭圆形霉斑，霉斑表面着生一层白色粉状物。修剪不及时、氮肥施用过多、荫蔽、植株密度过大、灌水不当均易诱发该病。易感常见植物有十大功劳、大叶黄杨、紫叶小檗、丁香等	加强日常管理，适时剪去病枝病叶，集中烧毁（深埋），减少侵染源；降低种植密度，减少草坪周围乔、灌木遮阳面积，加强通风透光；降低草坪湿度，合理灌水，避免草坪过旱；增施磷肥，氮肥不宜过多，增强植株长势，保持植株的健壮	草坪在发病初期，可用75%三唑酮1000倍液或百菌清1000倍液加以防治；花卉可采用腈菌唑等喷雾，7～10天/次，连续3次
枫树白粉病	主要侵害枫树小树叶片，嫩叶比老叶易感染，嫩梢也能受侵染。感染此病的枫树叶片上会出现白色小粉斑，扩大后为圆形病斑且连成片，严重者致整个叶片枯黄，引起早落叶。温度在19～25℃、相对湿度在100%的条件下最易发病，主要发生在春、秋季，尤其秋季发病最严重，生长季节能多次侵染	减少侵染源，结合秋、冬季修剪，消除病枯枝并集中烧毁；生长季节注意及时摘除病芽、病叶和病梢	可喷洒25%粉锈宁3000倍液，或70%甲基托布津1000倍液，或80%代森锌500倍液，几种药剂交替使用效果更佳
叶斑病	一般由植株下部叶片开始发生，逐渐向上蔓延，受侵染的叶片将提前干枯死亡	要在当年秋季摘除病叶并烧毁，以减少侵染源	可喷洒75%百菌清500倍液或75%代森锰锌500倍液等药剂防治

续表

病虫害名称	病害虫症状	防治方法	
		人工防治	药剂防治
根腐病	根腐病大多是由于移栽不良，加上伤口被病菌感染，以及淋水过多、土壤涝渍、通气不良、根系窒息引起的。施肥过多也会引起烂根，根部腐烂后，植物吸收功能受到影响，导致地上部分枝枯叶落。萱草、唐菖蒲、红掌和杜鹃等易感此病	对于盆栽花卉，可小心地把植株挖起，对根系腐烂部分进行修剪，然后用新土栽种，适当控制水、肥，促使其恢复生长	可用高锰酸钾洗根处理，进行消毒，洗根后要在阳光下晾晒12h后进行栽植。地栽花卉，可用40%根腐宁1000倍液同时进行叶面喷雾及浇灌病株（灌根处理）
雪松根腐病	主要发生在雪松根部，以新根发生为多，地上症状不明显。病害严重时，针叶会黄化脱落，直至整株枯死。初期病斑为浅褐色，后为深褐色至黑褐色，皮层组织水渍状坏死。大树染病后在干基部以上流溢树脂，病部不凹陷。该病为土传病害，多从根尖、剪口和伤口处侵染。地下水位较高或积水地段病株较多，土壤黏重、含水率高或肥力不足的地段，或移植伤根等情况下，均易发病	在雨季到来时注意排水，避免土壤过湿	可用根腐消300倍液或70%敌克松500倍液或90%乙磷铝1000倍液或35%瑞毒霉1000倍液浇灌苗床。病害发生初期，可使用上述药剂灌根处理，灌根时加入一些生根剂（如速生根），在杀菌的同时促进树木快速生根，以提高树木的抗病能力

续表

病虫害名称	病害虫症状	防治方法	
		人工防治	药剂防治
天竺葵叶斑病	主要危害天竺葵叶片。病菌大部分从叶尖或边缘侵入，感病叶片初期出现赤褐色，周围有较宽黄色环晕的小点，扩大后为圆形或不规则的黄褐色病斑，最后中央灰白色，上散生黑色小点。病部与健部交界处有一明显深褐色的缘带。一般在高温高湿的环境条件下易发生，夏、秋季病害发生较重		常用药剂有25%多菌灵300～600倍液，50%甲基托布津1000倍液，80%代森锰锌400～600倍液，50%克菌丹500倍液等
雪松灰霉病	主要危害雪松的当年生嫩梢及两年生小枝。该病的发生与气候条件关系密切，高温不利于发病，高湿有利于发病，病原菌腐生能力强。春季到初夏，雪松植株组织幼嫩，如果低温多雨天气多，则很容易发病，但在气候干燥少雨的地区则发病轻微；秋季温度也适合病原菌生长，但雪松嫩梢已经木质化，不利于病菌侵入，一般发病轻微，但在秋季多雨的地区也常有发病。 雪松灰霉病严格地可分为以下几种类型。 （1）溃疡型：主要危害雪松的嫩梢。初期在嫩梢基部产生淡褐色圆形或近圆形不规则小斑，后逐渐扩大成中部下凹的大病斑，在下凹初期呈深褐色水渍状腐烂。病愈后，原来腐烂的表皮干裂。 （2）嫩梢枯梢型：主要发生在嫩梢上，初期症状同溃疡型，但当病部出现水渍状腐烂后难以形成愈合组织，当病部达到嫩梢周长的2/3以上时，嫩梢即自病部向下弯曲、萎蔫、枯死。病情发展迅速，从症状出现到嫩梢枯死，只需4～5d。雨天病部会长出一层灰霉。 （3）小枝枝枯型：主要发生两年生小枝上。病斑主要从病死的嫩梢扩展而来。初期在枯梢和小枝交界处形成一圈赤褐色凹陷，后逐渐形成明显的病斑，病斑不开裂，有少量的树脂溢出，皮层和木质部表层呈深褐色。病斑扩展至小枝一周后，小枝上部枯死	宜种植在排水良好、通风透光的地方。对病死枯梢应及时剪除并烧毁	发病期可喷65%代森锌500倍液、45%代森铵1000倍液、70%甲基托布津1500倍液等

续表

病虫害名称	病害虫症状	防治方法	
		人工防治	药剂防治
银杏叶枯病	发病严重时可致整株叶片脱落，果实干瘪瘦小。发病初期叶片先端变黄，之后黄色部位逐渐变褐坏死，并扩展到整个叶缘，其后病斑向叶片基部蔓延，直至整张叶片变褐并枯焦脱落。银杏苗木一般在6月中旬（少数地方在5月中旬），大树在7～8月表现出叶枯病症状，8～9月是危害高峰期，到10月逐渐停止。相同条件下，大树比苗木抗病。同龄大树，雌树由于大量结果，消耗养分较多，抗病力下降，发病率常高于雄树。土壤缺肥、低洼田积水、植株根部受伤等因素易导致植株感染此病		发病初期，可用40%多菌灵500倍液向树冠喷雾；8～9月发病盛期，可用70%代森锰锌600～800倍液喷雾，每隔15～20d喷1次
蛾类害虫	蛾类害虫包括刺蛾类、袋蛾类、尺蛾类、毒蛾类、舟蛾类、夜蛾类、天蛾类、螟蛾类和灯蛾类。蛾类害虫广泛见于各类植物，通过取食叶片危害植物		可选用特异性杀虫剂1.2%除虫脲8000～10000倍液，或25%灭幼脲3号2000～3000倍液或1%阿维菌素2000倍液等
淡剑叶蛾	淡剑叶蛾幼虫吃食植物叶片，为暴食性害虫，孵化后即在附近取食。幼虫1～2龄时，只取食嫩叶叶肉，留下透明的叶表皮。幼虫2龄后分散，3龄以后取食叶片，吃成缺刻，在草坪的茎部啃食嫩茎。幼虫3～4龄食量还较小，进入5～6龄后食量大增，为暴食期，会把叶脉及嫩茎吃光，阴雨天昼夜咬食危害，轻者造成草坪发黄，重者会造成草坪整片死亡，严重影响草坪的观赏性和正常生长。老熟幼虫在草坪、杂草等处越冬。5～10月均有此虫危害		各代幼虫发生初期未分散前及时喷药，可喷施敌杀死1000～1500倍液或50%杀螟硫磷乳油800～1000倍液进行防治。3龄前可施用2.5%灭幼脲1号2000～2500倍液进行生物防治

续表

病虫害名称	病害虫症状	防治方法	
		人工防治	药剂防治
斜纹夜蛾(夜盗虫)	斜纹夜蛾是草坪每年必发的一种虫害，是一种食性很杂的暴食性害虫。初孵幼虫取食叶表皮和叶肉，就只剩下叶脉和上表皮，被害叶形状很像纱窗。幼虫4龄后进入暴食期，危害加重，可将叶片吃成缺刻。幼虫有假死的特性。北方一般在6~8月发生危害，长江流域一般在7~9月发生危害，特别是新铺草坪，发生概率比较高		用50%氰戊菊酯乳油4000~6000倍液，或2.5%天王星乳油4000~5000倍液，或2.5%马拉硫磷1000倍液等进行防治
红蜘蛛	红蜘蛛体型极小，红色，在高温干燥的环境下繁殖很快，喜欢在植株上结网，在网下吸取汁液，使受害叶枯黄败落，影响树的长势，严重的甚至导致全株死亡。易感的植物有大叶黄杨、丁香、桂花等	适当增加空气湿度	用扫螨净进行喷雾消杀
蚧虫类害虫	蚧虫类害虫为刺吸性害虫，危害枝、叶，吸取植物汁液，可诱发煤污病，可传带上百种植物病毒和其他病毒	剪去病虫枝、叶，并结合修剪，人工刮除蚧虫	在若虫盛期，体表尚未分泌蜡质，介壳未形成时，喷洒花宝500倍液或氧化乐果800倍液
蚜虫类害虫	蚜虫类害虫为刺吸性害虫，常群集于幼嫩枝叶上，以刺吸或口器吸取植株汁液，使嫩梢萎缩、嫩叶卷曲，产生瘤状突起，并易招来蚂蚁，传染其他病害	消灭蚜虫，要从植物越冬期开始，可收到事半功倍之效。合理修剪，将蚜虫栖居或虫卵潜伏过的残花、病枯枝叶彻底清除，集中烧毁	发现大量蚜虫时，可用25%阿克泰2000倍液或1.2%烟参碱800倍液、花宝200倍液喷洒

续表

病虫害名称	病害虫症状	防治方法	
		人工防治	药剂防治
螨类害虫	螨类害虫为刺吸性害虫,主要刺吸寄主植物的叶片、茎、花、果等;主要螨类害虫有杜鹃冠网螨,其主要危害杜鹃,受害植株会树势衰弱,提早落叶,严重影响植株生长和开花	清除枯枝、落叶、杂草,消灭越冬成虫	在3月底4月初第一代成虫发生期,可用农药10%吡虫啉2000倍或70%艾美乐30000倍液均匀喷洒叶片背面,间隔7~10d再防治第二次,以后每隔10d左右及时检查发生情况
天牛类害虫	天牛类害虫为钻蛀性害虫,主要以幼虫钻蛀植株茎干危害植株,当钻蛀虫量大时可引起植株死亡	人工用钩杀幼虫	在天牛成虫期,在寄主树干上喷施威雷或敌杀死或20%菊杀乳油500~1000倍液,可起到趋避和杀死天牛成虫作用。在天牛幼虫期,用20%菊杀乳油5~10倍液涂抹产卵槽;对进入木质部的幼虫可用果树宝灌注

续表

病虫害名称	病害虫症状	防治方法	
		人工防治	药剂防治
黄杨绢野螟	主要危害黄杨科植物，如瓜子黄杨、雀舌黄杨、大叶黄杨、小叶黄杨、朝鲜黄杨，以及冬青、卫矛等植物，其中又以瓜子黄杨和雀舌黄杨受害最重。以幼虫食害嫩芽和叶片，常吐丝缀合叶片，于其内取食，受害叶片枯焦		可用2.5%功夫乳油2000倍数，或阿维·灭幼脲悬浮剂、阿维菌素、BT乳剂等生物农药。喷药应彻底，对下部幼嫩叶片也不应漏喷
香樟樟巢螟	幼虫群集于新梢上取食叶芽，并吐丝把叶片卷成球状，包住顶芽，造成新梢枯死甚至全株死亡。此幼虫一年发生2代，第一代幼虫在5月底到7月中旬为害，第二代幼虫在8月为害。幼虫具有群集性，低龄幼虫先将两片香樟叶缀起，躲在其中为害，以后随着虫龄的增大，缀叶逐渐增多，形成虫巢	幼虫已结成网巢，可人工摘除烧掉	幼虫尚未结成网巢时，可选用0.3%高渗阿维菌素乳油1500～2000倍液喷雾
饰棍蓟马	主要危害丁香、金叶女贞等灌木，被害叶片出现褪绿斑点，变成银灰色，枯黄并提早脱落，影响植株的生长发育和观赏价值。该虫喜欢温暖和较干旱的气候，多雨季节发生率低		使用1.8%阿维菌素2000～3000倍液或10%吡虫啉1500倍液等消杀，需要对叶片正反面都进行喷洒

续表

病虫害名称	病害虫症状	防治方法	
		人工防治	药剂防治
蛴螬	蛴螬为地下害虫，幼虫危害苗木根茎，造成缺苗或使植株发育不良，严重时造成毁灭性灾害；成虫危害苗木的叶、花、芽、果穗等。蛴螬1~2年1代，幼虫和成虫在土中越冬，成虫即金龟子，白天藏在土中，晚上8~9时进行取食等活动。蛴螬有假死和负趋光性，并对未腐熟的粪肥有趋性。危害草坪的是幼虫	在成虫大量产卵之前，利用黑光灯诱杀	用3%呋喃丹、5%辛硫磷，每亩（1亩≈666.67m^2）2.5~3kg拌沙处理土壤后浇水，但注意浇水应达到蛴螬的活动深度；用毒死蜱乳油加高效氯氰菊酯乳油混配后灌入土壤内，深度应达到蛴螬的活动深度

注：不同灌木发生的病虫害种类、时间有所差异，原则上以预防为主，可以用百菌清、代森锰锌每半月1次，至10月中旬，在6~9月的高温季节，用粉锈宁每半月1次；辛硫磷、呋喃丹交替使用每半月1次，用来杀死地下害虫。